Baedeker

Allianz Reiseführer

Rügen
Hiddensee

www.baedeker.com

Verlag Karl Baedeker

TOP-REISEZIELE ★★

Neben breiten, strandkorbübersäten Stränden, einer vielfältigen Landschaft und hübsch herausgeputzten Dörfchen mit alten reetgedeckten Häusern wartet eine Vielzahl an einzigartigen Sehenswürdigkeiten und Attraktionen von den Insel-Gästen entdeckt zu werden.

1 ★★ Stralsund
Das »Venedig des Nordens« glänzt mit einer mittelalterlichen Altstadt voller architektonischer und musealer Highlights.
► **Seite 259**

2 ★★ Putbus
In den letzten Jahren etablierte sich das einstige Residenzstädtchen als »Kulturhauptstadt« Rügens.
► **Seite 229**

3 ✶✶ Göhren
Gleich zwei weite Sandstrände bietet der Mönchguter Badeort seinen Gästen.
▸ **Seite 164**

4 ✶✶ Jagdschloss Granitz
Inmitten des Granitz-Waldes erhebt sich das wuchtige Schlösschen des Fürsten zu Putbus. ▸ **Seite 187**

5 ✶✶ Binz
Der attraktivste Badeort der Insel wird seinem Ruf als »Nizza der Ostsee« mehr als gerecht. ▸ **Seite 146**

6 ✶✶ Prora
In der gigantischen Betonruine gibt es auch einige Museum und Galerien.
▸ **Seite 219**

7 ✶✶ Stubnitz-Kreidefelsen
Die leuchtenden Kreideklippen im Nationalpark Jasmund locken jedes Jahr Hunderttausende an. ▸ **Seite 273**

8 ✶✶ Kap Arkona
Mehrere Leuchttürme, steil abfallende Klippen, die Überreste einer Slawenburg und ein alter Gutshof, der in einen Erlebnispark verwandelt wurde, schmücken Rügens Norden.
▸ **Seite 201**

Kap Arkona
Leuchtturm-Ensemble im äußersten Insel-Norden

9 ✶✶ Vitt
Das denkmalgeschützte Bilderbuchdörfchen duckt sich unter der Steilküste des Kap Arkona.
▸ **Seite 207**

10 ✶✶ Hiddensee
Mit Pferdekutsche oder Fahrrad geht's auf Erkundungsfahrt durch die herrliche Heidelandschaft der kleinen »Ostsee-Perle«.
▸ **Seite 174**

Stubnitz
Urlaubs-Muss: eine Fahrt mit dem Ausflugskutter zu den berühmten Kreidefelsen.

DIE BESTEN BAEDEKER TIPPS

Von allen Baedeker Tipps in diesem Buch haben wir hier die interessantesten für Sie zusammengestellt! Erleben und genießen Sie die Inseln Rügen und Hiddensee von ihren schönsten Seiten.

! Wie einst Caspar David Friedrich
Wer angesichts der berühmten Kreidefelsen eine kreative Ader verspürt, unternimmt am besten Mal-Ausflüge mit Rügener Künstlern. ▸ **Seite 54**

! Monat der Bäderarchitektur
Unter fachkundiger Führung geht's zu den schönsten »Bäder-Villen« von Binz. ▸ **Seite 56**

! Speisewagen
Im Lokal des Binzer Kleinbahnhofs genießt man kulinarische Spezialitäten im Eisenbahnflair der »Goldenen Zwanziger«. ▸ **Seite 78**

! Kräftig ...
Zur Einweihung der Selliner Seebrücke im Jahr 1992 wurde ein starkes »Brückenfeuer« kreiert. ▸ **Seite 79**

! Heu-Hotel
Was ist schon ein Hotelbett gegen einen duftenden Heuhaufen? ▸ **Seite 85**

Bäderarchitektur
Die mondänen Bäder-Villen sind heute wieder Glanzstücke des Ostseebades Binz.

! Souvenirs vom Strand
Hühnergötter, Donnerkeile oder Teufelsfinger – selbst entdeckte Mitbrinsel sind allemal die schönsten. ▸ **Seite 99**

! Der besondere Urlaubs-Blick
Den »Koloss von Prora« in Gänze zu betrachten – das geht nur von oben. ▸ **Seite 109**

Strand-Souvenirs
Als Mitbringsel sucht man sich besser einen kleineren »Hühnergott«.

! Kindheitstraum
Einmal Lokführer sein ... Für Fans des »Rasenden Roland« kann der Kindheitstraum wahr werden. ▸ **Seite 110**

! Alte Kunst hautnah
In der Schau-Glasbläserei von Binz entstehen filigrane Kunstwerke vor den Augen eines staunenden Publikums. ▸ **Seite 152**

! Des Ritters Brot
»Warme Bärentatzen« und »Rügener Dampflümmel« stehen auf der Speisekarte der mittelalterlichen »Alten Brennerei« im Jagdschloss Granitz. ► Seite 193

! Störtebekers Beute
Eine Seekiste gefüllt mit Störtebekers »Beute«: leckere Spezialitäten von der Insel Rügen. ► Seite 205

! Hefte raus ...
... Klassenarbeit! – heißt es in der »Historischen Schulstunde« im Schulmuseum von Middelhagen. ► Seite 212

! Über Wiesen und Heide ...
... führt eine wunderschöne, knapp 10 km weite Wanderung durch das sanft hügelige Mönchgut. ► Seite 216

! Ruinen-Besichtigung
Die Mitarbeiter des Doku-Zentrums Prora lassen Interessierte »hinter die Kulissen« der riesigen Ruine blicken. ► Seite 225

»Rasender Roland«
In zehn Tagen kann man sich vom Passagier zum Lokführer »hocharbeiten«.

! HILs Tusculum
Werke des letzten aktiven Bauhäuslers Wolf Hildebrandt präsentiert die Orangerie in Putbus. ► Seite 229

! Urlaub auf dem Hausboot
Wie wär's mit einem »Ferienhäuschen« in Deuschlands einzigem schwimmenden Dörfchen. ► Seite 236

»Nautilus«
Erlebnisgastronomie à la Hollywood im U-Boot von Käptn Nemo.

! Käptns-Dinner
In der Offiziersmesse der »Nautilus« geraten die hervorragenden Fischgerichte fast zur Nebensache. ► Seite 237

! Ungewöhnliche Ansichten ...
... eröffnen sich bei einer Führung über den Gewölben der Stralsunder Marienkirche.
► Seite 270

! Staufrei zum »Königsstuhl«
Ein Shuttle-Bus fährt vom Hagener Parkplatz zum Nationalpark-Zentrum nahe der Aussichtsplattform des »Königsstuhls«.
► Seite 277

! Ein Schlückchen hier ...
... ein Schlückchen da ... und schon ist die Besichtigung der »Ersten Rügener Edeldestillerie« eine recht kurzweilige Sache.
► Seite 281

Heutzutage treibt Klaus Störtebeker nur noch auf der Naturbühne in Ralswiek sein Unwesen.
▸ Seite 240

HINTERGRUND

PRAKTISCHE INFORMATIONEN VON A BIS Z

Begehrtes Souvenir: Rügen-Keramik
▸ Seite 99

Rast in der über 500 Jahre alten »Linde« im Mönchguter Dörfchen Middelhagen.
▸ **Seite 213**

TOUREN

Preiskategorien

Hotels
Luxus: ab 110 €
Komfortabel: 75 – 110 €
Günstig: bis 75 €
Für eine Übernachtung von zwei Personen im Doppelzimmer

Restaurants
Fein & teuer: ab 15 €
Erschwinglich: 10 – 15 €
Preiswert: bis 10 €
Für ein Hauptgericht ohne Getränke, Vor- und Nachspeise

REISEZIELE VON A BIS Z

»Zuckerhut«-Idyll in Groß Zicker
▸ **Seite 215**

Nachwuchs-Kapitän auf großer Fahrt über den Strand vor der Selliner Seebrücke.
▸ **Seite 256**

Ostsee-Schatz – der an der Küste von Hiddensee entdeckte Wikingerschmuck aus dem 10. Jahrhundert
▸ **Seite 181**

Bei den Putbus-Festspielen dient der »Rasende Roland« manchmal auch als Zuschauertribüne.
▸ **Seite 80**

Hintergrund

BEZAUBERNDE LANDSCHAFTEN MIT EINER VIELFÄLTIGEN TIER- UND PFLANZENWELT, EINE LEBENDIGE GESCHICHTE, INSEL DER KUNST UND DER KÜNSTLER – INTERESSANTES UND WISSENSWERTES ÜBER DIE BEIDEN »OSTSEE-SCHWESTERN« RÜGEN UND HIDDENSEE

PERLEN DER OSTSEE

Als es zu Beginn des 20. Jahrhunderts in Mode kam, zur »Sommerfrische« in ein elegantes Ostseebad zu reisen, waren die Urlauber vor allem von den kilometerlangen weißen Sandstränden auf Rügen und ihrer kleinen Schwester Hiddensee fasziniert.

Bevor man sich allerdings dazumal in die Fluten stürzte, mussten sich die Herren den knielangen Badeanzug noch bis unters Kinn zuknöpfen, während die Damen mit einem Badekarren ins Wasser gefahren wurden, um dort – vor neugierigen Blicken geschützt – ins kühlende Nass zu gleiten. Befreit von all diesen Zwängen genießen heute Tausende von Urlaubern jedes Jahr den Sommer an Rügens und Hiddensees Bilderbuchstränden. Die beiden Inseln locken aber nicht nur während der Badesaison ihre Gäste, sie sind mit ihrer außergewöhnlichen landschaftlichen Vielfalt, ihren hübschen Kleinstädten und malerischen Fischerdörfern, den Schlössern, Herrenhäusern, Kirchen und Museen heute das ganze Jahr über ein lohnendes Ferienziel.

Königsstuhl
Der leuchtend weiße Felsen ist Rügens Wahrzeichen und Touristenmagnet.

Wanderparadies

Zahlreiche Wander- und Fahrradwege schlängeln sich durch herbe Heidelandschaften, öffnen den Blick auf sanft geschwungene, schilfbestandene Boddenküsten oder verlaufen oberhalb Rügens schroff abfallender Steilküsten. Die berühmteste unter ihnen ist zugleich das Wahrzeichen von Deutschlands größter Insel: die acht Kilometer lange Steilküste der Stubnitz mit den leuchtend weißen, mächtigen Kreidefelsen, besonders dem hoch aufragenden, sagenumwobenen Königsstuhl. Will man die Kreideküste nicht erwandern, kann man den Blick auf die Kliffe auch von einem Schiff aus genießen.

Mit »Volldampf« über die Insel

Wer einen Ausflug zu Lande bevorzugt, zockelt wie vor 100 Jahren mit der historischen Dampflok »Rasender Roland« in gemächlichem Tempo über die Insel Rügen und kann dabei die schönen Ostseebäder Binz, Göhren, Baabe und Sellin bewundern, deren prachtvoll re-

Bäderarchitektur
Ornamentreich und verspielt zeigt sich die um 1900 entwickelte Architektur der Ostseebäder.

Strandleben
Weite Sandstrände und Schatten spendende Strandkörbe – dafür lieben Rügenurlauber »ihre« Insel.

Autofreies Hiddensee
Rügens »kleine Schwester« lässt sich nur zu Fuß, mit dem Fahrrad oder ganz gemütlich mit der Pferdekutsche erkunden.

Bernstein sammeln
Mit Glück und Geduld entdeckt man an Rügens Stränden das »Gold des Meeres«.

Geschichtsträchtiges Rügen
Noch im 12. Jh. huldigten die Inselbewohner dem Gott Svantevit, dessen Skulptur die Wälle der slawischen Jaromarsburg auf Kap Arkona bewacht.

Kulinarische Insel
Von deftiger Hausmannskost bis zur exquisiten internationalen Küche – Rügens Restaurants verwöhnen jeden Gaumen.

novierte Villen, Hotels und Pensionshäuser mit ihren reich ornamentierten Holzfassaden, Veranden, Erkern und Türmchen im Stil der Bäderarchitektur den Glanz vergangener Zeiten heraufbeschwören. Vor allem für Kinder ist eine Fahrt mit dem »Rasenden Roland« ein ganz besonderes Urlaubs-Highlight.

Inselparadiese und Klabauterkisten

Für Familien mit Kindern präsentiert sich Rügen als idealer Ferienort. Die breiten, weiten Sandstrände oder das Spaßbad »Inselparadies« in Sellin sind das erste Ziel aller großen und kleinen Rügenurlauber. Abwechslung vom Strandleben bietet beispielsweise der »Rügenpark« bei Gingst. In dem Freizeit- und Erlebnispark können sich Kinder auf der Springburg, der Superrutsche oder dem Wildwasserrondell nach Herzenslust austoben, während ihre Eltern Modelle berühmter Bauwerke bewundern. Zum Schluss lädt »Emma«, die kleine Parkbahn, zu einer gemeinsamen Runde durch das Freizeitgelände ein. Spielplatz und Streichelzoo, Ponyreiten und die »Klabauterkiste«, ein Laden speziell für die Kleinen, sind die Kinderattraktionen im »Rügenhof«, einem renovierten ehemaligen Gutshof in Putgarten auf der Halbinsel Wittow. In der Keramikwerkstatt und in der Steinschleiferei des Rügenhofs lassen sich Töpfer und Bernsteinschleifer bei ihrer Arbeit über die Schulter schauen, oder man geht im »Rügenladen« auf Souvenirjagd, bevor man sich mit dem Arkona-Bähnchen zum Kap bringen lässt.

Dorfidylle
Im denkmalgeschützten Dörfchen Vitt am Kap Arkona scheint die Zeit stehen geblieben zu sein.

Hiddensee – Rügens »kleine Schwester«

Ein besonderes Erlebnis ist ein Besuch der kleinen Insel Hiddensee, die vor der Westküste ihrer »großen Schwester« Rügen liegt. Bereits im 19. Jh. wurde Hiddensee von berühmten Schauspielern, Künstlern und Schriftstellern als Refugium entdeckt – allen voran der Dichter und Literaturnobelpreisträger Gerhart Hauptmann.
Hier scheint die Zeit tatsächlich stehen geblieben zu sein: Auf den ungepflasterten Straßen der drei idyllischen alten Dörfer und über die sanften Hügel der reizvollen Landschaft fahren fast nur Pferdekutschen und Fahrräder – das autofreie Hiddensee ist ein wahres Paradies für alle, die sich nach Ruhe und Entspannung sehnen.

Fakten

Wie entstanden die hell leuchtenden Kreideklippen der Halbinsel Jasmund? Woher stammen die tonnenschweren Granitblöcke an der Küste Rügens? Was ist ein Biosphärenreservat? Wie leben die Menschen auf der kleinen, autofreien Insel Hiddensee?

Naturraum

Vom Eis geprägt

Nur wenige Besucher der Inseln Rügen und Hiddensee wissen, dass das Land an der Ostseeküste erdgeschichtlich sehr jung ist. Es wurde erst während und nach der letzten Eiszeit gestaltet, die vor etwa 10 000 Jahren endete. Von Skandinavien nach Süden vordringende Gletscher hobelten den Boden ab, rissen die Erde auf und schoben gewaltige Gesteinsmassen vor sich her. Dort, wo das Eis über einen längeren Zeitraum hinweg die Erde bedeckte, lagerten sich sog. Moränenwälle ab. Überall blieben Geröll, Kies, Sand und große Felsbrocken, die so genannten **Findlinge**, liegen. Ein sehr stattliches Exemplar ist der 1626 Tonnen schwere Buskam bei Göhren.
Es entstanden Kliffranddünen, steinige sog. Blockstrände, Kessel- und Flachmoore sowie Sandmager- und Salzrasen auf den von Schmelzwasserflüssen am Gletscherrand aufgeschütteten Kies- und Sandflächen: So wurde schließlich die reizvolle hügelige Landschaft der beiden Ostseeinseln geformt. Allerdings entstand die Ostsee erst nach dem Abschmelzen des Eises, als der Meeresspiegel um knapp 100 m anstieg.

Küstenlinie

Wechselspiel von Wind und Meer

Zwischen den eiszeitlichen Gesteinshügeln bildete sich eine buchtenreiche Küstenlinie heraus. Das ständige Wechselspiel von Wind und Meeresströmungen schuf in weiten Teilen Mecklenburgs und Pommerns eine weithin flache und überwiegend geradlinig verlaufende so genannte **Ausgleichsküste**, deren »Haken« (Landvorsprünge) und Buchten durch Wind und Wasser »ausgeglichen« worden sind. Die so entstandenen langen und breiten Sandstrände haben die Ostseeküste seit dem 19. Jh. zu einem beliebten Urlaubsziel gemacht.

Bodden

Im Falle der Inseln Hiddensee und Rügen haben wir es mit einer Sonderform der Ausgleichsküste, der so genannten **Boddenküste** zu tun. Bodden (Niederdeutsch = Meeresboden) sind seichte Buchten mit unregelmäßigen Umrissen an einer flachen Küste.

Steilküste, Kliffe

Entlang der Küste Mecklenburg-Vorpommerns treten Steilküstenabschnitte mit markanten und aussichtsreichen Kliffen hervor. Berühmtestes Beispiel ist der 118 m hohe »Königsstuhl« auf Rügen.

Landschaftsbild der Insel Rügen

Deutschlands größte Insel

Die größte Insel Deutschlands ist durch den schmalen Strelasund vom Festland getrennt. Die Insel selbst besteht aus den großen Inselkernen Rügen (Zentrum), Wittow (Norden), Jasmund (Nordosten)

← Eine grüne Insel im Rapsblütenmeer nahe der Proraer Wiek.

Zahlen und Fakten Rügen

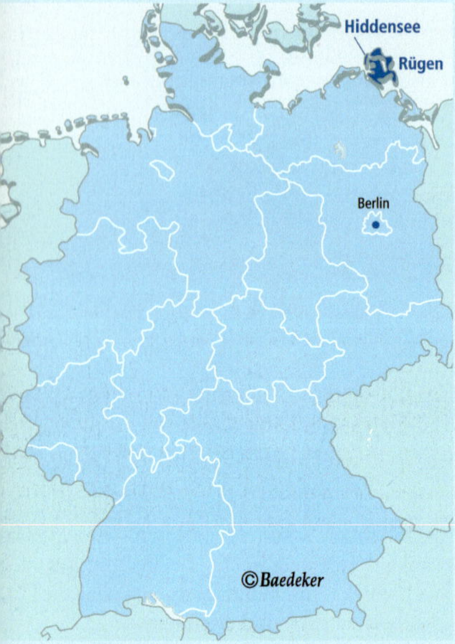

Lage

- zwischen 54°10' und 54°37' nördl. Breite sowie 13° und 13°45' östl. Länge

Fläche

- Rügen. 926,4 km²
  Nord-Süd-Ausdehnung: 51,4 km
  West-Ost-Ausdehnung: 42,8 km
  Küstenlänge: 574 km
- Hiddensee: 18,6 km²
  ca. 18 km lang, zwischen 300 m und 3 km breit

Höchste Erhebung

- Piekberg (Halbinsel Jasmund): 161 m

Einwohnerzahl

- Rügen: 77 000
- Hiddensee: 1300

Kreisstadt

- Bergen (16 700 Einw.)

Bundesland

- Mecklenburg-Vorpommern

Naturschutzgebiete

- Biosphärenreservat Süd-Ost-Rügen
- Nationalpark Jasmund (Kreideküste)
- Nationalpark Vorpommersche Boddenlandschaft

Wirtschaft

- Tourismus, Fischerei, Fischverarbeitung, Landwirtschaft

und Granitz (Südosten) sowie aus mehreren »Inselkernchen« im Süden. Rügen zeichnet sich durch eine außerordentliche landschaftliche Vielfalt aus: Sanfte bewaldete Hügel gehen in wellige Ebenen mit großen Wiesen, ausgedehnten Feldern und sumpfigen Mooren über; Steilküstenkliffe mit schmalen Steinstränden wechseln mit breiten, feinsandigen Stränden an lang gestreckten Buchten.

Niederrügen Die flachwellige Landschaft des Südwestteils der Insel wird gelegentlich auch Niederrügen genannt. Zu diesem Gebiet gehören auch Teile West- und Zentralrügens sowie der Halbinsel Wittow.

Hochrügen Der nordöstliche Inselteil mit Bergen, der Stubbenkammer, dem Kap Arkona und der malerischen Kreideküste von Jasmund wird gemein-

Der »Königsstuhl« leuchtet inmitten der herbstlich gefärbten Wälder der Stubbenkammer.

hin als Hochrügen bezeichnet. Sehr abwechslungsreiche Landschaftsbilder haben diesen Inselteil zum touristischen Anziehungspunkt werden lassen.

Wittow und Jasmund

Die im Norden der Hauptinsel Rügen gelegenen Halbinseln Wittow und Jasmund gehören zu den attraktivsten Kleinlandschaften von Rügen. Die höchste Erhebung ist der 161 Meter hohe **Piekberg** auf Jasmund. Recht imposant ist die wildromantische Kliffküste mit dem 47 Meter hohen Kap Arkona, der nördlichsten Stelle Rügens. Die wie ein Pult nach Osten aufsteigende Halbinsel Jasmund ist von Buchenwäldern bedeckt. Weltberühmt sind die Kreidefelsen im Umfeld des 118 Meter hohen **Königsstuhls**. In den letzten Jahren kam es hier, wie auch am Kap Arkona, zu mehreren großen Kreideabbrüchen, denen u. a. im Februar 2005 die beiden markanten Zinnen der »Wissower Klinken« zum Opfer fielen.

◄ Nationalpark Jasmund

Die Stubnitz genannte Gegend, d. h. die Ostküste Jasmunds mit dem bizarren Steilufer und dem anschließenden Waldgebiet, wurde 1990 zum Nationalpark erklärt.

Schaabe

Die Schaabe, eine etwa 11 km lange und durchschnittlich nur 1 km breite Nehrung mit einem wunderbaren weißer Sandstrand, verbindet die Halbinseln Wittow und Jasmund. Außerdem trennt die Landzunge den Großen Jasmunder Bodden von der Ostsee.

Von der Brandung umtost schiebt sich die Steilküste des Kap Arkona, Rügens nördlichster Punkt, in die Ostsee.

Schmale Heide Diese Landzunge verbindet die Halbinsel Jasmund mit der Granitz (Südostrügen) und trennt den großenteils verlandeten bzw. vermoorten Kleinen Jasmunder Bodden von der Ostsee. Auch die Schmale Heide hat einen langen, breiten Sandstrand zu bieten, der in den Sommermonaten zahlreiche Badegäste anlockt. Im Norden der Landzunge befindet sich das »steinerne Meer« von Rügen: ausgedehnte Felder aus Feuersteinen.

i Aus Rugini wird Rügen

- Bis heute ist der Ursprung des Namens »Rügen« ungeklärt. In der »Angelsächsischen Kirchengeschichte« des Benediktiners Beda Venerabilis (um 672 – 735) werden die slawischen Inselbewohner erstmals als »Rugini« bezeichnet. Der dänische Geschichtsschreiber Saxo Grammaticus (um 1150 – 1216) nannte die Insel »Rugia«. Im Lauf der Jahrhunderte bekam die Insel noch eine Reihe weiterer Namen, die alle von der ältesten Bezeichnung »Rugini« abgeleitet zu sein scheinen: Ruja, Rujania, Ruija, Roijen, Rujen, Ruigen, Reyen, Rhugen oder Ruegen. Die Umschrift des alten Stadtsiegels von Garz lautet: »Sigillum civitatis Gharz in Ruija«.

Der **Große** und der **Kleine Jasmunder Bodden** waren ursprünglich ein einziger großer Brackwassersee. 1869 baute man an der engsten Stelle des Sees einen Damm für eine Straße und eine Eisenbahnlinie von Bergen nach Sassnitz.

Am abwechslungsreichen Küstenabschnitt zwischen Binz und Thiessow im Südosten Rügens befinden sich die großen **Ostseebäder** mit ihren schönen, feinsandigen Stränden. Im Norden ragen die bewaldeten, bis zu knapp 100 m hohen Hügel der **Granitz** auf.

Auf dem Dornbusch, der mit 72 m höchsten Erhebung Hiddensees, erhebt sich ein Leuchtturm in strahlendem Weiß.

Landschaftsbild der Insel Hiddensee

Rügens »kleine Schwester«

Die der Insel Rügen westlich vorgelagerte Insel Hiddensee – oft Rügens »kleine Schwester« genannt – ist ein landschaftlicher Höhepunkt an der deutschen Ostseeküste.
Die höchste Erhebung auf Hiddensee ist der im Norden der Insel 72 m aufragende **Dornbusch**. Der mit Ginster, Holunder-, Brombeer- und Sanddornbüschen bewachsene Hügel ist der ideale Ort für einen der beiden Insel-Leuchttürme. Durch seine exponierte Lage ist der Dornbusch der Erosion in besonderem Maße ausgesetzt, daher verläuft der Küstenabbruch (Steilküste) hier sehr dramatisch.
Am östlichen Rand des Dornbuschs wird ständig Land angeschwemmt, wodurch so genannte **Haken**, Landvorsprünge, gebildet werden. Dieses Gebiet darf man nicht betreten.

Schmales Inselchen

Aus dem Abbruchmaterial vom Dornbusch entstand unter Einwirkung einer südlichen Strömung auch das rund 18 km lange, aber stellenweise nur 300 m schmale Flachland der Insel.
Im Mittelteil Hiddensees dehnt sich die naturgeschützte Dünenheide aus; entlang der Westküste zieht sich ein feinsandiger Strand. Im Süden der Insel wachsen die sog. Geller Sandwatten, die ebenfalls aus ständig angeschwemmtem Land bestehen, fast mit der benachbarten Insel Zingst zusammen.

Naturschutzgebiete

Nationalpark-programm

Die Einmaligkeit der Landschaft Rügens und ihrer Naturschätze machte es notwendig, der Insel einen besonderen Schutz zukommen zu lassen. Heute treffen hier **vier Großschutzgebiete** zusammen, die 1990 im Rahmen des Nationalparkprogramms von der letzten DDR-Regierung festgesetzt wurden.

Nationalpark Vorpommersche Bodden-landschaft

Der 805 km² große Nationalpark Vorpommersche Boddenlandschaft umfasst große Teile der Küstenlandschaften der Halbinseln **Darß** und **Zingst**, Teile der **Westküste Rügens**, die Insel **Hiddensee** sowie die Flachgewässer des Kubitzer, Schaproder und Vitter Boddens zwischen Rügen und Hiddensee. Mit etwa 690 km² ist der größte Teil des Nationalparks Wasserfläche, die sich im Herbst in den größten Kranich-Rastplatz Europas verwandelt.

Große Teile der beiden Inseln sind als Naturschutzgebiete ausgewiesen.

Auf der Halbinsel Jasmund, zwischen Lohme im Norden und Sassnitzim Süden, wurde der kleinste Nationalpark Deutschlands eingerichtet, der rund 3000 ha umfassende **Nationalpark Jasmund**. Neben dem Wahrzeichen Rügens, der malerischen Kreideküste mit dem imposanten Königsstuhl, zugleich Besuchermagnet des Nationalparks, kann der Naturliebhaber Feuchtwiesen, Trockenrasen, Moore und Rotbuchenwälder mit ihrer typischen Fauna erleben.

Biosphären-reservat Südost-Rügen

Das Biosphärenreservat Südost-Rügen hat eine Fläche von 235 km² und umfasst die Halbinsel Mönchgut, die Granitz, die Region Putbus, die Insel Vilm, den Nordteil des Rügischen Boddens sowie die Seebäder Sellin, Göhren und Baabe.
Bewaldete Höhenzüge, Hügel, Salzwiesen, Seen, Moore, Steilküsten, Sandstrände und Buchenwälder machen den besonderen Reiz dieser abwechslungsreichen Landschaft aus. Auf der Insel Vilm finden sich, begünstigt durch ihren langjährigen Schutzstatus, urwaldartige Baumriesen.

Naturpark

Die restlichen Flächen Rügens, ausgenommen die größeren Orte und Gewerbegebiete, zählen zum Naturpark Rügen, der jedoch bisher noch keinen gesetzlichen Status erhalten hat. Er hat Anteil an fast allen Landschaftsformen der Insel.

Schutzziele

Die drei Schutzgebiete Rügens werden vom Nationalparkamt Rügen verwaltet (► Praktische Informationen, Auskunft); der Nationalpark Vorpommersche Boddenlandschaft hat seinen Sitz auf der Halbinsel Fischland-Darß-Zingst. Je nach Schutzgebiet variieren die Ziele und die damit verbundenen Maß-nahmen. **Nationalparks** haben die Aufgabe, Naturlandschaften zu erhalten und sie ihrer eigenen Entwicklung zu überlassen, ohne die Menschen dabei auszusperren. **Biosphärenreservate** sind weltweit Ausschnitte aus repräsentativen Kulturlandschaften mit großen Anteilen an naturnahen Biotopen. Neben dem Naturschutz steht hier die Nutzung des Gebiets durch den Menschen im Vordergrund. Ziel ist es, möglichst im Einklang mit der Natur umweltschonend zu wirtschaften und dadurch zum Erhalt dieses Landschaftsraumes beizutragen. Dem Biosphärenreservat ähnliche Aufgaben hat der **Naturpark**. Hier sollen alte, durch den Menschen geprägte Kulturlandschaften mit Hilfe von umweltverträglichen Wirtschaftsformen dauerhaft erhalten bleiben und den Menschen als Lebensgrundlage dienen.

! *Baedeker* TIPP

Naturerlebnis

Natürlich kann man auf eigene Faust durch das Biosphärenreservat Südost-Rügen spazieren oder den Nationalpark Jasmund erwandern, doch zusammen mit den Mitarbeitern der Nationalparks, die das ganze Jahr über geführte Wanderungen anbieten, Rügens geschützte Landschaften zu erkunden und seltene Pflanzen und Tiere zu entdecken, ist ein besonders beeindruckendes Naturerlebnis. Infos über die einzelnen Wanderrouten gibt es beim Nationalparkamt Rügen in Lancken-Granitz (Blieschow 7a, Tel. 0383 03 / 88 50).

Modellregion Rügen

In diesem Sinne wird versucht, die Insel Rügen zu einer Modellregion zu entwickeln. Das bedeutet, neben dem Erhalt der Natur und der landschaftlichen Schönheit die Wirtschaftsformen zu finden, die ein langfristiges Fortbestehen einer intakten, in sich geschlossenen Kreislaufwirtschaft gewährleisten. Ansätze dazu liefern die ökologisch betriebene Landwirtschaft, ein auf Vernetzung basierendes Verkehrskonzept und die allgemeine wirtschaftliche Ausrichtung der Insel.

Flora

Vielfältige Flora und Fauna

Aufgrund der Tatsache, dass auf Rügen bedeutende Schutzgebiete ausgewiesen sind, ist hier eine reichhaltige Flora und Fauna zu finden. Lehrpfade und Aussichts- oder Beobachtungskanzeln in den Schutzgebieten ermöglichen es den Besuchern, die vielfältige Tier- und Pflanzenwelt vor Ort zu erleben.

Wälder

Ursprünglich war Rügen überwiegend mit artenreichen Laubwäldern bedeckt, die jedoch schon im Mittelalter großflächig gerodet wurden. Nur noch wenige Restflächen der seit etwa 1000 Jahren wachsenden **Rotbuchenwälder** sind in der Stubnitz im Nationalpark Jasmund, auf der Granitz und auf der Insel Vilm vorhanden.

Erholsame Radtour durch die Schatten spendenden »grünen Tunnel« Rügens.

Kulturlandschaft Rügen Rügen ist eine hauptsächlich agrarisch genutzte Kulturlandschaft. Durch die Industrialisierung der Landwirtschaft zu DDR-Zeiten verschwanden viele Landschaftsformen, und der Artenreichtum ging stark zurück. Doch durch Extensivierung, d. h. durch die Verminderung der landwirtschaftlichen Produktion, und der Beweidung durch Schafe entwickeln sich wieder Flächen mit einer vielfältigen Vegetation, die den Besucher im Frühling und Sommer mit einem Blütenmeer empfangen. **Floristische Besonderheiten** bieten die Salzwiesen an den Bodden und die Magerrasen auf den Hügeln.

Alleen Die prachtvollen Alleen Rügens wurden fast alle im 19. Jh. gepflanzt. Heute sind sie mehr und mehr durch Straßenbaumaßnahmen und die zunehmende Verkehrsdichte gefährdet.

Küste Auf den Dünen entlang der Nehrungen sind vor etwa 150 Jahren Kiefernwälder angepflanzt worden, die sich seitdem natürlich entwickeln konnten. Besonderheiten der Strandflora sind der Meerkohl am Blockstrand von Wittow und die Gemeine Küchenschelle.

Nationalparks Im Frühjahr sind entlang der Kreideküste von Jasmund die Buchenwälder mit blühenden Leberblümchen, Buschwindröschen, Goldsternarten und Lerchensporn besonders reizvoll.

In den Kesselmooren gedeihen Wollgräser und Torfmoose, aber auch Fieberklee, Sonnentau und Moosbeere sind hier anzutreffen. Die feucht-schattigen Uferschluchten beherbergen Eschen, Ulmen,

Möwen auf Beobachtungsposten für die nächste »Schnäppchenjagd«.

Ahorn sowie Seggen, Riesenschachtelhalme und Moose. Auf den Kreideschutthängen wachsen zahlreiche der über 20 Orchideenarten auf Rügen.

Hiddensee

Hiddensee zeichnet sich durch eine vielfältige Vegetation mit großem Artenreichtum aus. Auf dem Dornbusch sind nur noch wenige Reste der ehemaligen Bewaldung übrig geblieben, sodass Trockenrasenflächen hier typisch sind. Eine Besonderheit ist die **Dünenheide** als letzte erhaltene Küstenheidelandschaft der Ostsee mit Besenheide, Krähenbeere und Kriechweide.

Fauna

Wild

In den Wäldern Rügens sind Rehe, Rot- und Damwild sowie Füchse und Wildschweine zu Hause. Ein Wildgehege mit Rot- und Damwild ist in den Schlosspark von Putbus integriert.

Seltene Tiere

Im **Nationalpark Jasmund** sind Springfrosch und Nördlicher Perlmuttfalter als Eiszeitrelikte, außerdem Moor- und Laubfrosch, Rotbauchunke sowie andere geschützte Lurche und Kriechtiere noch vorhanden.
Die Kreide-Eule, eine Schmetterlingsart, kommt nur im Nationalpark Jasmund vor. In den Feuchtwiesen, Mooren und auf den Trockenrasenflächen ist eine artenreiche Insekten-, Spinnen- und Weichtierfauna anzutreffen.

Vögel An den Küsten Rügens befinden sich **bedeutende Brutgebiete** verschiedener Vogelarten des Ostseeraums. Besonders die geschützten, unzugänglichen Gebiete und kleinen Inseln sind sichere Brutbiotope. Hier nisten verschiedene Möwenarten, Brandseeschwalben und zahlreiche Watvögel auf den Salzwiesen.

Eine Besonderheit sind die Brutgebiete der Mehlschwalben an der Kreidesteilküste im Nationalpark Jasmund. In den Röhrichtgürteln der Bodden sind Rohrammern und Rohrsänger, Wasserrallen und Haubentaucher zu Hause. Etwa zehn Greifvogelarten gibt es auf Rügen, darunter mehrere Seeadlerpaare.

Eine Kormorankolonie siedelt an der Schoritzer Wiek.

Vom Fischreichtum um Rügen profitieren die **Kormoran**e. Diese großen schwarzen Wasservögel leben und brüten meist in großen Kolonien, von denen sich eine auf der kleinen Insel Tollow in der Schoritzer Wiek befindet.

Für viele nordische **Zugvögel** stellt die Insel Rügen mit ihren Küsten, Bodden, Buchten, Flachwasserbereichen und Salzwiesen ideale Rastplätze für den Vogelzug im Frühjahr und Herbst. Tausende von Wildgänsen, Wildenten, Schwänen und Kranichen rasten hier und sammeln Kräfte für den Weiterflug. Auf der Halbinsel Wittow sind zahlreiche Goldregenpfeifer zu beobachten.

Kraniche ► Alljährlich im Frühjahr und Herbst durchqueren zahlreiche Graue Kraniche die Vorpommersche Boddenlandschaft sowie die westlichen Teile Rügens. Während der Frühjahrszug in die Brutgebiete im Baltikum und in Skandinavien sehr rasch erfolgt, bleiben die Vögel während ihres Herbstzuges in die Winterquartiere in Frankreich und Spanien oft über mehrere Wochen in der Rastregion. Tagsüber sind sie auf Futtersuche auf den abgeernteten Feldern Rügens und des Festlands zu sehen; abends fliegen sie mit ihrem typischen trompetenähnlichen Geschrei im Formationsflug zu ihren Schlafplätzen, die sich meist – sicher vor Feinden – in den Flachwasserzonen befinden.

Fische Die Ostsee gilt als artenarmes Gewässer, doch sind hier wie auch in den Boddengewässern wegen des geringen Salzgehalts viele **Meeres-** und auch **Süßwasserfische** anzutreffen, z. B. Heringe, Flundern, Aale, Hechte, Zander, Dorsche sowie Plötzen und Bleie. Für die Fischer ist Hochsaison, wenn im Frühjahr die wegen ihrer grünen Gräten sehr exotisch wirkenden Hornfische, v.a. aber die Heringsschwärme zum Laichen in den Greifswalder Bodden ziehen.

Bevölkerung · Verwaltung · Wirtschaft

Bevölkerung

Bevölkerungsstruktur

Seit der Wiedervereinigung 1990 sinkt die Einwohnerzahl Rügens von damals 86 000 ständig weiter; heute hat die Insel noch rund 77 000 Einwohner – eine Folge des Geburtenrückgangs und der Abwanderung vornehmlich junger Menschen aufgrund der hohen Arbeitslosigkeit auf der Insel.

◂ Religion

Die Bevölkerung von Rügen, Hiddensee und Stralsund ist überwiegend evangelisch (Pommersche Evangelische Kirche).

◂ Sprache

Plattdeutsch hört man hauptsächlich die älteren Rüganer miteinander reden. Immerhin beherrscht noch ein Drittel der Einwohner Rügens diese Mundart. Das aus dem Altsächsischen hervorgegangene Platt- bzw. Niederdeutsch war im Mittelalter die Verkehrssprache im norddeutschen Raum. In der Blütezeit der Hanse vom 14. bis Anfang des 16. Jahrhunderts wurden alle Verordnungen und Verträge auf Plattdeutsch abgefasst. Erst nach der Bibelübersetzung Martin Luthers im 16. Jahrhundert setzte sich Hochdeutsch als Literatur- und Amtssprache durch.

? WUSSTEN SIE SCHON ...?

- ... dass Rügen zehnmal größer ist als Sylt, aber nur dreimal so viele Einwohner hat?
- ... dass Rügens Küstenlinie 140 km länger ist als die gesamte schleswig-holsteinische Küste?
- ... dass es auf Rügen jährlich 100 Sonnenstunden mehr gibt als in München?

Verwaltung

Rügen, Hiddensee und Stralsund gehören verwaltungspolitisch zum **Bundesland Mecklenburg-Vorpommern**. Rügen und Hiddensee bilden einen der insgesamt zwölf Landkreise des nordöstlichen Bundeslandes; sie sind damit der einzige Insellandkreis Deutschlands. Kreisstadt ist Bergen, mit fast 17 000 Einwohnern die größte Ortschaft der Insel. Die Bewohner Rügens leben in 41 Gemeinden und den vier Städten Garz, Bergen, Putbus und Sassnitz.
Die Hansestadt Stralsund gehört zu den sechs kreisfreien Städten von Mecklenburg-Vorpommern.

Wirtschaft

Wirtschaftslage

Bis in die jüngste Vergangenheit war der Zugang zur Ostsee und damit die Verbindung nach Skandinavien, zu den baltischen Staaten und vor allem zur ehemaligen UdSSR das größte wirtschaftliche »Kapital« Rügens. Seit der Wiedervereinigung Deutschlands ist dieser Standortvorteil relativiert worden und die Wirtschaft Rügens, in erster Linie von Landwirtschaft, Fischerei und vom Fremdenverkehr ge-

Viele der ehemaligen Fischer Rügens schippern heute Touristen mit Ausflugsschiffen durch die Küstengewässer.

tragen, von markanten strukturellen Problemen gekennzeichnet. Ungeklärte Besitzverhältnisse brachte die Produktion von vielen Betrieben lange Zeit zum Stillstand. Hohe Arbeitslosigkeit und eine anhaltende Abwanderung vor allem junger Menschen sind Ausdruck dieser Umorientierungsphase. Besonders groß waren die Arbeitsplatzverluste in der Landwirtschaft und in der Fischerei.

Landwirtschaft Etwa zwei Drittel der Gesamtfläche Rügens werden landwirtschaftlich genutzt, v. a. zum Anbau von Getreide, Kartoffeln und Gemüse sowie zur Rinder-, Schweine- und Hühnerzucht. Nach der Wende wurden die in den 1950er- und 1960er-Jahren eingerichteten Landwirtschaftlichen Produktionsgenossenschaften (LPGs) aufgelöst und eine ganze Reihe von marktwirtschaftlich orientierten Firmen gegründet, wobei nach wie vor große Produktionsbetriebe mit einer durchschnittlichen Betriebsgröße von 1500 ha dominieren. Allerdings gingen durch diese Umstellung ca. 70% der Arbeitsplätze verloren, nur noch etwa 20% aller Erwerbstätigen arbeiten in der Landwirtschaft. Großen Wert legen die Landwirtschaftsbetriebe inzwischen auf qualitativ hochwertige, exportfähige Produkte. Die **Bio-Bauernhöfe**, die in den letzten Jahren auf Rügen entstanden sind, haben diese »ökologische Trendwende« eingeleitet.

Fischerei Die Fischerei zählt auf Rügen zu den traditionellen Wirtschaftsbereichen und war ehemals ein wichtiger Erwerbszweig der Insel. Auf

Im Hafen von Sassnitz gibt's fangfrischen Fisch direkt vom »Produzenten«.

dem Mönchgut wird heute noch nach **traditionellen Fangmethoden** mit Reusen gefischt, meist allerdings im Nebenerwerb. Die einem großen Konkurrenzdruck ausgesetzte Fischerei ist v. a. wegen des Preisverfalls für Fisch nur wenig einträglich. Regionale Bedeutung hat noch der Heringsfang, auch der saisonal auftretende Hornhecht zählt zu den Rügener Fischspezialitäten. Einige Fischer tummeln sich heute auf dem Fremdenverkehrssektor und veranstalten mit ihren Kuttern Rundfahrten für Touristen. Andere versuchen, durch den Verkauf von selbst geräuchertem Fisch ihre Einkünfte zu verbessern.

Industrie, Gewerbe

Rügen hat nur wenige Gewerbebetriebe, in erster Linie in den Bereichen Kreidebergbau, Bootsbau sowie Nahrungsmittelverarbeitung.

◄ Kreideabbau

Traditioneller Wirtschaftszweig ist der Kreideabbau. Bereits Mitte des 19. Jh.s entstanden in mehreren Inselorten Schlämmkreidefabriken. Seit den 1960er-Jahren wird im Schlämmkreidewerk **Klementelvitz** in der Nähe von Sassnitz die abgebaute Kreide weiterverarbeitet, einer der wenigen größeren Betriebe, die über die Wende 1989/90 hinweg ihr wirtschaftliches Überleben sichern konnten.

◄ Bootsbau

Der Bootsbau ist stark rückläufig; es gibt nur noch einige kleine Werften, die Segelboote bauen und Reparaturen durchführen.

◄ Nahrungsmittelindustrie

Etwas bessere Zukunftsperspektiven hat die Nahrungsmittelverarbeitung. Mit dem **»Rügener Badejungen«**, wie der traditionelle Camembert aus der Käserei Bergen heißt, konnte sich ein neues Markenprodukt etablieren. Daneben zählen die luftgetrocknete Rügenwurst, der Rügener Schafskäse und der Wittower Kohl zu den auch überregional bekannten Qualitätsprodukten.

Fischverarbeitung ▸ Hoffnung auf bessere Zeiten zeichnet sich auch für die Fisch verarbeitende Industrie Rügens ab. Durch Aufspülung wurde am Fährhafen Sassnitz eine etwa 12 ha große Industriefläche geschaffen mit einem der modernsten Fischverarbeitungszentren der Welt.

Dienstleistungen Weit über die Hälfte aller Rügener Unternehmen arbeiten im Dienstleistungsbereich. Eine immer größere Rolle spielt der Fährverkehr. Der neue internationale **Fähr- und Transithafen Sassnitz-Neu Mukran**, zugleich der größte Umschlagplatz für Eisenbahnfährverkehr in Deutschland, hat sich als Rügens wichtigster Standort für den Güterverkehr mit Schweden, Russland und den baltischen Staaten etabliert. Der alte Sassnitzer Hafen wird heute als Fischereihafen sowie von Ausflugs- und Kreuzfahrtschiffen genutzt.

Tourismus Mit jährlich steigender Anzahl an Feriengästen ist der Tourismus der Haupterwerbszweig Rügens; etwa 12 % aller Arbeitsplätze sind in dieser Branche angesiedelt. Besonders im Südosten der Insel ist der Tourismus der tragende Wirtschaftszweig und Wachstumsmotor. Etwa 70 % des Bettenangebots von Rügen sind in den Seebädern Binz, Sellin, Göhren und Baabe zu finden. Als **größtes Inselseebad** mit

Das »Tor zu Skandinavien«: der Fährhafen in Sassnitz-Neu Mukran.

rund 10 000 Betten nimmt **Binz** nach wie vor eine herausragende Stellung ein. Touristisch bedeutsam sind auch Sassnitz und die Gemeinden im Nordwesten der Insel. Dort sind einige touristische Großprojekte entstanden, die weitere große Bettenkapazitäten zur Verfügung stellen, zum Beispiel in Dranske und in Vaschvitz.

◄ Touristische Infrastruktur

Wegen des starken Zuwachses an Übernachtungsmöglichkeiten wurde auch Rügens touristische Infrastruktur, v. a. Schwimmbäder und andere Sporteinrichtungen, ausgebaut, sodass Rügen heute den Vergleich mit anderen Touristenzentren nicht zu scheuen braucht. Allerdings soll die **Zunahme des touristischen Angebots**, z. B. die Anzahl der Hotelbetten, begrenzt werden, um Rügens Natur, sein größtes Kapital, schützen und bewahren und damit gleichzeitig den Lebensunterhalt vieler Rüganer sichern zu können.

◄ Gesundheitstourismus

Ein kleiner, aber wichtiger wirtschaftlicher Bereich ist der Gesundheitstourismus. Schon Mitte des 18. Jh.s lockte Rügen mit seinem Klima die ersten Badegäste an, um hier zu kuren. Heute gibt es eine ganze Reihe von Kur- und Reha-Kliniken, insbesondere auch für Kinder, die u. a. Atemwegserkrankungen und mit dem Sassnitzer Kreideheilschlamm Gelenk- und Hautkrankheiten behandeln.

Hiddensee

Eine besondere Rolle spielt der Fremdenverkehr auf Hiddensee, das inmitten des **Nationalparks Vorpommersche Boddenlandschaft** liegt. Da die Insel als Urlaubs- und Ausflugsziel außerordentlich beliebt ist, lebt inzwischen fast die gesamte Inselbevölkerung vom Tourismus. Um die Ursprünglichkeit und das charakteristische Landschaftsbild Hiddensees zu bewahren, werden auch hier Überlegungen zur Einschränkung und Kanalisierung des Touristenstroms angestellt.

Geschichte

Rügens Geschichte erzählt von steinzeitlichen Rentierjägern, bronzezeitlichen Bauern und ostgermanischen Rugiern, die der Insel ihren Namen hinterließen, von heidnischen Slawen und missionierenden Dänen und von Schweden und Preußen, die sich jahrhundertelang um die Ostseeinsel stritten.

Frühgeschichte

um 8000 v.Chr.	Erste dauerhafte Besiedlung Rügens; Lietzow-Kultur
3000-1800 v.Chr.	In der Jungsteinzeit entstehen gewaltige Großstein-Grabanlagen.
600 v.Chr.-1. Jh.n.Chr.	Die ostgermanischen Rugier besiedeln Rügen und Hiddensee.

Altsteinzeit

Wahrscheinlich waren **Rentierjäger** die ersten Bewohner Rügens. Die ältesten Funde, die auf eine menschliche Besiedlung hinweisen, sind zwei bearbeitete Ren-Geweihstangen, die beim Ausheben eines Grabes im Garzer Moor Anfang des 20. Jh.s freigelegt wurden. In der Nähe von Gingst fand man, ebenfalls bei Grabungsarbeiten, eine aus Horn geschnitzte Harpune, die Ende der Altsteinzeit, im 9. Jahrtausend v. Chr., entstanden war.

Mittelsteinzeit

Erste Anzeichen für eine dauerhafte Ansiedlung von Menschen liefern Funde aus der Mittelsteinzeit (8000 – 3000 v. Chr.), vor allem Werkzeuge und Waffen aus Feuerstein, die vornehmlich am Spitzen Ort bei Lietzow ausgegraben wurden. Diese Kultur nennt man nach dem Fundort **Lietzow-Kultur** (►Kunst und Kultur S. 47).

Jungsteinzeit

Aus der Jungsteinzeit (3000 – 1800 v. Chr.) sind die ersten Begräbnisstätten erhalten geblieben: gewaltige Großstein- beziehungsweise **Hünengräber** (► Kunst und Kultur S.47). Während der Jungsteinzeit vollzog sich ein tief greifender gesellschaftlicher Wandel: Aus den umherziehenden Jägern und Sammlern wurden sesshafte Bauern, die sich von Viehzucht und Ackerbau ernährten.

Bronzezeit

Die Bronzezeit (1800 – 600 v. Chr.) setzte auf Rügen verhältnismäßig spät ein. Erst ab 1500 v. Chr. wurden die Steinwerkzeuge allmählich von dem neuen Material **Bronze** verdrängt. Über eineinhalbtausend Jahre war die Legierung aus Kupfer und Zinn das Hauptmaterial bei der Herstellung von Werkzeugen und Schmuck, für den man aber auch **Bernstein** verwendete. Das hellgelbe bis orangerote, bisweilen auch bräunliche fossile Harz war seit der Steinzeit bekannt und als Tauschobjekt begehrt. Über große Handelswege, die so genannten Bernsteinstraßen, gelangte das kostbare Material von der Nord- und Ostseeküste nach Mittel- und Südeuropa.
Im Unterschied zu ihren Vorfahren bestatteten die bronzezeitlichen Bewohner Rügens ihre Toten nicht mehr in riesigen Steingräbern, sondern gingen dazu über, die Leichen zu verbrennen und die Urnen

← *Mitte der 1990er-Jahre bergen Archäologen in der Nähe von Ralswiek die bereits 1967 entdeckten Reste einer mittelalterlichen Kogge.*

Fünf solcher beeindruckenden Großsteingräber befinden sich bei Lancken-Granitz in der Nähe von Sellin.

mit der Asche in **Hügelgräbern** beizusetzen. Da die Hügelgräber zuweilen mit wertvollen Bestattungsbeigaben versehen waren, wurden viele von ihnen von Grabräubern geplündert.

Eisenzeit Während der Eisenzeit (600 v. Chr. – 1. Jh. n. Chr.) besiedelten die **ostgermanischen Rugier** Hiddensee und Rügen. Gefunden wurde aus dieser Zeit u. a. auch römisches Kunsthandwerk, das durch Tauschhandel nach Rügen gelangte. Bei Gustow wurde ein Gräberfeld freigelegt, auf dem vom Ende der Bronzezeit bis in die römische Kaiserzeit Bestattungen stattfanden. In der Zeit der Völkerwanderung (3. – 6. Jh.) verließen die Rugier die Insel; vermutlich wurden sie von vordringenden slawischen Stämmen vertrieben. Was von ihnen blieb, ist der Name der Insel: Rügen.

Slawenzeit (7. – 12. Jahrhundert)

7. Jh.	Slawische Ranen werden auf Rügen sesshaft.
1168	Feldzug des Dänenkönigs Waldemar I. gegen die Ranen; Zerstörung der Jaromarsburg am Kap Arkona.
12. Jh.	Christianisierung der Rügener Bevölkerung.

Ranen Vom 7. Jh. an besiedelten die slawischen Ranen die Insel Rügen. Sie betrieben neben Fischfang Ackerbau und Viehzucht und errichteten Befestigungsanlagen, Verwaltungsgebäude und Tempel. Als tüchtige

Von der slawischen Jaromarsburg am Kap Arkona ist nur mehr der mächtige Burgwall erhalten geblieben.

Seefahrer trieben sie bereits im 9. Jh. umfangreichen Handel mit den benachbarten Stämmen.
Gemessen an dem langen Zeitraum, in dem die Ranen auf Rügen siedelten, sind die Zeugnisse ihrer Anwesenheit eher spärlich. Ab dem 8. Jh. errichteten sie Burgen, in die sich die Bevölkerung in Kriegszeiten zurückziehen konnte. Darüber hinaus fungierten die Burgen auch als Marktplatz, Tempel und Versammlungsstätte. Bedeutende Zentren waren die Burgen in **Arkona**, **Rugard** und **Garz**.
Im 11. Jh. bildete sich bei den Ranen eine adlige Oberschicht heraus, doch die größte Macht lag in den Händen der Priester. Wichtige Entscheidungen sowohl in religiösen als auch in weltlichen Fragen wurden mit Hilfe von Orakeln gefällt. Die höchste Instanz der Priesterschaft war der Oberpriester, der seinen Sitz in der Festung Arkona hatte. Dort befand sich auch das **Hauptheiligtum der Ranen**, ein monumentales, vierköpfiges Standbild von **Svantevit**, dem Gott des Friedens, der Fruchtbarkeit und des Überflusses.
Vom 8. bis 12. Jh. verbreiteten die Ranen, so wie die Wikinger, im Ostseeraum Angst und Schrecken und galten wegen ihrer blitzartigen Überfälle als gefürchtete Seeräuber. Vor allem dem Königreich Dänemark waren die Ranen ein Dorn im Auge. Unter dem Vorwand, sie zum Christentum zu bekehren, unternahm der Dänenkönig **Waldemar I.** mit Unterstützung des deutschen Herzogs **Heinrich der Löwe** 1168 einen Feldzug gegen die slawischen Inselbewohner. Gegen die Übermacht der Angreifer hatten die Ranen keine Chance; sie mussten ihren Göttern abschwören und wurden christianisiert. Die Ent-

Im Jahr 1715 versuchte Preußen, die Insel Rügen den Schweden zu entreißen.

machtung der Priesterschaft stärkte die slawischen Fürsten, die sich auch bereitwillig taufen ließen. Ranenfürst **Jaromar I.** , erhielt von Dänemark die Insel Rügen als Lehen, dafür musste er dem dänischen König den Treueid leisten. Die Christianisierung der Insel schritt rasch voran, bereits 1180 wurde mit dem Bau des ersten Gotteshauses, der Marienkirche in Bergen, begonnen. In den folgenden Jahrhunderten entstanden in vielen Orten Kirchen (► Kunst und Kultur S. 49), von denen die meisten bis heute erhalten blieben.

Dänische Lehnsherrschaft (12. – 17. Jahrhundert)

12. Jh.	Seit der Schlacht von Arkona steht Rügen unter dänischer Lehnsherrschaft.
1325	Nach dem Tod des slawischen Fürsten Witzlaw III. wird Rügen von den Herzögen von Pommern-Wolgast regiert.

Seit dem Sieg der Dänen über die Ranen in der Schlacht von Arkona 1168 stand Rügen unter dänischer Lehnsherrschaft. Auf das slawisch geprägte Siedlungsbild nahmen die Dänen keinen sichtbaren Einfluss, wohl aber die Zuwanderer aus dem Westfälischen, Niedersächsischen und Niederfränkischen, die ab dem 13. Jh. auf Rügen nachgewiesen sind. Vom slawischen Adel wurden sie – wohl vor allem wegen ihrer Kenntnisse im Ackerbau – wohlwollend aufgenommen. Als 1325 das slawische Fürstenhaus mit **Witzlaw III.** ausstarb, trat ein Erbvertrag mit den deutschen Herzögen von Pommern-Wolgast in Kraft. Unter den nun regierenden Pommernfürsten nahm die staatsrechtliche Bindung Rügens an Dänemark immer mehr ab, wenngleich die Dänen die Lehnsoberhoheit über die Insel nicht aufgaben. Ab dem beginnenden 15. Jh. verschwand durch den deutschen Einfluss auch die slawische Sprache, an die heute nur noch die vielen Ortsnamen mit Endungen auf -itz, -in, -ow und -gast erinnern.

Unter schwedischer Herrschaft (1631 – 1815)

1648	Nach Ende des Dreißigjährigen Krieges fällt Rügen an Schweden.
1806	Der schwedische König Adolf IV. hebt die Leibeigenschaft auf Rügen auf.

Rügen wird schwedisch

Drei Jahrhunderte lang gehörte Rügen zu Pommern. Während des Dreißigjährigen Kriegs (1618 – 1648) besetzten nacheinander die Truppen **Wallensteins**, die fast den gesamten Waldbestand abholzten, Dänemarks und Schwedens die Insel. Als das pommersche Fürstenhaus 1637 erlosch, hätte aufgrund eines Erbvertrages Pommern an Brandenburg fallen müssen, doch die letzten Eroberer Rügens, die Schweden, scherten sich nicht darum und gaben die Insel nicht mehr heraus. Im Westfälischen Frieden von 1648 wurde ihnen **»Schwedisch-Pommern«** samt Rügen dann sogar offiziell zuerkannt. Preußen, das sich mit dieser Entscheidung nicht abfinden wollte, unternahm insgesamt drei erfolglose Versuche, den Schweden die Insel wieder zu entreißen – Rügen blieb bis Anfang des 19. Jh.s schwedisch.

»Bauernlegen«

Die Hauptleidtragenden der Fremdherrschaft in der beginnenden Neuzeit waren die Bauern. Hohe Abgaben und andere Zwangsmaßnahmen brachten von der zweiten Hälfte des 16. Jh.s an viele Bauern in die wirtschaftliche Abhängigkeit einiger weniger Adliger. Mit dem so genannten »Legen« der Bauern, also einem »Dazulegen« des Bauernlandes zum Adelsbesitz, wurden über drei Viertel der Bevölkerung zu Leibeigenen des Adels (► Baedeker Special S. 38). Erst 1806 hob der schwedische König **Adolf IV.** die Leibeigenschaft in Schwedisch-Pommern und damit auch auf Rügen auf.

KAMPF DEM BAUERNLEGEN!

1792 verließ Catharina Dorothea Völschen das Stralsunder Heiliggeistkloster, ging nach Loitz und heiratete dort einen Untertanen eines festländischen Gutsbesitzers. Alle Hebel wurden in Bewegung gesetzt, um die junge Frau zurückzuholen. Schließlich wurde sie von der Polizei aufgespürt und ins Gefängnis gesperrt. War Catharina Dorothea Völschen eine Kriminelle? Keineswegs! Sie war eine Leibeigene!

Im Vernehmungsprotokoll heißt es, man habe ihr zu erkennen gegeben, »wie sie nach allen vorkommenden Umständen Ruthenstrafe verdient hätte, daß man jedoch aus verschiedenen Bewegursachen und besonders in Hinsicht auf das Kind, das sie an der Brust hätte, sie für diesmal mit körperlicher Strafe verschonen wolle, indessen sey sie schuldig, die dem Kloster verursachten Unkosten zu vergüten«.

Die junge Frau hatte den Bezirk ihres Grundherrn ohne dessen Erlaubnis verlassen, was als Flucht gewertet wurde – und die Flucht eines Leibeigenen war ein strafbares Delikt. Catharina Völschen aber gab nicht auf. Bei Nacht und Nebel gelang es ihr, über die Gefängnismauern zu klettern und zu entkommen.

Nach dieser zweiten Flucht erschien in der »Stralsundischen Zeitung« vom 15. August 1792 ein Steckbrief der Gesuchten, der sich im Namen des Klosters zum Heiligen Geist an »alle Herrschaften und Obrigkeiten« richtete, »die genannte vorflüchtige Unterthänin, wenn sie sich unter ihrer Gerichtsbarkeit betreten lassen sollte, zur gefänglichen Haft bringen zu lassen und uns davon Nachricht zu ertheilen, da wir denn zu ihrer Abholung sogleich die Anstalt vorzukehren werden«. Was die unglückliche Frau dann zu erwarten hatte, war gesetzlich festgelegt: die Peitsche!

Von freien Bauern zu Leibeigenen

Seit dem 15. Jahrhundert gab es auf Rügen Leibeigenschaft. In dieser Zeit stiegen, bedingt durch wirtschaftliche Veränderungen, die Getreidepreise stark an. Nutznießer dieser neuen Situation war auch die Ostseeregion, in der viel Getreide angebaut wurde, das problemlos auch in entferntere Gebiete verschifft werden konnte.

Die adligen Grundherren auf Rügen wollten ebenfalls an den hohen Handelsgewinnen teilhaben. Allerdings

Erst Anfang des 19. Jahrhunderts wurden die Rügener Bauern von der Leibeigenschaft befreit.

waren deren Gutshöfe kaum größer als die der ansässigen Bauern. Da gab es nur eines: Der Grundbesitz musste vergrößert werden!

Bereits seit dem Mittelalter besaßen die Grundherren eine Vielzahl an Privilegien, u. a. konnten sie ihre Untertanen zwingen, immer höhere Abgaben zu entrichten oder Frondienste zu leisten. Deshalb war es für den adligen Grundbesitzer des 15. Jahrhunderts auch nicht schwer, seinen Besitz nach Belieben zu erweitern: Man musste nur Druck auf die Bauern ausüben, etwa durch Steuererhöhungen oder immer härtere und längere Frondienste, und den Betroffenen blieb nichts anderes übrig, als dem sog. »Legen«, also dem »Dazulegen« ihres Landes zum Adelsbesitz, und ihrer Degradierung zu unfreien Tagelöhnern hilf- und machtlos zuzusehen.

Das Bauernlegen war aber nicht nur ein »Privileg« der kleinen adligen Grundherren; auch die großen Landesherren, die geistlichen Grundbesitzer und die Städte mischten schon bald eifrig mit. Tauschen, vermieten, versetzen, verkaufen - der Grundherr konnte mit seinen Untertanen machen, was er wollte. Rechte genossen die Leibeigenen nicht; sogar in Fragen der Eheschließung hatte er ein Wörtchen mitzureden; wenn ihm eine angestrebte Verbindung zweier Menschen nicht gefiel, konnte er sie verhindern. Die Bauern hatten keine Möglichkeiten, sich gegen die Willkür der Gutsherren zur Wehr zu setzen. Zwar konnten sie sich – theoretisch – von der Leibeigenschaft loskaufen – doch zu einem Preis, den aufzubringen kaum jemand in der Lage war.

»Die Aufhuckerin«

Den meisten blieb nur die Flucht ins Reich der Phantasie – so entstanden viele Sagen, in denen meist überirdische Wesen die geschundene bäuerliche Bevölkerung in Schutz nahmen. Ein Beispiel hierfür ist die Sage von der »Aufhuckerin«:

»Vor dem Gutsherrn von Prosnitz fürchteten sich die jungen Mädchen weit und breit. Keines war vor ihm sicher, besonders dann, wenn er zu viel getrunken hatte. Eines Abends, als er von einem Zechgelage kam, versperrte ihm ein kleines, verhutzeltes Weib den Weg. ›Nehmen Sie mich mit, mein Herr!‹, bat sie ihn. Der Gutsherr aber ging weiter. Doch so schnell er auch lief, die Alte blieb neben ihm. Plötzlich sprang sie auf seinen Rücken. ›Sie mögen doch die jungen Mägdelein so gern. Tragen sie mich ein Stück!‹ Der Mann versuchte, sie abzuschütteln, aber je mehr er sich wehrte, desto schwerer wurde der Geist. Schließlich brach er kurz vor seinem Gutshaus erschöpft zusam-

Die Befreiung der Bauern aus der Leibeigenschaft war mit ein Verdienst des 1769 auf Rügen geborenen Schriftstellers Ernst Moritz Arndt.

men. Dort fand ihn sein Gesinde am nächsten Morgen tot auf. Von nun an hatten die Menschen Ruhe vor dem bösen Gutsherrn von Prosnitz.«

Ernst Moritz Arndt

Das Bauernlegen erlebte gegen Ende des 18. Jahrhunderts seinen Höhepunkt. 1783 waren 75 Prozent der in den Dörfern Rügens lebenden Einwohner Leibeigene. Nun aber meldeten sich liberal gesinnte Bürger, die die unmenschliche Leibeigenschaft anprangerten.

Am meisten Aufsehen erregte dabei das 1803 in Berlin veröffentlichte Buch mit dem Titel »Versuch einer Geschichte der Leibeigenschaft in Pommern und Rügen« von dem Greifswalder Universitätsdozenten Ernst Moritz Arndt. Der 1769 in Groß Schoritz auf Rügen geborene Autor wusste, wovon er schrieb: Seinem Vater war es gelungen, sich aus der Leibeigenschaft freizukaufen. Arndt schildert die Verhältnisse seines Heimatlandes, »wo der Mensch an den Boden gefesselt ist, ... die Bauern und andere auf dem Gute wohnenden unterthänigen Leute nicht mit Geldstrafen belegt werden dürfen, sondern es meistens auf ihren Rücken losgeht«. Mit drastischen Worten führte er aus, dass die Leibeigenschaft auf der Insel weit schlimmer sei als auf dem Festland und »die Leibeigenen wie wahre Inventariumsstücke, wie res immobiles, die zum Gute gehören, bei dem Kauf und Verkauf desselben gerechnet, gezählt, taxiert und nach Jahren und Kennung wie Ochsen und Pferde aufgezeichnet« würden.

Natürlich wollte der Grund besitzende Adel von Rügen und Pommern diese Angriffe nicht hinnehmen, doch Beschwerden bei den höchsten Gerichtsinstanzen blieben ohne Erfolg. Es sollte aber noch einige Jahre dauern, bis der Staat sich zu dem durchrang, wozu Ernst Moritz Arndt in seinem Buch aufgerufen hatte: »Der Staat muß für alle seine Kinder sorgen, ... er muß nicht erlauben, daß die Mehrzahl der Nation in einem unnötigen Druck schmachte, damit die kleinere Zahl desto übermächtiger und bequemer ihr üppiges Leben – nicht genieße – sondern verderbe!« Im Jahr 1806 schließlich hob Schweden in »alle(n) deutschen Gebiete(n) der schwedischen Krone«, darunter auch Rügen, die Leibeigenschaft auf.

Im Jahr 1783 waren rund 75 Prozent der Rügener Bevölkerung Leibeigene.

Rügens Entwicklung zur Urlaubsinsel

1815	Schweden tritt Rügen und Hiddensee an Preußen ab.
1816	Wilhelm Malte I. zu Putbus gründet bei Lauterbach das erste Seebad Rügens.
1883	Fertigstellung der Bahnlinie von Stralsund nach Bergen
1895-1899	Bau der Kleinbahnlienie zwischen Putbus, Binz und Göhren.
1936	Am 5. Oktober fährt erstmals ein Zug über den Rügendamm; Beginn des Baus der »KdF«-Ferienanlage Prora.

Unter der Herrschaft Preußens

Im Jahr 1815 ging Preußens Wunsch endlich in Erfüllung: Nach einem Beschluss des **Wiener Kongresses**, auf dem europäische Fürsten und Staatsmänner eine territoriale Neuordnung Europas vornahmen, musste Schweden Vorpommern samt Rügen und Hiddensee an das preußische Königreich abtreten.

◄ Die ersten Badegäste

Bis ins 19. Jh. lebten die Bewohner Rügens hauptsächlich vom Fischfang, vom Kartoffel- und Getreideanbau sowie von der Rinder- und Schafzucht. Nachdem schon Mitte des 18. Jh.s die ersten Damen und Herren der Gesellschaft zum Kuren nach Rügen kamen, gründete **Wilhelm Malte I. zu Putbus** 1816 Rügens erstes Seebad bei Lauterbach am Rügischen Bodden. Etwa 1830 setzte mit einigen Hundert Badegästen im Jahr der Fremdenverkehr ein, der sich zu einer der wichtigsten Erwerbsquellen Rügens entwickeln sollte. Zunächst mussten die Besucher mit Unterkünften in Fischer- und Bauernstuben vorlieb nehmen; 1869 schließlich wurde das erste Hotel der Insel eröffnet.

Urlaub vor 100 Jahren: Gemütliches Beisammensein vor dem Strandrestaurant von Sellin.

Ende des 19. Jh.s war Sassnitz das Modebad Nummer eins, aber auch Binz und Göhren, Lohme, Breege, Sellin, Thiessow und Baabe entwickelten sich von Fischerdörfern zu Badeorten (► Baedeker Special S. 72). Um mit dem wachsenden Besucherstrom fertig zu werden, musste die Infrastruktur verbessert werden. 1856 wurde in Altefähr das erste Dampfschiff für den Fährverkehr eingesetzt. Ein zusam-

Bereits Anfang des 20. Jahrhunderts prägten Strandkörbe – wie hier in Binz – das Bild eines Ostseestrandes.

menhängendes Straßennetz entstand zwischen 1871 und 1913, nachdem einige Orte wie Altefähr, Samtens und Bergen, Garz, Putbus und Sagard bereits durch feste Straßen verbunden waren.
1863 wurde die Eisenbahnstrecke Berlin – Pasewalk – Stralsund eröffnet, 1883 die Eisenbahnlinie Stralsund – Bergen und 1891 die Linie Bergen – Sassnitz. Durch die zwischen 1895 und 1899 angelegte **Rügener Kleinbahn** verdichtete sich das Verkehrsnetz auf der Insel weiter. 1897 nahm die Post- und Passagierdampferlinie zwischen Sassnitz und dem schwedischen Trelleborg ihren Betrieb auf, 1906 die Eisenbahnfährlinie zwischen Rügen und Schweden. Am 5. Oktober 1936 fuhr der erste Zug über den gerade fertig gestellten **Rügendamm**, der einzigen festen Verbindung der Insel mit dem Festland.
Die zunehmenden Ansprüche der Bade- und Kurgäste wirkten sich auch auf die Struktur der Badeorte aus, die mit städtisch anmutenden Cafés, Restaurants, Geschäften und Hotels, mit geteerten Straßen und befestigten Wegen, mit Promenaden und Grünanlagen aufwarteten. Natürlich veränderten sich dadurch auch die Verdienstmöglichkeiten der Inselbewohner: Fischerei und Landwirtschaft gingen zurück – der Tourismus war ein lohnenderes Geschäft.

Rügen im Nationalsozialismus

Auch in den 1920er- und 1930er-Jahren war Rügen eines der beliebtesten Reiseziele in Deutschland. 1936 wurde mit dem Bau der – nie vollendeten – **»KdF-Ferienstadt Prora«** begonnen. Der kilometerlange Komplex auf der Schmalen Heide sollte 20 000 Urlaubern Platz bieten (►Baedeker Special S. 220).
Vom **Zweiten Weltkrieg** blieb Rügen bis kurz vor Kriegsende weit gehend verschont. Am 6. März 1945 erfolgte der einzige große Luft-

angriff der Alliierten auf die Insel, dem neben dem Hafen und vielen Häusern von Sassnitz fast 900 Menschen zum Opfer fielen. Am 2. Mai 1945 wurde der Rügendamm von einer deutschen Kommandoeinheit gesprengt. Der Fährverkehr zwischen Sassnitz und Schweden konnte erst 1948 wieder aufgenommen werden.

Rügen zur Zeit der DDR

1945	Durch den Zustrom von Heimatvertriebenen und Flüchtlingen verdoppelt sich in den ersten Nachkriegsjahren Rügens Einwohnerzahl.
5. Sept. 1945	Gesetz zur Bodenreform, durch das Großgrundbesitzer enteignet werden.
1960	Zwangskollektivierung der Bauern zu LPGs.
1970	Binz entwickelt sich zu einem FDGB-Ferienort.

Nachkriegszeit

Bei Kriegsende strömten Tausende von Heimatvertriebenen und Kriegsflüchtlingen nach Rügen. In den ersten Nachkriegsjahren hatte sich die Einwohnerzahl von vormals etwa 42 000 auf über 100 000 mehr als verdoppelt. Noch 1950 war fast jeder dritte Inselbewohner ein Heimatvertriebener.

Am 5. September 1945 erließ die Regierung des von der sowjetischen Besatzungsmacht gebildeten Landes Mecklenburg-Vorpommern (ab 1. März 1947: Land Mecklenburg) das **Gesetz zur Bodenreform**, durch das die Großgrundbesitzer, die bis dahin über 60 Prozent der land- und forstwirtschaftlichen Nutzfläche Rügens verfügten, enteignet wurden. Das Land wurde unter den ansässigen Bauern und Landarbeitern aufgeteilt. Doch bald schon wurde von staatlicher Seite aus Druck auf die Bauern ausgeübt, sich in Landwirtschaftliche Produktionsgenossenschaften zusammenzuschließen. Dazu jedoch waren viele Bauern nicht bereit. Als 1959 erst rund die Hälfte aller landwirtschaftlichen Betriebe den LPGs angehörte, griff die SED-Staatspartei zu härteren Mitteln und »zwangskollektivierte« im März 1960 die noch »freien« Bauern. In der so genannten **»Aktion Rose«** wurden 1953 unter fadenscheinigen Gründen die Hotel- und Pensionsbesitzer enteignet. Die meisten Häuser erhielt der DDR-Gewerkschaftsbund FDGB, die besten Hotels konfiszierte die SED unter **Walter Ulbricht**. Im Jahr zuvor wurden die Länder aufgelöst, Rügen, Hiddensee und Stralsund dem Bezirk Rostock zugeteilt.

Tourismus

Zu DDR-Zeiten war ein Urlaubsplatz an der Ostsee und besonders auf Rügen sehr begehrt und oft nur nach längerer Wartezeit zu bekommen. Um möglichst vielen einen Urlaub auf der beliebten Ost-

Schon in den 1950er-Jahren herrschte im Sommer Hochbetrieb am Selliner Strand.

seeinsel zu ermöglichen, wurden entlang der Küste zahlreiche meist einfache Unterkünfte wie Campingplätze, Kinder- und Jugendferieneinrichtungen oder Ferienheime geschaffen. In den 70er-Jahren entwickelte sich vor allem **Binz** zu einem **FDGB-Ferienort**. Rein statistisch gesehen kam jeder Bürger der DDR etwa alle zehn Jahre einmal nach Rügen. Da hatte es die hohe SED-Elite schon besser. Sie erklärte die Insel **Vilm** zum Sperrgebiet und machte sie zu ihrem eigenen Urlaubs-Eiland. Darüber hinaus besaß das Zentralkomitee der SED ein Haus auf Hiddensee und ein weiteres in der Nähe von Binz.

Nach der Wende

1990	Rügen und Hiddensee gehören zum neu gegründeten Bundesland Mecklenburg-Vorpommern.
1991	Südost-Rügen wird zum UNESCO-Biosphärenreservat erklärt.
2004	Eröffnung des neuen Nationalpark-Zentrums Königsstuhl.

Neuanfang 1990 Seit der Wiedervereinigung von Ost- und Westdeutschland 1990 gehören Rügen, Hiddensee und Stralsund zum neu gegründeten Bundesland Mecklenburg-Vorpommern. Auf Rügen brach das bisher staatlich organisierte Erholungswesen völlig zusammen. Die meisten Ferien- und FDGB-Heime sowie Bungalowsiedlungen wurden geschlossen und zum größten Teil nach einigen Jahren privatisiert. Die Campingplätze mussten modernisiert und den neuen Qualitätsansprüchen angepasst werden. Gleichzeitig setzte ein Bauboom ein. Neue Hotels und Pensionen, Apartmenthäuser und Feriensiedlungen entstanden.

◄ Erneuter Tourismusboom

Dem Massentourismus der DDR-Zeit folgte nun eine neue Tourismuswelle. Spannungen zwischen Naturfreunden und einheimischen Umweltschützern einerseits und Bauspekulanten und Immobilienmaklern andererseits blieben nicht aus. Immerhin konnten die Naturschützer einen Erfolg verbuchen: 1991 wurde Südost-Rügen zum **UNESCO-Biosphärenreservat** erklärt, und im Jahr 2004 konnte das in einem ehemaligen NVA-Gebäude eingerichtete neue **Nationalpark-Zentrum Königsstuhl** eröffnet werden.

Kunst und Kultur

Reich ausgestattete mittelalterliche Kirchen, prächtige Herrenhäuser, rohrgedeckte »Zuckerhüte« und die leuchtend weißen, mit Türmchen, Erkern und Veranden verzierten Villen und Pensionen der Seebäder sind die architektonischen Glanzstücke der Insel.

Feuersteine und Hünengräber

Steinzeitliche Werkzeuge aus Feuerstein

Die Besiedlung Rügens kann bis in die Steinzeit zurückverfolgt werden. Während die Funde aus der Älteren und Mittleren Steinzeit recht spärlich sind, stellt sich die Situation für die **Jüngere Steinzeit** völlig anders dar. Der in den Kreidefelsen Rügens eingelagerte Feuerstein war offensichtlich besonders geeignet für alle Arten von Arbeitsgeräten und Waffen.

◂ Lietzow-Kultur

Am Spitzen Ort bei Lietzow, zwischen dem Kleinen und dem Großen Jasmunder Bodden, wurde 1827 ein regelrechter Feuersteinbearbeitungsplatz entdeckt. Im Jahr 1939 wurden an dieser Stelle weitere Grabungen unternommen, die schließlich über 20 000 Pfeil- und Lanzenspitzen, Messer, Beile, Schaber, Faustkeile und Schlagsteine aus Feuerstein zu Tage brachten. Hier wurde auch der älteste menschliche Schädel Rügens gefunden. Viele der steinzeitlichen Gerätschaften kann man heute im Kulturhistorischen Museum in Stralsund bestaunen. Die enorme Konzentration der **Funde um Lietzow** – daher der Name Lietzow-Kultur (4000 – 3000 v. Chr.) – ist ein sicheres Indiz für den Wandel von einer Gemeinschaft von Jägern und Sammlern zu sesshaften Ackerbauern und Viehzüchtern.

Gewaltige Hinterlassenschaft aus der Steinzeit: das Herzogsgrab auf Mönchgut

Steinzeitliche Grabstätten

Ein weiteres Erbe aus der Steinzeit sind die Grabstätten, auf die man an vielen Stellen trifft. Rund 230 solcher Gräber hatte der Mathematiker und Forscher **Friedrich von Hagenow** erforscht und in seine 1829 erschienene »Special-Carte der Insel Rügen« eingezeichnet.
Heute ist noch etwa ein Fünftel dieser Gräber existent, die anderen wurden absichtlich oder unwissentlich zerstört bzw. überbaut. Die einfachste und früheste Form des **Megalithgrabes** ist der Dolmen. Die Urdolmen bestanden aus nur zwei großen liegenden Tragsteinen, etwas kleineren Schlusssteinen an den Schmalseiten und einer Deckplatte. Bei den größeren Dolmen wurde die rechteckige Kammer aus mehreren aufgerichteten Trag-steinen, jeweils zwei Schlusssteinen und einer Deckplatte pro Trägerpaar gebildet. Während in den Dolmen nur ein oder zwei Personen beigesetzt wurden, waren die so genannten **Ganggräber** als kollektive Begräbnisstätten für mehrere Generationen einer Sippe angelegt. Die längliche Grabkammer wurde

← Caspar David Friedrichs Ölgemälde »Kreidefelsen auf Rügen« aus dem Jahr 1818 ist das berühmteste Landschaftsporträt der Insel.

Megalithgrab Querschnitt

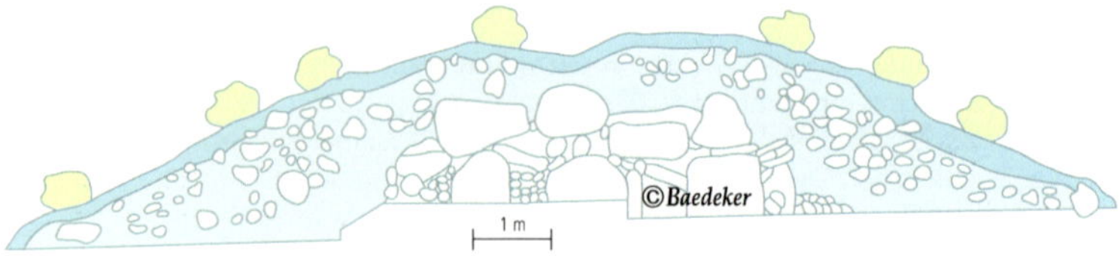

aus riesigen Findlingen errichtet und mit einem aufgeschütteten Erdhügel bedeckt. Angesichts der tonnenschweren Steinblöcke glaubte man früher, diese Grabstätten seien von Riesen gebaut worden und nannte sie deshalb **Hünenbetten** oder **Hünengräber**.

Bronzezeitliche Hügelgräber

In der Bronzezeit kehrte man zur Bestattung in Einzelgräbern zurück. Diese Grabstätten liegen – sofern sie nicht freigelegt wurden – unter einem künstlich aufgeschütteten Hügel verborgen. Die Toten wurden verbrannt und ihre Asche in Tongefäßen in der Grabkammer beigesetzt.

Slawische Burgen

Politischer, wirtschaftlicher und religiöser Mittelpunkt

Ab dem 7. Jh. n. Chr. besiedelten slawische Stämme die Ostsee-Küstenregion. Auf Rügen landeten die **Ranen**, die zum Stamm der **Liutizen** gehörten. Noch heute verraten die Dorfnamen mit den Endungen -in, -ow, -itz oder -gast den slawischen Ursprung vieler Ortsgründungen. An exponierten Stellen der Insel, u. a. am Kap Arkona und am Herthasee, legten die Ranen Fliehburgen an, von denen nur die mächtigen Erdwälle, die eine ungefähre Vorstellung von der Größe der Burgen vermitteln, erhalten blieben. Nachdem sich um die Burgen Siedlungen gebildet hatten, entwickelten sie sich zu Marktplätzen und religiösen Kultstätten.

Jaromarsburg

Am Kap Arkona stand die wichtigste Festung der Ranen, die Jaromarsburg, von der heute ebenfalls nur noch Erdwälle erkennbar sind (►Abb. S. 206). Den Mittelpunkt der Burg bildete ein prächtiger, mit zahlreichen Standbildern geschmückter Tempel aus Holz, der dem slawischen Gott **Svantevit** geweiht war. Von der Jaromarsburg berichtete der dänische Geschichtsschreiber **Saxo Grammaticus**, sie sei von drei Seiten durch natürliche Barrieren geschützt und im Westen von einem etwa 25 m hohen, aus aufgeschütteter Erde und einem Holzzaun bestehenden Wall begrenzt. Dennoch war die Burg nicht uneinnehmbar, wie die Ereignisse des Jahres 1168 zeigten. Am 15. Juni gelang es den Dänen unter ihrem König **Waldemar I.**, die Jaromarsburg zu erobern und die Statue Svantevits zu zerstören.

Mittelalterliche Kirchen

Nach der Eroberung und **Christianisierung Rügens** durch die Dänen unterstand die Insel kirchenpolitisch dem dänischen Bistum Roskilde. In Ralswiek hatte der Vertreter des Roskilder Bischofs seinen Sitz. In Bergen begannen die Slawen bereits um 1180 mit dem Bau der **Marienkirche**. Sie ist nicht nur das erste Gotteshaus auf der Insel, sondern auch das erste aus Ziegelsteinen errichtete Bauwerk Rügens. Die Vermutung liegt nahe, dass diese Bauweise von dänischen Handwerkern hierher gebracht wurde. Auch die romanischen Bauformen im Chor und in der Apsis gehörten nicht zum Formenrepertoire der Slawen, sondern wurden von den Dänen übermittelt. Nach der Fertigstellung des Ostteils wurden die Bauarbeiten für längere Zeit unterbrochen, denn das Langhaus entstand erst in der zweiten Hälfte des 14. Jahrhunderts.

Bischofssitz Ralswiek

◂ Das erste Gotteshaus auf Rügen

St. Marien bildete den Auftakt für eine Reihe mittelalterlicher Kirchenbauten auf Rügen. Knapp 30 Dorfkirchen werden heute auf der Insel gezählt. Die meisten von ihnen lassen die Stilmerkmale unterschiedlicher Epochen erkennen, da eine lange Bauzeit sowie spätere Umbaumaßnahmen und Erneuerungen im jeweiligen Zeitgeschmack die Regel waren. In vielen Fällen stammen Chor und Apsis noch aus

◂ Dorfkirchen

Die gotische Backsteinkirche in Wiek ist eines von den rund 30 erhaltenen mittelalterlichen Gotteshäusern der Insel.

romanischer Zeit, während das Langhaus der meisten Kirchen im gotischen Stil errichtet wurde. Als Baumaterial dienten sowohl Ziegel- als auch die groben, unbehauenen Feldsteine.

Backsteingotik Der Einfluss der dänischen Eroberer ließ im Verlauf des Mittelalters nach. Dafür brachten die zugewanderten Siedler die Backsteingotik nach Rügen. Dass die lokalen oder vom Festland herbeigeholten Baumeister den Umgang mit dem Backstein verstanden, zeigen die kunstvollen Friese an den romanischen Chören der Dorfkirchen in Schaprode und Altenkirchen besonders eindrucksvoll.

Zuckerhüte, Herrenhäuser und Schlösser

Bis ins 19. Jh. beherrschten zwei Grundformen des Wohnhauses das Bild auf Rügen: das Hallenhaus der Bauern und Fischer und das Herrenhaus der Gutsbesitzer.

Hallenhäuser Das Hallenhaus, auch Niederdeutsches Hallenhaus genannt, war auf Rügen etwa seit dem 12. Jh. verbreitet. Vermutlich haben **Siedler aus Niedersachsen** diesen Haustyp auf die Insel gebracht. Das als Fachwerkkonstruktion errichtete Bauernhaus vereinte Wohnung, Stall und Scheune unter einem Dach. Ein Gerüst aus zwei Ständerreihen trug das stroh- bzw. schilfrohrgedeckte Walmdach und teilte das Innere in die breite Diele und die schmaleren, Kübbungen genannten Räume. Im vorderen Teil befanden sich die Stallungen und Gesinderäume, im hinteren Bereich die Wohnräume der Bauersfamilie.

Niederdeutsches Hallenhaus

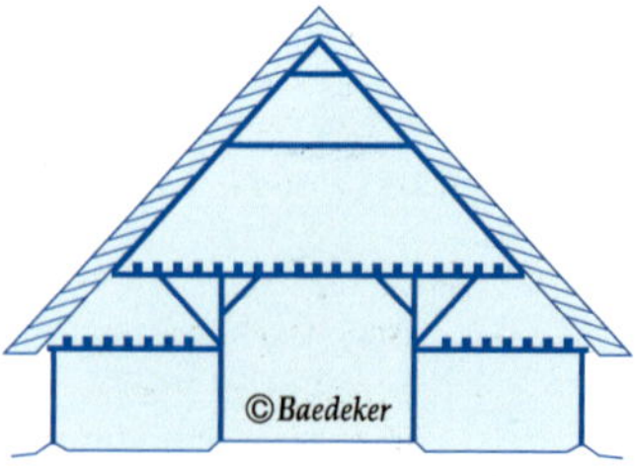

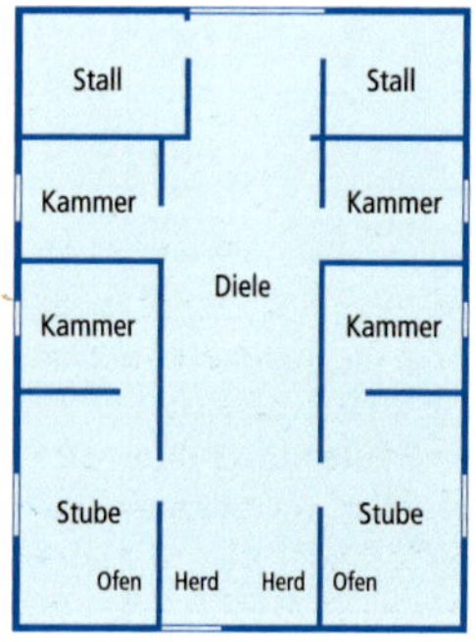

Reetdachhaus-Idylle in dem kleinen Ort Waase auf Ummanz

Man unterscheidet drei Typen des Hallenhauses: das **»Durchgangshaus«** mit einer von Giebel zu Giebel reichenden Diele, das **»Fletthaus«** mit einem quer stehenden Wohnbereich und das schornsteinlose **»Rookhuus«** (Rauchhaus). Beim Rookhuus wurde der Rauch aus einem offenen Herd durch das gesamte Haus geleitet und konnte so zu Heizzwecken und zum Räuchern von Fleisch und Würsten genutzt werden.

◄ Hallenhaustypen

Besonders verbreitet war das Hallenhaus mit annähernd quadratischem Grundriss. Seiner eigenwilligen Form wegen wird es »Zuckerhut« genannt. Besonders schöne Beispiele für Zuckerhut-Häuser findet man in Göhren und auf dem Mönchgut, z. B. in Middelhagen und Groß Zicker .

◄ »Zuckerhüte«

Herrenhäuser

Nach dem Dreißigjährigen Krieg gingen auf Rügen die adligen Grundbesitzer dazu über, brach liegende, ehemals von freien Bauern bewirtschaftete Felder einzuziehen und die Landbevölkerung zu verknechten. Das **»Bauernlegen«** (►Baedeker Special S. 38) führte dazu, dass Ende des 18. Jh.s mehr als drei Viertel der Landbevölkerung auf Rügen Leibeigene waren; fast das gesamte Land war in den Händen der Großgrundbesitzer.

Den Mittelpunkt ihrer oft weitläufigen Ländereien bildete der **Gutshof**. Hier befanden sich die Stallungen und Wirtschaftsgebäude sowie das Herrenhaus. Meist handelte es sich dabei um verhältnismäßig schlichte, ein- oder zweigeschossige Gebäude mit Mansarden- oder Walmdach. Seitliche, niedrigere **Kavaliershäuser**, wie man sie

Das Renaissance-Schloss Spyker, das heutige »Schlosshotel«, liegt innerhalb eines weitläufigen Parks am Spykerschen See.

beispielsweise in **Karnitz** (um 1750 erbaut) noch vorfindet, oder asymmetrisch angeordnete Rundtürme, wie an den Gutshäusern in **Granskevitz** oder in **Kapelle** bei Gingst, verliehen den Herrenhäusern ein geradezu schlossartiges Aussehen. Rückgriffe auf historische Schlossbaustile waren besonders bei den Um- oder Neubauten des 19. Jahrhunderts beliebt.

Schloss Spyker Eine Sonderstellung unter den Rügener Herrenhäusern nimmt das bei Bobbin gelegene Schloss Spyker ein, das auf eine lange Baugeschichte zurückblicken kann. Bereits im Mittelalter stand an der Stelle des Schlosses ein Adelshof mit Wirtschaftsgebäuden. Das heutige Gebäude ist im Kern ein Renaissancebau, der im Auftrag der Familie Jasmund entstand, in deren Besitz sich das Gut seit 1435 befand. Im 17. Jahrhundert ließ der schwedische Generalfeldmarschall **Carl Gustav von Wrangel**, der von 1649 bis zu seinem Tod 1676 auf Schloss Spyker lebte, das Herrenhaus umbauen. Er fügte dem stattlichen Bau zwei weitere Türme hinzu, errichtete das Satteldach mit den beiden Schaugiebeln und legte einen barocken Park an. Heute ist in Schloss Spyker ein luxuriöses Hotel untergebracht.

? WUSSTEN SIE SCHON ...?

- ... dass es nach Ende des Zweiten Weltkrieges noch 216 Herrenhäuser und Schlösser auf Rügen gab? Rund 150 blieben bis heute erhalten. Viele von ihren wurden originalgetreu renoviert und einige – wie Schloss Spyker oder Ralswiek – in ein luxuriöses Hotel umgewandelt.

In aussichtsreicher Lage: Jagdschloss Granitz auf dem Tempelberg

Schlösser

Schlösser im Sinne fürstlicher Residenzen gab bzw. gibt es auf Rügen nur zwei: die Residenz zu Putbus und das ebenfalls im Besitz der fürstlichen Familie befindliche Jagdschloss Granitz.

◂ Schloss Putbus

Bereits im 14. Jh. stand in Putbus eine Burg, die kurz nach 1600 zum repräsentativen Schloss umgebaut wurde. **Fürst Wilhelm Malte I.** von Putbus ließ die stattliche Dreiflügelanlage klassizistisch erweitern und machte sie zum Mittelpunkt seiner neuen Residenz, dem letzten planmäßig angelegten Fürstensitz im norddeutschen Raum.

Fürst Maltes Schloss, der bedeutendste Profanbau auf Rügen, stand aber nur einige wenige Jahrzehnte, denn 1865 zerstörte ein Brand große Teile des Gebäudes. Der 1872 vollendete Neubau stand nicht einmal 100 Jahre: 1960 wurde er wegen Baufälligkeit gesprengt. Erhalten blieben nur die Schlossterrasse, der herrliche Park mit seinem alten Baumbestand und die darin verstreut liegenden Zweckbauten.

◂ Jagdschloss Granitz

Eines der beliebtesten Ausflugsziele auf Rügen ist heute das Jagdschloss Granitz, in aussichtsreicher Lage auf dem 107 m hohen Tempelberg gelegen. Das Dorf Granitz sowie die waldreiche Umgebung gehörten seit dem 15. Jahrhundert der Familie Putbus. An der Stelle eines Jagdhauses aus dem 18. Jahrhundert errichtete Fürst Malte ab 1837 das heutige Schloss, das mit seinem prägnanten Mittelturm und den seitlichen, ebenfalls zinnenbekrönten Ecktürmen die Ritter- und Burgenromantik heraufbeschwört. Den markanten Mittelturm hatte wiederum **Karl Friedrich Schinkel** (► Berühmte Persön-lichkeiten) entworfen, der bereits beim Neubau des Putbusser Schlosses zumindest beratend beteiligt gewesen war.

Rügen in der deutschen Landschaftsmalerei

Italien oder Rügen?

Seit der Wiederentdeckung der Antike im Zeitalter des Klassizismus war Italien mehr denn je ein Mekka für Kunstschaffende aller Bereiche. Vor allem den **Landschaftsmalern** wies die Beschäftigung mit der Kunst Italiens und die eigene Anschauung einer in mediterranes Licht und satte Farbigkeit getauchten Landschaft neue Wege. Doch obwohl die Sogwirkung Italiens bis weit ins 19. Jh. hinein anhielt, gab es auch Künstler, die für die Naturanschauung nicht eigens in den Süden mussten, sondern ihre Vorstellungen von einer idealen Landschaft auch in anderen Regionen verwirklicht sahen. Das waren in der ersten Jahrhunderthälfte Maler wie Caspar David Friedrich, der wichtigste Vertreter der **deutschen Romantik**. Friedrich und der kleine Kreis seiner Gesinnungsgenossen suchten nicht die heitere Gelassenheit der italienischen Landschaft, sondern die ernste, naturgewaltige Stimmung einsamer Gebirgszüge oder menschenleerer Küstenlandschaften, wie man sie beispielsweise auf Rügen vorfand.

! *Baedeker* TIPP

Wie einst Caspar David Friedrich

Für diejenigen, die einmal selbst kreativ werden wollen und die vielfältige Insellandschaft malen oder zeichnen möchten, bieten Rügener Künstler zahlreiche Mal-Kurse und Mal-Ausflüge an. Genauere Infos und Termine erfährt man auf der Website www.srk.de.

Jacob Philipp Hackert

Einer der Ersten, der von der eigenwilligen Schönheit Rügens angezogen und inspiriert wurde, war der Maler Jacob Philipp Hackert (1737 – 1807). Nach seinem Studium in Berlin hielt sich Hackert zwischen 1762 und 1764 in Stralsund auf, wo er als Landschafts- und Porträtmaler arbeitete. Hackert war auch in der Frühzeit seiner Landschaftsmalerei noch den Idealen des **Klassizismus** verpflichtet, das heißt, auch in seinen Darstellungen war die Natur stets erhaben und von allen Zufällen gereinigt. Die Begegnung mit Rügen blieb für Hackert ein Vorspiel, denn auch er reiste – wie so viele – später nach Italien; die dort entstandenen Ansichten und Veduten machten ihn zu einem der berühmtesten Landschaftsmaler seiner Zeit.

Caspar David Friedrich

Wie kein anderer ist dagegen der bedeutendste Vertreter der romantischen Malerei in Deutschland, Caspar David Friedrich (1774 bis 1840; ► Berühmte Persönlichkeiten), mit der Ostseeinsel verbunden. Der gebürtige Greifswalder unternahm bereits während seines Studiums zusammen mit seinem Zeichenlehrer, dem Maler und Architekten **Johann Gottfried Quistorp**, Wanderungen auf Rügen, und auch später zog es ihn, allein oder in Begleitung eines Malerkollegen, immer wieder dorthin. In Skizzenbüchern notierte er seine

Caspar David Friedrichs Zeichnung »Rügenlandschaft mit Schäfer«, entstanden 1809, zeigt ein Gehöft in der Nähe von Putbus.

Landschaftseindrücke und hielt detailgenau Bäume, Sträucher, Laubwerk oder Wolkenformationen fest. Die Gemälde, die nach diesen Studien entstanden, geben nur in wenigen Fällen, z. B. bei den berühmten **»Kreidefelsen auf Rügen«** (►Abb. S. 46), eine genau lokalisierbare Landschaft wieder. Meistens sind die Friedrichschen Landschaftsbilder keine getreuen Kopien einer realen Ansicht, sondern Kompositionen aus unterschiedlichen Naturausschnitten, die ihm als Skizzen von seinen Reisen zur Verfügung standen. Die Natur war für Friedrich – wie auch für andere Künstler der deutschen Romantik – in erster Linie Ausdruck für die Anwesenheit Gottes. Naturbetrachtung hatte demzufolge den Charakter einer Zwiesprache mit Gott. Die Natur ist bei ihm keine von Menschenhand kultivierte und gezähmte, sondern eine wilde, unberührte, nicht selten abweisende und melancholische Natur, die dem Menschen nicht diesseitige Geborgenheit vermittelt, sondern ihm Erlösung jenseits seines Lebens verspricht. Ein Zeitgenosse Friedrichs, der französische Bildhauer **David d'Angers**, bezeichnete ihn einmal als den »Entdecker der Tragödie in der Landschaft«.

Carl Gustav Carus

In Italien hätte Friedrich wohl kaum gefunden, was er suchte, nämlich das Gefühl des »reinen, schönen und einsamen Naturerlebens«, schrieb der Arzt, Philosph und, wie man heute sagen würde, Freizeitmaler Carl Gustav Carus (1789 – 1869). Zusammen mit Friedrich, dessen Malerei er bewunderte, bereiste er 1819 Rügen. Auch Carus war fasziniert von der unberührten Landschaft der Insel. Als Künstler blieb er weit hinter Friedrich zurück, doch als Theoretiker der romantischen Landschaftsmalerei leistete er einen wichtigen Beitrag zum Verständnis der Kunst um 1800.

Karl Friedrich Schinkel

Der Berliner Baumeister Karl Friedrich Schinkel (1781 – 1841; ►Berühmte Persönlichkeiten), als Maler **Autodidakt**, hielt sich im Sommer 1821 auf der Insel auf. Zu dieser Zeit gehörte er bereits zu den meistbeschäftigten Architekten Preußens mit großen, repräsentativen Aufträgen. Auf Rügen war er mehr als Architekt denn als Maler gefordert, gleichwohl reichte die Zeit für ein paar Zeichnungen wie der Ansicht von der Stubbenkammer, die Schinkel auch in einem Brief an einen Freund erwähnte.

Bäderarchitektur

Pensionen und Villen

Wer kennt sie nicht, die hübschen alten Logierhäuser und Villen in Sellin, Binz und Göhren mit ihren filigranen Ornamenten, den Holzbalkonen und Erkerchen? Die meisten stammen aus der Zeit um die Jahrhundertwende, als die Seebäder auf Rügen aus dem Dornröschenschlaf erwachten und innerhalb weniger Jahre zu Hochburgen

Das Haus »Undine« an der Strandpromenade von Binz zählt zu den exponiertesten Beispielen der Bäderarchitektur.

des Fremdenverkehrs avancierten. Die Nachfrage nach Unterkünften stieg sprunghaft an; infolgedessen entstanden zahlreiche Pensions- und Logierhäuser sowie private Ferienvillen, möglichst auf einem Grundstück mit Seeblick oder direkt hinter den Dünen gelegen. **Individualität** wurde groß geschrieben – kein Haus gleicht exakt dem anderen, fast jedes hat einen Namen –, aber dennoch gibt es zahlreiche Gemeinsamkeiten.

Die Bäderarchitektur vereinnahmte die unterschiedlichsten Formen und Baustile.

Das wichtigste **Erkennungszeichen** der Rügener Bäderarchitektur sind die weiß gestrichenen Holzbalkone beziehungsweise die verglasten Veranden, die meist die gesamte Fassadenbreite in Anspruch nehmen und wie ein Vorhang vor das eigentliche Gebäude treten. Die an manchen Gebäuden geradezu filigrane Fachwerkkonstruktion dieser Vorbauten erfüllt zugleich dekorative Zwecke. Die zeitliche **Nähe zum Jugendstil** spiegelt sich aber nicht nur im Hang zum Ornamentalen wider, sondern auch in anderen Details wie den verspielten Erkern, den häufig anzutreffenden Ecktürmchen und Dachreitern und den meist abwechslungsreichen Dachlandschaften.

! *Baedeker* TIPP

Monat der Bäderarchitektur

Für alle diejenigen, die sich stärker für die Bäderarchitektur interessieren, werden jeden Mittwoch im September fachkundige Führungen durch Binz angeboten. Genaue Termine und Treffpunkte erfährt man in der Binzer Kurverwaltung (Haus des Gastes, Heinrich-Heine-Str. 7, Tel. 03 83 93 / 14 81 48).

Architektonische Vorbilder gab es für diesen neuen Bautyp keine – schließlich war das Pensionshaus eine Erfindung des 19. Jhs. Anregungen jedoch holten sich die Baumeister aus unterschiedlichen Stilepochen und Kulturkreisen. Die Fachwerk- und Eisengusskonstruktionen der Pavillonbauten standen für die Ferienvillen ebenso Pate wie die in ländlichen Regionen weit verbreiteten Laubengänge an traditionellen Wohnhäusern. Wer sich bei den reichen Schnitzereien an **maurische Ornamentik** erinnert fühlt, liegt nicht ganz falsch, denn der maurische Stil galt in der Architektur des 19. Jh.s für alles, was mit Badekultur zusammenhing, als unbedingt passend.

Berühmte Persönlichkeiten

O Land der dunkeln Haine, O Glanz der blauen See, O Eiland, das ich meine, Wie tut's nach dir mir weh!, Nach Fluchten und nach Zügen, Weit über Land und Meer, Mein trautes Ländchen Rügen, Wie mahnst du mich so sehr!

(Ernst Moritz Arndt, »Eiland lieb und grün«)

Ernst Moritz Arndt (1769 – 1860)

Schriftsteller, Historiker und Politiker

Über Ernst Moritz Arndt urteilte sein Biograf F. Gundulf, es habe seit Luthers Tagen »keinen gewaltigeren Warner, keinen geistvolleren Zeitkritiker und keinen herzvolleren Erzieher« als ihn gegeben.
Arndt wurde am 26. Dezember 1769 in Groß Schoritz geboren, besuchte in Stralsund das Gymnasium und studierte auf den Universitäten von Greifswald und Jena evangelische Theologie, Geschichte und Sprachen. Nach Bildungsreisen durch Deutschland, Österreich, Italien, Ungarn und Frankreich wurde er 1806 an der Universität Greifswald zum außerordentlichen Professor der philologischen Fakultät ernannt. Hier verfasste er seine umfangreiche »Geschichte Germaniens und Europas« und die Kampfschrift »Versuch einer Geschichte der Leibeigenschaft in Pommern und Rügen« (►Baedeker Special S. 38).
Mit seinem Buch »Geist der Zeit« kämpfte Ernst Moritz Arndt gegen die napoleonische Fremdherrschaft und trat für die Freiheit und Einheit Deutschlands ein. 1808 entzogen ihm deshalb die Franzosen, die auch Vorpommern besetzt hatten, die Professur an der Greifswalder Universität. Ab 1812 schrieb er als Privatsekretär des Freiherrn von Stein die Agitationsschriften »Glocke der Stunde« und »Kurzer Katechismus für teutsche Soldaten«, in denen er sich für die Freiheitsbewegung stark machte. Zunächst wurde sein Patriotismus auch honoriert, und er erhielt 1818 einen Lehrstuhl für Geschichte an der Universität Bonn. Doch bereits zwei Jahre später wurde er wieder mit einem Vorlesungsverbot belegt – mit seinem vehementen Eintreten für die Vereinigung der vielen deutschen Kleinstaaten zu einem Reich hatte er sich unter den Machthabern viele Feinde geschaffen. Erst 1840 wurde er rehabilitiert. Er wurde Rektor der Bonner Universität und 1848 als Abgeordneter in die Frankfurter Nationalversammlung gewählt. Kurz nach seinem 90. Geburtstag starb Arndt am 29. Januar 1860 in Bonn.

Aussichtsreiches Ausflugsziel: der Ernst-Moritz-Arndt-Turm auf dem Rugard bei Bergen

Neben seinen politischen und historischen Schriften sind vor allem die »Märchen und Jugenderinnerungen« Arndts von Bedeutung, dem ein Museum in Garz gewidmet ist. Auch sein Geburtshaus in Groß Schoritz kann besichtigt werden, und der Aussichtsturm auf dem Rugard bei Bergen ist nach ihm benannt worden.

← Rügens berühmtester Sohn: der in Groß Schoritz geborene Schriftsteller

Theodor Billroth (1829 – 1894)

Chirurg

Theodor Billroth gehört zu den größten Chirurgen des 19. Jh.s und gilt als Begründer der modernen Operationstechnik. Geboren wurde er am 26. April 1829 in Bergen auf Rügen. Nach seinem Medizinstudium war er Assistent bei dem Chirurgen Bernhard von Langenbeck in Berlin. 1860 erhielt er einen Ruf nach Zürich. Während der Züricher Jahre als Lehrstuhlinhaber für Chirurgie verfasste er seine bekannten pathologisch-anatomischen Arbeiten, die die Grundlage der späteren »wissenschaftlichen Chirurgie« werden sollten. 1867 übersiedelte Billroth nach Wien. Im Jahr 1874 entfernte er erstmals einen Kehlkopf, 1881 erregte er großes Aufsehen mit seinen Magenresektionen. Billroth starb am 6. November 1894. In seinem Elternhaus in Bergen ist eine ständige Ausstellung über sein Leben und Wirken zu sehen.

Caspar David Friedrich (1774 – 1840)

Bedeutendster Landschaftsmaler der Romantik

Caspar David Friedrich, am 5. September 1774 in Greifswald geboren, gilt als der bedeutendste Landschaftsmaler der Romantik. Nach seinem Studium an der Kopenhagener Kunstakademie ließ er sich in Dresden nieder. 1810 wurde er Mitglied der Berliner Akademie, 1816 der Dresdner Akademie. 1824 ernannte ihn der König von Sachsen zum außerordentlichen Professor.

Caspar David Friedrich erhob die Natur zum Thema seiner Kunst. Dabei ersetzte er die in klassizistischen Formeln erstarrte Landschaftsmalerei durch eine weit gehend natürliche Betrachtung der Natur. Seine lyrisch geprägten Landschaftsbilder entstanden nach Skizzen, die er auf Wanderungen u. a. auf Rügen angefertigt hatte. Zwischen 1801 und 1826 besuchte er sechsmal die Insel und ließ sich von ihrer Schönheit zu vielen Bildern inspirieren. Aber nie ging es ihm um die bloße Naturwiderspiegelung; aus fast allen seinen Werken spricht ein Gefühl von Schwermut, Melancholie, Trauer, Einsamkeit, aber auch von Sehnsucht, vom Streben nach Befreiung der Seele – mit den immer wiederkehrenden Motiven Nebel, Dunst und Dunkel. Als Friedrich am 7. Mai 1840 völlig verarmt starb, war seine Naturphilosophie bei seinen Zeitgenossen längst nicht mehr gefragt. Erst in neuerer Zeit hat sein Werk in vollem Umfang Anerkennung gefunden.

Gerhart Hauptmann (1862 – 1946)

Dichter, Dramatiker und Nobelpreisträger

Hauptmann gehörte zweifellos zu jenen erfolgreichen Literaten, die ein ungebrochenes Verhältnis zum eigenen Ruhm pflegten – nicht nur sein schlohweißer Haarschopf wurde im Lauf der Jahre immer »olymphafter«. Auf Hiddensee, wo er wie viele andere prominente Persönlichkeiten gerne den Sommer verbrachte, genoss er seinen Status als »unumschränkter Inselkönig«.

In seiner Jugend versuchte sich Hauptmann, am 15. November 1862 als Gastwirtssohn im schlesischen Obersalzbrunn geboren, auf verschiedenen künstlerischen Gebieten, doch großer Erfolg war ihm dabei nicht beschieden: Sowohl das Kunststudium wie auch die Schauspielerei brach er vorzeitig ab. Als ihn die Heirat mit einer vermögenden Kaufmannstochter finanziell unabhängig machte, wagte er sich auf das literarische Terrain und sorgte gleich mit seinem Erstlingswerk, dem sozialkritischen Bühnenstück »Vor Sonnenaufgang« (1889), für Furore.

Der »Inselkönig«

Hauptmann, der 1912 mit dem Nobelpreis ausgezeichnet wurde, gilt als einer der bedeutendsten Dramatiker des letzten Jahrhunderts; er verstand es gleichermaßen, seine Anliegen in Dramen (»Die Weber«, 1892) wie in Komödien (»Der Biberpelz«, 1893) zum Ausdruck zu bringen. Bezüge zu Hiddensee und Rügen finden sich u. a. im Drama »Gabriel Schillings Flucht« (1912) und im Roman »Im Wirbel der Berufung« (1936).

Gerhart Hauptmann genoss seinen Ruhm, der ihn über 50 Jahre seines Lebens begleitete. Die Nationalsozialisten, die ihn als »deutschen Kulturträger« zu vereinnahmen suchten, waren dem humanistisch und pazifistisch gesinnten Literaten zwar ein Gräuel, doch dass er sich nicht deutlicher von den »Herrenmenschen« distanzierte, haben ihm auch viele Freunde übel genommen. Hauptmann starb am 6. Juni 1946, seine Grabstätte befindet sich heute in Kloster auf Hiddensee, wo auch sein zu einer Gedenkstätte umgewandelter Sommersitz zu besichtigen ist.

Gotthard Ludwig Theobul Kosegarten (1758 – 1818)

Schriftsteller und Theologe

Gotthard Ludwig Theobul Kosegarten, geboren am 1. Februar 1758 in Grevesmühlen, arbeitete nach seinem Theologiestudium in Greifswald zunächst als Hauslehrer bei adligen Rügener Familien, später als Pfarrer in Altenkirchen. In dieser Zeit hielt er auch die berühmt gewordenen Uferpredigten in Vitt beim Kap Arkona. 1808 wurde er Professor für Geschichte in Greifswald und 1817 Professor für Theologie und Pastor an der dortigen Jakobskirche. Kosegarten starb am 16. Oktober 1818, sein Grab liegt in Altenkirchen.

Berühmtheit erlangte Kosegarten seinerzeit vor allem als Schriftsteller. Besonders während seiner Altenkirchener Amtszeit schrieb er viele Gedichte, Romane und Epen, wie die stark heimatgebundenen Werke »Jucunde« und »Die Inselfahrt« (1804), mit denen er beim zeitgenössischen Publikum großen Erfolg hatte. Heute freilich begeistert sich kaum noch jemand für seine schwärmerische, oft schwülstige Lyrik. Doch ein Verdienst kann dem Dichter auf keinen Fall abgesprochen werden: Er war der Erste, der die Schönheit der Rügener Landschaft aus voller Überzeugung pries, und er stand mit zahlreichen Gelehrten, Künstlern und Dichtern in Verbindung, die sich seinem Lob auf die schöne Insel schnell anschlossen.

Kosegarten-Kapelle bei Vitt

Asta Nielsen (1881 – 1972)

Stummfilmdiva

Wie viele andere prominente Zeitgenossen verbrachte auch Stummfilmstar Asta Nielsen (11. 9. 1881 – 25. 5 1972) vor dem Ersten Weltkrieg ihren Sommerurlaub gern auf Hiddensee in ihrer »Villa Karusel« in Vitte. Die in Kopenhagen geborene Schauspielerin wurde 1910 für den Film entdeckt. Mit ihrem Film-Debüt in »Abgründe« (Dänemark 1910) erlangte sie über Nacht internationale Berühmtheit. Und der Ruhm zahlte sich aus, denn nicht ein Hollywoodstar erhielt die erste Supergage der Filmgeschichte, sondern die kleine Dänin. Hatte sie für ihren ersten Auftritt in »Abgründe« noch bescheidene 200 Kronen (rund 50 US-Dollar) bekommen, verdiente sie Ende 1912 bereits 1500 Dollar pro Woche – der bestbezahlte US-Star seinerzeit musste sich mit 250 Dollar zufrieden geben.

Karl Friedrich Schinkel (1781 – 1841)

Berühmtester Baumeister des Klassizismus

Seine künstlerische Laufbahn begann der am 13. März 1781 geborene Schinkel 1805 in Berlin als Maler. Seine Gemälde sind deutlich von der Hinwendung zum märchenhaften Klassizistisch-Romantischen geprägt, was vor allem in den vielen Theaterdekorationen, die er malte, zum Ausdruck kommt.

Ab 1810 setzte seine Karriere als Baumeister ein, zunächst als Bauassessor in Berlin, später als Geheimer Baurat und preußischer Oberbaudirektor. Er entwarf zahlreiche Paläste, Kirchen, Villen und Schlösser, aber auch Wohnhäuser, Landhäuser und Nutzbauten. Aus dem Schönheitsideal der Antike, aus traditionellen Formgesetzen und aus den Überlegungen der Zweckmäßigkeit entwickelte er einen klassizistischen Stil, dem einige der bedeutendsten Bauwerke des 19.

Jh.s in Deutschland zu verdanken sind. Auch auf Rügen hinterließ Schinkel seine Spuren: Der Leuchtturm von Arkona und der Turm des Jagdschlosses Granitz wurden nach seinen Entwürfen gebaut. Karl Friedrich Schinkel starb am 9. Oktober 1841.

Klaus Störtebeker (um 1360 – 1401)

Mindestens 18 Schlupfwinkel soll Klaus Störtebeker auf Rügen gehabt haben, schließlich soll er ja auch Mitte des 14. Jh.s dort geboren worden sein, und zwar in Ruschvitz auf der Halbinsel Jasmund.

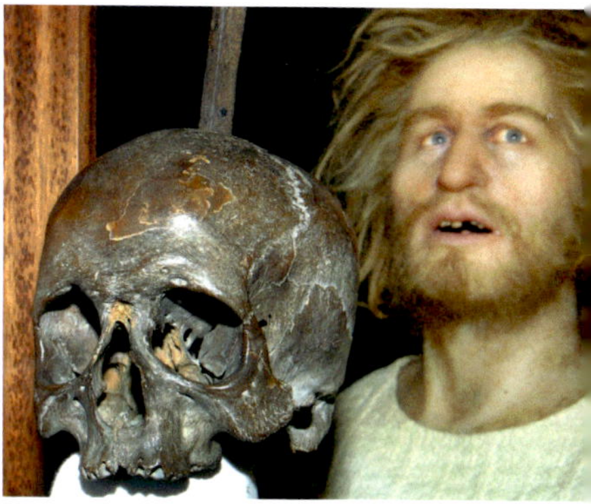

Gefährlichster Gegner der Hanse: Klaus Störtebeker

Klaus Störtebeker gilt als der berühmteste deutsche Seeräuber. »Störtebeker« war wahrscheinlich eine Art Künstlername, denn dem bärenstarken Hünen Klaus »Stürz-den-Becher« sah man schon von weitem an der Nase an, dass Wein und Bier zu seinen liebsten Gefährten zählten. Ursprünglich stand er im Dienst der Hanse, schloss sich dann aber den »Vitalienbrüdern«an und plünderte Hansekoggen. Die Bezeichnung »Vitalienbrüder« geht darauf zurück, dass Störtebeker und andere Kapitäne vom schwedischen König, der auch Herzog von Mecklenburg war, mit Freibeuterbriefen ausgestattet wurden, um das von dänischen Truppen belagerte Stockholm mit Lebensmitteln, Viktualien, zu versorgen. Als Stockholm längst befreit war, trieben die Vitalienbrüder ihr Unwesen auf See munter weiter. Da sie die Beute gerecht unter sich aufteilten, nannten sie sich auch »Likedeeler« (Gleichteiler).

Der Hansebund setzte alles daran, ihre Handelsschiffe zu schützen; schließlich nahm im Jahr 1401 eine Hamburger Hanse-Flotte Störtebeker vor Helgoland gefangen. Im selben Jahres wurde er mit 70 weiteren Kumpanen in Hamburg enthaupet.

Die Rüganer jedenfalls lieben ihren Störtebeker. Alle Jahre wieder wird bei den Störtebeker-Festspielen in Ralswiek eine Geschichte aus dem Leben des »Robin Hood der Ostsee« erzählt (► Baedeker Special S. 240).

i Störtebekers Gesicht

- Mit Hilfe des sog. »Störtebeker-Schädels« und modernsten gerichtsmedizinischen Methoden rekonstruierte die Französin Elisabeth Daynes das Gesicht des 1401 geköpften Freibeuters. Schädel und Piratenkopf sind seit 2004 im Museum für Hamburgische Geschichte (www.hamburgmuseum.de) zu sehen.

Praktische Informationen

WANN LEGT DAS SCHIFF NACH HIDDENSEE AB? WER VERLEIHT STRANDKÖRBE? UND WO MACHT DER BERÜHMTE »RASENDE ROLAND« HALT? LESEN SIE ES NACH – AM BESTEN SCHON VOR DER REISE.

Anreise · Vor der Reise

Mit dem Auto

Von Westen kommend fährt man auf der neuen A 20 nach Stralsund; dann geht's auf der B 96 über den Rügendamm oder die Rügenbrücke auf die Insel. Von Süden her geht's auf der A 11 bis zum Autobahnkreuz Uckermark und fährt dann weiter auf der A 20.

Rügendamm, Rügenbrücke ►

Bis zur Fertigstellung der Rügenbrücke im Oktober 2007 war der Rügendamm der einzige Landweg auf die Urlaubsinsel, was regelmäßig zu langen Staus führte. Darüber hinaus wird mehrmals am Tag die **Ziegelgrabenbrücke** jeweils für 20 Minuten geöffnet, um größeren Schiffen die Durchfahrt durch den Strelasund zu ermöglichen (► S. 67). Entlastung für den Verkehr zwischen Festland und Insel bringt die parallel zum Rügendamm errichtete Rügenbrücke. Im Volksmund heißt das kühne Bauwerk über den Strelasund »Strela Gate«, erinnert es doch mit ihrem 127,5 m hohen Pylon an die »Golden Gate Bridge« in San Francisco. Über die über 4 km lange und bis zu 42 m hohe Brücke rollen täglich rund 22000 Fahrzeuge.

Autofähre ►

Eine Alternative zum Verkehrsengpass Rügendamm ist die Autofähre zwischen **Stahlbrode** und **Glewitz** auf der Rügener Halbinsel Zudar. Die Fähre verkehrt von April bis November täglich zwischen 6.00 und 21.40 Uhr im 20-Minuten-Takt: In den Sommermonaten ist aber auch hier mit Wartezeiten zu rechnen. Die Fähre erreicht man, indem man die B 96 aus Richtung Greifswald bei Reinberg in Richtung Stahlbrode verlässt.

! *Baedeker* TIPP

»Der Abend blüht«

Will man sich »klassisch« auf einen Aufenthalt auf Rügen und Hiddensee einstimmen, genügen vier Dinge: ein Sessel, Elizabeth von Arnims 1904 erstmals veröffentlichter Reiseroman »Elizabeth auf Rügen«, ein CD-Player und eine CD mit Gedichten des Altenkirchener Pfarrers Kosegarten in der Vertonung von Franz Schubert, am besten gesungen von Peter Schreier.

Durch die Anbindung an das IC-Netz ist die Fahrt mit der **Bahn** nach Rügen schnell und bequem. Verbindungen bestehen u. a. von Berlin, Köln, Hamburg, Frankfurt am Main, München, Nürnberg, Würzburg und Stuttgart aus.

Autozug ►

Wer während des Rügenurlaubs nicht auf sein Auto verzichten will, aber die staugeplagte Anfahrt scheut, kann von Juni bis September komfortabel und relativ preiswert von Dortmund, Neu Isenburg oder Stuttgart aus mit dem Autozug nach Sassnitz reisen.

Mit dem Flugzeug

Die nächsten internationalen Flughäfen sind Berlin und Hamburg. Zum nationalen Flughafen Rostock-Laage besteht ein Linienverkehr aus Dortmund, Hamburg, Hannover und Köln/Bonn.

Die Ostsee-Flug-Rügen GmbH bietet neben Inselrundflügen, Fracht- und Geschäftsreiseflügen auch Charter- und Zubringerflüge vom und zum Rügener Flugplatz in Güttin an, der etwa 8 km von Bergen entfernt liegt.

Auch mit der Glewitzer Fähre geht's zügig auf die Urlaubsinsel.

ANREISE-INFORMATIONEN

ÖFFNUNGSZEITEN RÜGENDAMM

2.30 – 2.50, 5.20 – 5.40, 9.20 – 9.40, 17.20 – 17.40, 21.30 – 21.50 Uhr

GLEWITZER FÄHRE

1. April – 27. April tgl. 6.00 bis 20.10; 28. April – 5.Okt. bis 21.40; 6. Okt. – 2. Nov. bis 20.10 Uhr
Info-Tel. 038 28 / 805 13

BAHN

▶ **DB-AutoZug**
Service-Tel. 01 80 / 524 12 24
www.dbautozug.de

▶ **DB-NachtZug**
Service-Tel. 01 80 / 514 15 14
www.dbnachtzug.de

▶ **DB-Servictelefon**
Tel. 118 61

FLUGPLATZ RÜGEN

▶ **Ostsee-Flug Rügen GmbH**
Flugplatz Güttin
18573 Güttin
Tel. 03 83 06 / 12 89
www.ruegenmagic.de/flug.htm

HIDDENSEE-FÄHREN

▶ **Reederei Hiddensee GmbH**
Achtern Diek 4
18565 Vitte
Tel. 01 80 / 3 21 21 50
www.reederei-hiddensee.com

▶ **Hiddenseer Taxiring**
(Wassertaxis)
Tel. 03 83 00 / 5 01 69

Nach Hiddensee Die **autofreie Insel** ist nur auf dem Seeweg zu erreichen, entweder von Stralsund aus oder von Schaprode auf Rügen. Die Schiffe verkehren regelmäßig in kurzen Abständen, in der Hauptferienzeit zwischen 6.00 und 19.00 Uhr. Im Sommer ist auch ein Linienschiffsverkehr zwischen Vitte und Breege (Rügen), Wiek (Rügen) und der Halbinsel Zingst eingerichtet (►Schiffsverkehr).

Auskunft

WICHTIGE ADRESSEN

TOURIST INFORMATION

► **Tourismuszentrale Rügen GmbH**
Bahnhofstr. 15
18528 Bergen
Tel. 0 38 38 / 8 07 70
Fax 25 44 40
www.ruegen.de

► **Nationalparkamt Rügen**
Blieschow 7 a
18586 Lancken-Granitz
Tel. 03 83 03 / 88 50
Fax 885 88
www.nationalparkamt-ruegen.de

► **Nationalpark-Zentrum Königsstuhl**
Stubbenkammer 2
18546 Sassnitz
Tel. 03 83 92 / 66 17 66
www.koenigsstuhl.com

INTERNET

► **www.insel-hiddensee.de**
Umfassende Infos über Rügens »kleine Schwester«.

► **www.kreidefelsen.de**
Infos über aktuelle Kultur- und Sportveranstaltungen auf Rügen.

► **www.ruegen-web.de**
Vor allem für Urlauber die geeignete Einstiegs-Website, um sich über Land und Leute, Freizeitmöglichkeiten, Unterkünfte usw. zu informieren.

Badeurlaub

Strände

Die meisten Strände auf Rügen und Hiddensee sind feinsandig und breit – für viele der Grund, hier den Sommerurlaub zu verbringen. Die attraktivsten Strände befinden sich im Südosten Rügens bei den großen traditionellen Badeorten und auf den Nehrungen **Schaabe** im Norden und **Schmale Heide** im Westen sowie auf der Insel Hidden-

Am Strand von Binz weht gerade »'ne steife Brise«.

see. Weitere schöne Strände finden sich an der Ostküste der Halbinsel **Zudar** im Süden Rügens (FKK), zwischen dem Großen und dem Kleinen Jasmunder Bodden in **Lietzow**, am **Rügischen Bodden** südlich von Putbus zwischen Neuendorf und Neukamp sowie bei Lauterbach und Groß Stresow.

Im Südosten Rügens

Vor allem in den Badeorten an der südöstlichen Küste Rügens, in Binz, Sellin, Baabe und Göhren, gibt es wunderbare Sandstrände mit Strandkorbverleih und etlichen Gaststätten sowie Cafés in der Nähe. Das Ufer fällt meist recht flach ab, sodass man gut im Wasser stehen kann – ideal für Kinder!

◂ Mönchgut

Weiter im Süden dehnt sich auf dem Mönchgut zwischen Lobbe und Thiessow ein langer **Naturstrand**. Hier befinden sich auch große Campingplätze.

Schmale Heide

Nördlich von Binz zieht sich die Schmale Heide bis Neu Mukran. Auch hier kann man sich an dem mehrere Kilometer langen, schönen und meist sehr einsamen Sandstrand, der hinter Kiefernwäldern von Binz an Prora vorbei bis Neu Mukran verläuft, sonnen und baden. Bei Prora gibt es Parkplätze, ansonsten muss man über kleine Pfade durch den Wald zum Strand vordringen.

Schaabe

Die Schaabe, die Verbindung zwischen den Halbinseln Wittow und Jasmund, gilt als **Badeparadies**. Vor allem bei den Orten **Glowe** und **Juliusruh** ist der Sandstrand sehr gepflegt. Auch entlang dieser Küste trennen Kiefernwälder den Strand von der Durchgangsstraße. Wegen

»Baywatch« am breiten Sandstrand von Baabe im Südosten Rügens

der oft starken Winde nehmen viele Sonnenhungrige hier einen Windschutz mit zum Strand.

Wittow ▶ Auf der Halbinsel Wittow im Norden Rügens empfiehlt sich der Naturstrand bei **Bakenberg**.

Hiddensee Ein schönes, einsames Badeplätzchen zu finden, ist auf Hiddensee sicherlich nicht schwer – ein schier endloser, feiner Sandstrand erstreckt sich fast über die gesamte **Westküste** der kleinen Insel von dem Dörfchen Kloster im Norden bis weit unterhalb von Neuendorf im Süden. Zwischen Neuendorf und Gellen befindet sich ein FKK-Bereich.

In der Nähe der Ortschaften Kloster, Vitte und Neuendorf sorgen Gaststätten und Cafés für das leibliche Wohl entlang den schönen Naturstränden. Ein einsamer Strand befindet sich an der Nordküste Hiddensees am Enddorn.

! *Baedeker* TIPP

Nackte Tatsachen

Der Mittelteil des wunderschönen Strandes der Schaabe, etwa zwischen Glowe und Juliusruh, ist fest in der Hand der FKK-Anhänger. Für die Verpflegung am Strand muss man selbst sorgen, da es in der Nähe keine Kioske oder Cafés gibt.

Dünen

Dünen, die ersten Bollwerke gegen Sturmhochwasser, dürfen nicht betreten werden. Nur auf ausgewiesenen Wegen ist die Dünendurchquerung erlaubt.

BÄDER

BINZ

▶ **IFA Ferienpark Rügen**
Strandpromenade 74
Tel. 03 83 93 / 911 02
www.ifahotels.com

▶ **Hotel Vier Jahreszeiten**
Zeppelinstr. 8
Tel. 03 83 93 / 500
Tel. 03 83 92 / 530
www.ruegen-hotel.de

JULIUSRUH

▶ **Aquamaris**
Wittower Str. 4
Tel. 03 83 91 / 4 44 05
www.aquamaris.de

PUTBUS

▶ **Ringhotel Wreecher Hof**
Kastanienallee
Tel. 03 83 01 / 850
www.wreecher-hof.de

SAGARD

▶ **Jasmundtherme**
Steigenberger Resort Neddesitz
Am Taubenberg 1
Tel. 03 83 02 / 977 00
www.glowe.de/Jasmundtherme

SASSNITZ

▶ **Rügentherme Kurhotel**
Hauptstr. 1

SELLIN

▶ **Inselparadies**
Badstr. 1
Tel. 03 83 03 / 12 30
www.inselparadies.de

STRALSUND

▶ **HanseDom**
Grünhufer Bogen 18-20
Tel. 0 38 31 / 3 73 30
www.hansedom.de

Plantsch- und Badespaß im HanseDom

FKK

An den kurtaxefreien Naturstränden ist FKK üblich. Offizielle FKK-Strände befinden sich am Bakenberg auf Wittow, bei Vitt, auf der Schaabe, in Rappin und Sellin, zwischen Thiessow und Lobbe, Groß Stresow und Neu Reddevitz sowie beim Campingplatz Pritzwald auf Zudar.

◀ weiter auf S. 75

Strandleben auf Rügen im Jahr 1910 ...

RÜGENER BADEWELT

Nicht in Binz, Göhren oder Sellin – die erste »Brunnen-, Bade- und Vergnügungsanstalt« auf Rügen wurde im Jahr 1794 in dem kleinen Städtchen Sagard gegründet, das knapp 10 km von der Küste entfernt liegt.

Bereits die Mitte des 18. Jahrhunderts hatte die dortige Mineralquelle dem Ort ein paar vereinzelte Kurgäste beschert, doch erst Pastor Heinrich Christoph von Willich brachte den Ausbau zum Bade- und Kurort in Gang. Zusammen mit seinem Bruder, dem Landarzt Moritz von Willich, gründete er die »Brunnen-, Bade- und Vergnügungsanstalt« – die Quelle wurde architektonisch verpackt, ein Badehaus errichtet und Grünflächen mit Laubengängen angelegt.

Doch die Napoleonischen Kriege brachten den Kurbetrieb zum Erliegen, Sagards kurzes Intermezzo als Kur- und Badeort war schon zu Beginn des 19. Jh.s beendet.

Baden in der »Weißen Stadt«

Während man in Sagard noch in die Wannen mit Mineralwasser stieg, vertraute man in England und am europäischen Festland bereits auf die heilende oder doch zumindest wohltuende Wirkung des Meerwassers. Mit Bad Doberan-Heiligendamm, der Sommerresidenz des Herzogs von Mecklenburg-Schwerin, wurde 1793 das erste Seebad an der deutschen Ostseeküste eröffnet.

Das Beispiel machte schnell Schule. Auch Fürst Wilhelm Malte I. von Putbus, einer der mächtigsten Grundbesitzer Rügens, fühlte sich vermutlich durch Doberan zu bauherrlichen Aktivitäten angeregt. Maltes klassizistische Residenz in Putbus, zwischen 1808 und 1823 erbaut, avancierte in kürzester Zeit zum Treffpunkt der »feinen Gesellschaft«.

Ebenso wie Doberan besaß die so genannte weiße Stadt mit dem Fischerdorf Lauterbach eine Dependance an der See. Hier konnte man entweder im neu erbauten Badehaus an der Goor oder auch direkt im Greifswalder Bodden ein Salzwasser-

... und knapp 100 Jahre später – geändert hat sich nur die Bademode.

bad nehmen. Zum Umkleiden und für den Einstieg ins Wasser benützte man einen Badekarren. Er wurde so weit wie möglich ins Wasser geschoben, damit der Badegast – durch seitliche Vorhänge vor neugierigen Blicken geschützt – über eine ausklappbare Treppe ins kühle Nass gelangen konnte.

Kuren in Sassnitz

Natürlich gönnte man sich das Bad im Meer nicht aus purem Vergnügen, sondern weil die »Frictionen der Haut« und der Salzgehalt des Meerwassers sich wohltuend auf den Körper auswirkten, wie die Ärzte damals vermuteten. Auch hatte das Schwimmen im Rügischen Bodden den Vorteil, dass man von allzu hohem Wellengang verschont blieb und sich nicht unnötig in Gefahr begab.

Dem Seebad Putbus war ebenfalls nur eine kurze Karriere beschieden. Während die »weiße Stadt« um die Jahrhundertmitte bereits wieder aus der Mode kam, verlagerte sich der Fremdenverkehr an die Ostküste Rügens, zunächst nach Sassnitz am Südrand der Stubnitz

Die stürmische Entwicklung des Fischerdorfs zum Seebad Nummer eins vollzog sich in den Siebziger- und Achtziger-Jahren des 19. Jahrhunderts, als sich die Zahl der Kur- und Badegäste vervierfachte. Das Sassnitzer Ferienpublikum rekrutierte sich nicht mehr aus dem Feudaladel, sondern vor allem aus dem Großbürgertum: Bankiers, Unternehmer und hohe Staatsbeamte reisten in den Sommermonaten mit Familie und Personal in das aufstrebende Seebad.

Mit der 1794 gegründeten »Brunnen-, Bade- und Vegnügungsanstalt« avancierte Sagard zum ersten Kurort Rügens.

Wer sich nicht in einer Privatunterkunft einmieten wollte, hatte ab 1869 auch die Möglichkeit, im ersten größeren Hotel der Insel (»Zum Fahrnberg«) zu logieren. Für eine schnelle und komfortable Verkehrs-

Badevergnügen in Binz um 1900: Im Familienbad durften sogar Frauen und Männer gemeinsam plantschen.

anbindung sorgten die Dampferlinien zwischen Sassnitz und dem Festland und der Ausbau der Eisenbahnstrecke von Bergen nach Sassnitz im Jahr 1891. Doch auch Sassnitz musste bald den ersten Platz an die jüngeren Bäder abtreten.

Ostseebad Binz AG

Mit der Jahrhundertwende begann der Aufstieg von Binz, Göhren und Sellin, die seit 1895 durch eine Kleinbahn mit der »weißen Stadt« Putbus verbunden waren. Vor allem Binz entwickelte sich zum Paradebad der Wilhelminischen Zeit.

Nachdem sich 1888 die »Aktiengesellschaft Ostseebad Binz« gegründet hatte, witterten viele das einträgliche Geschäft mit dem Fremdenverkehr. Grundstücksspekulationen blühten, und der einsetzende Bauboom bescherte dem ehemaligen Fischerdorf ein völlig neues »Outfit« mit zahlreichen Villen, Hotels und Pensionen, die sich in ihrer phantasievollen Fassadengestaltung gegenseitig übertrafen.

Das Herz des Badeortes war aber der Strand. Hier, auf dem Promenadenweg und auf der Seebrücke spielte sich das gesellschaftliche Leben ab. Die Appelle der Ärzte und Gesundheitsapostel, den Körper zumindest zeitweise vom Korsett zu befreien und ihn frischer Luft auszusetzen, zeigten Wirkung: Bereits um 1900 erfreute sich der Aufenthalt am Strand beim Bürgertum großer Beliebtheit.

Schwierigkeiten bereitete anfangs noch die damit verbundene zumindest teilweise Enthüllung des Körpers, die nur schwer mit den prüden Moralvorstellungen der wilhelminischen Gesellschaft in Einklang zu bringen war.

Man stieg zwar nicht mehr vollständig bekleidet in die Fluten, aber geschlossene, aus undurchsichtigem Stoff hergestellte Badeanzüge für die Frauen und Badehosen mit Bein und Zwickel für die Männer mussten es schon sein. Doch trotz solch züchtiger Badebekleidung und der anfänglich strikten Geschlechtertrennung gab es in den Badeanstalten immer wieder große Probleme mit der Wahrung des Anstands. Aber »verschärfte Vorschriften und geeignetes Badepersonal« halfen dabei, »die Ordnung aufrechtzuerhalten« – wusste ein zeitgenössischer Beobachter erleichtert zu berichten.

Mit Strandkörben übersäte Strände – Rügens eigentliches Wahrzeichen

Sturmwarnung

Badebeschränkungen und -verbote werden durch **rote Korbbälle** an den Rettungsstationen angezeigt. Bei einem hochgezogenen roten Ball ist Kindern und Nichtschwimmern das Baden untersagt und Schwimmern der Aufenthalt im Wasser nur bis Brusttiefe gestattet. Bei zwei Bällen darf nicht gebadet werden.

Strandkörbe

Es heißt, der Strandkorb wurde auf Rügen erfunden, und zwar von dem Rostocker Korbmacher **Wilhelm Bartelmann**, der ihn 1893 hier eingeführt haben soll – zuerst als Einsitzer, später auf Drängen seiner Kundschaft für zwei Personen.

Von Mai bis Oktober stehen Strandkörbe an den viel besuchten Stränden, vor allem im Südosten Rügens auf dem Mönchgut (Sellin, Baabe, Göhren), in Binz und in Glowe und Juliusruh, wo man sie direkt am Strandeingang mieten kann. Im Hochsommer ist eine rechtzeitige Reservierung empfehlenswert. Einige Hotels stellen ihren Gästen Strandkörbe zur Verfügung.

Hallenbäder

Falls die Wassertemperatur der Ostsee nicht zum Schwimmen einlädt, braucht man trotzdem nicht auf Badespaß zu verzichten. Neben dem **»HanseDom«** in Stralsund und dem **Inselparadies** im Seepark Sellin öffnen etliche Hotels auf Rügen ihre Bade- und Saunaeinrichtungen nicht nur für die eigenen Gäste.

Mit Behinderung unterwegs

Eine ganze Reihe von Institutionen organisiert Gruppenreisen, vermittelt geschulte Reisehelfer und leistet Hilfestellung bei Individualreisen.

Infomaterial In der von der Kurverwaltung des Ostseebades Binz (► S. 148) herausgegebenen Broschüre »Urlaub mit Handicap« werden z. B. behindertengerecht eingerichtete Restaurants, Hotels und Museen, geeignete Strandzugänge, Sportmöglichkeiten für Behinderte sowie Ausleihstellen für Rollstühle vorgestellt.
Behindertengerechte Unterkünfte nennt auch der vom FMG Verlag herausgegebene Hotel- und Reiseratgeber »Handicapped-Reisen Deutschland«.

BEHINDERTENORGANISATIONEN

► **Bundesarbeitsgemeinschaft der Clubs Behinderter und Ihrer Freunde e. V.**
Langemarckweg 21
51465 Bergisch Gladbach
Tel. 022 02 / 989 98 11
www.bagcbf.de

► **BSK-Reisedienst**
Postfach 20
74236 Krautheim
Tel. 0 62 94 / 6 81 10
www.bsk-ev.de

► **Verband aller Körperbehinderten Österreichs**
Schottenfeldgasse 29, 2. Stock
A-1070 Wien
Tel. 01 / 914 55 62
E-Mail: info@vakoe.at

► **FMG Verlag**
Postfach 2154
40644 Meerbusch
Tel. 0 21 59 / 81 56 22
www.fmg-verlag.de

Essen und Trinken

Die Küche Mecklenburg-Vorpommerns bevorzugt einfache, deftige Hausmannskost mit einem Hang zum Süß-Sauren. Backpflaumen oder Rosinen findet man in vielen Hauptgerichten. Das Hauptnahrungsmittel der Region war und ist die Kartoffel. Ein typisches Gericht ist z. B. Kartoffelsuppe. Auch Eintöpfe aus Fisch und Gemüse haben sich schon immer sehr großer Beliebtheit erfreut.

Da lacht das Herz des Küchenchefs – heute gibt's »Kak't Dösch«. →

In dem Ausflugslokal bei Lietzow gibt's zum Räucherfisch einen herrlichen Bodden-Blick.

Regionale Esskultur

Seit einigen Jahren arbeitet der Landkreis Rügen in dem Projekt »Regionale Esskultur«, eines europaweiten Zusammenschlusses von landwirtschaftlichen und gastronomischen Betrieben. Ziel des Projektes ist die Förderung **regionaltypischer Produkte**. Dadurch sollen u. a. die kulinarischen Spezialitäten einer Region leichter erkennbar werden. Alle Lokale Rügens, die sich an der »Regionalen Esskultur« beteiligen und in ihrer Küche nur heimische Produkte verwenden, sind an einem entsprechenden Logo zu erkennen.

! *Baedeker* TIPP

»Speisewagen«

Im Restaurant des frisch renovierten Binzer Kleinbahnhofes »Rasender Roland« lassen sich nicht nur Bahn-Fans im Eisenbahnflair der Zwanzigerjahre des letzten Jahrhunderts mit kulinarischen Spezialitäten verwöhnen. Zum »Nachtisch« bietet sich ein Rundgang an durch die Ausstellung zur Rügenschen Schmalspurbahn im ehemaligehn Gepäckdepot (Bahnhofstr. 54, 18609 Binz, Tel. 03 83 93 / 27 64).

Schweinebraten mit Rotkohl oder Kalbsbraten mit Stachelbeeren mögen die Rüganer, eigenen Bekundungen zufolge, am liebsten. Viele Restaurants führen als Spezialität auch **Wildgerichte** wie den Jasmunder Hasenpfeffer.

Traditionelle Gerichte ▶

Etwas ungewohnt für fremde Gaumen, aber durchaus probierenswert ist die Grützwurst mit Rosinen, ein Gericht aus der **Schwedenzeit**. Wer nur schnell etwas zwischendurch essen möchte, sollte einmal an den zahlreichen Imbissstuben die Rügener Bratwurst probieren; sie ist sehr würzig und erfreulicherweise nicht zu fett.

Jedes Jahr im Oktober liegt Rügen im »Kohlfieber«. Dann gibt's bei den Herbstfesten und in vielen Restaurants der als »Kohlkammer« bekannten Insel allerlei Gerichte mit diesem Gemüse, beispielsweise mit Räucherspeck gefüllten Kohl.

»Kohlkammer« Rügen

! Baedeker TIPP

Kräftig ...

... ist es schon, das »Brückenfeuer«, ein extra zur Eröffnung der Selliner Seebrücke im Jahr 1992 aus dreißig Kräutern hergestellter Magenbitter, doch nach Räucherfisch und Bratkartoffeln mehr als wohltuend (»Destille«, Weißer Steg 12, Tel. 03 83 03 / 13 60).

Natürlich gehören auf Rügen und Hiddensee **Fischgerichte** zu den überall angebotenen Spezialitäten. In den Restaurants gibt es fangfrischen Fisch – Aal, Dorsch, Flunder, Hecht, Heilbutt, Hering, Steinbutt und Zander – in jeder Variation: gekocht, gebraten, gedünstet, geräuchert, in der Suppe oder sauer eingelegt, meist nach traditionellen Rezepten zubereitet. Empfehlenswerte Gerichte sind **»Kak't Dösch«** (gekochter Dorsch) mit Senfsoße und **»Rügener Fischterrine«**, eine mit der südfranzösischen Bouillabaisse vergleichbare Fischsuppe.

Zum Nachtisch serviert man meist »Rode Grütt« (Rote Grütze) mit Vanillesoße.

◄ »Rode Grütt«

Immer mehr Gasthäuser der Insel servieren zum Essen auch das Selbstgebraute, und manchesmal sind auch kleine »Entdeckungen« darunter. So kann man im über 500 Jahre alten Gasthof »Zur Linde« im Mönchguter Dörfchen Middelhagen seinen Durst mit einem süffigen **»Bio-Landbier«** löschen.

Restaurantbrauereien

Feste und Events

Rügens Veranstaltungskalender ist so prall gefüllt, dass man seinen Inselurlaub ohne weiteres ausschließlich auf Festen und Partys verbringen könnte.

»Fest-Insel«

Die Seebäder und Küstenorte feiern vor allem während der Sommersaison Strand-, Strandkorb-, See- und **Seebrückenfeste**. Hinzu kommen Fischer-, Hafen- sowie Herings- und Hornfischfeste; aber auch am Boddenufer und im Hinterland gibt es neben Ernte- und Schlachtefesten eine Vielzahl interessanter und feucht-fröhlicher Veranstaltungen.

◄ Strandfeste

Ebenfalls in den Sommermonaten werden in zahlreichen Rügener Kirchen Konzerte veranstaltet. Im Frühjahr gibt's in fast allen Gemeinden neben Frühlings- und Krokusfesten auch Ostermärkte und Maifeuer. Zum Ausklang der Saison finden Oktober-, Herbst-, Reiter-, Drachen- und Leuchtturmfeste statt, und im Winter schließlich werden allerorts Advents- und Weihnachtsmärkte abgehalten.

VERANSTALTUNGSKALENDER

JANUAR

Stralsund
Alljährliches Eisbaden im Strelasund

FEBRUAR

Sellin
Seebrückenfasching

APRIL

Altefähr
Heringsfest mit Party im Festzelt am Fähranleger, kostenlosen Surfkursen und einer Katamaran-Regatta (30. April).

Musikalischer Auftakt zum Heringsfest in Altenkirchen

Bergen
Burg- und Turmparty am Ernst-Moritz-Arndt-Turm

Kap Arkona
Tag der offenen Tür am Kap und auf dem Rügenhof

Putbus
Ostereier suchen mit dem »Rasenden Roland«

Ummanz
Während des Ummanzer Ostermarkts besteht am »Tag der offenen Tür« die Gelegenheit, Einblick in das Leben auf den umliegenden Höfen zu nehmen.

MAI

Binz
»Anbaden»: Am 1. Mai treffen sich die Binzer Hoteliers zum ersten Bad in der Ostsee, mit dem die Saison eröffnet wird;
»Rügenclassics»: Stolze Besitzer präsentieren ihre blitzblank polierten Oldtimer.

Putbus
In Rügens kulturellem Zentrum finden Ende Mai oder Anfang Juni im Marstall, der Orangerie, in der Schlosskirche und an vielen anderen Veranstaltungsorten die knapp 14 Tage dauernden »Putbus-Festspiele« statt mit Konzerten, Opern- und Theateraufführungen sowie Literaturlesungen.

Sassnitz
Promenadenfest auf dem Kurplatz mit Kultur- und Sportveranstaltungen

Stralsund
Friedenstage der Hanse: Im Gedenken an den Stralsunder Frieden von 1370 nach dem Sieg der Hanse über die Dänen lädt die Stadt jeweils am Wochenende um den 24. Mai eine der daran beteiligten Hansestädte ein.

Ummanz
Volksfest mit »Tonnenabschlagen«: Reiter versuchen, ein an Seilen aufgehängtes Fass mit einer Holzkeule zu zertrümmern.

Bei den Putbus-Festspielen dient der Wald der Granitz auch als Konzertsaal.

JUNI

- **Baabe**
  Mittsommerfest mit Sommernachtsball und Straßenparty

- **Bergen**
  Flohmarkt und Gauklerfest

- **Binz**
  Seebrückenfest mit großem Kulturprogramm und Markt

- **Göhren**
  Folklore-Festival im Kurpavillon mit deutschen und osteuropäischen Folkloregruppen

- **Lauterbach**
  »Blaue-Band«-Regatta rund um Vilm

- **Ralswiek**
  Von Ende Juni bis Anfang September wird bei den Störtebeker-Festspielen fast jeden Abend Action-Theater auf der Naturbühne gezeigt.

- **Stralsund**
  Segelwoche mit Regatten rund um Rügen und Hiddensee

JULI

- **Göhren**
  Folk- und Country-Festival im Kurpavillon

- **Kap Arkona**
  Theatersommer am Kap: Von Ende Juli bis Ende August spielen verschiedene Theatergruppen bei den Leuchttürmen und in der Theaterscheune des Rügenhofs.

- **Sassnitz**
  Rügener Hafentage mit Schaustellern, Musikveranstaltungen und Feuerwerk

Prüfender Blick unter die Haube eines Oldtimers bei den Rügenclassics in Binz.

▶ **Stralsund**
Sundschwimmen: Die 2,4 km lange Strecke von Altefähr zur Stralsunder Seebadeanstalt ist für viele Langstreckenschwimmer der sportliche Höhepunkt des Jahres.

Tierparkfest mit Schaustellerbuden und Veranstaltungen.

Wallensteintage: Um den 24. Juli feiert die Stadt im Gedenken an den erfolgreichen Widerstand gegen die Belagerung durch die Truppen Wallensteins im Jahr 1628 ihr traditionelles Wallensteinfest mit Seeschlacht, Bootskorso und Mittelalter-Markt.

AUGUST

▶ **Baabe**
Rügener Blues-Festival mit Konzerten auch in Binz und Sassnitz

▶ **Göhren**
Seebrückenfest mit Schaustellerbuden, Tanz und Feuerwerk

▶ **Kap Arkona**
Brauerei-Fest auf dem Rügenhof

▶ **Putbus und Ralswiek**
Zuckertütenfahrt mit dem »Rasenden Roland« für Schulanfänger und deren Familien

SEPTEMBER

▶ **Bergen**
»Rügana«: Leistungsschau der Insel Rügen;
Rügener Kohlwochen: Von Ende September bis Mitte Oktober liegt Rügen im »Kohlfieber«: Auf dem Bergener Marktplatz sowie in anderen Orten gibt's zu Kohlgerichten viel Kultur und Geselliges.

▶ **Binz**
Rügener Kabarett-Regatta: Im »Haus des Gastes« und im Theater Putbus gibt es den ganzen Monat über Kabarett, Comedy und Kleinkunst pur.

Massenstart in Altefähr zum alljährlichen Sundschwimmen.

▶ **Dranske**
Nationalparktag auf dem Südbug am ersten Septemberwochenende

▶ **Lauterbach**
Beim traditionellen »Vilm-Schwimmen« versuchen Langstreckenschwimmer die etwa 2,5 km lange Strecke von der Insel Vilm bis zum Lauterbacher Hafen hinter sich zu bringen. Sobald der letzte Schwimmer das Ziel erreicht hat, wird ausgiebig gefeiert.

▶ **Stralsund**
Herbstmarkt mit Jahrmarktsbuden und Schaustellern auf dem Neuen Markt

Die traditionelle Stralsunder Segelwoche lockt viele Freizeitkapitäne.

OKTOBER

▶ **Göhren**
Internationaler Mönchgut-Marathon;
Bernsteinfest: Große Bernstein-Ausstellung in der Nordperdhalle mit anschließender Party und der Wahl der Deutschen Bernsteinkönigin.

▶ **Stralsund**
»Tour d' Allée«: Die traditionelle Rad-Tour mit viel Rennsport-Prominenz führt über den Rügendamm entlang der Deutschen Alleenstraße nach Binz.

Gemütliche Fiaker-Fahrt Promenadenfest in Sassnitz

▶ **Ummanz**
Internationaler Kranichlauf: Volkssportfest mit zehn verschiedenen Läufen

NOVEMBER

▶ **Binz**
Ostseeländer-Chortreffen: Jeden Herbst geben Kammerchöre aus den Ostsee-Anrainerstaaten gemeinsame Konzerte.

▶ **Kap Arkona**
Schlachtefest zum Martinstag (11. November)

DEZEMBER

▶ **Kap Arkona**
Silvestermarkt auf dem Rügenhof und Höhenfeuerwerk

▶ **Putbus**
Fahrt mit dem Weihnachtsmann im »Rasenden Roland«

▶ **Sassnitz**
Traditionelles Weihnachtskonzert

▶ **Stralsund**
Weihnachtskonzert im Kulturhistorischen Museum von Stralsund

Geld

Banken, Geldautomaten

Die Banken sind in der Regel montags bis freitags von 9.00 bis 12.00 Uhr und von 14.30 bis 16.00 Uhr, mittwochs nur vormittags geöffnet. Geldautomaten gibt es in allen größeren Badeorten.

In den allermeisten Hotels, Pensionen, Restaurants und Gaststätten werden **Kreditkarten** akzeptiert. Bei Verlust der Kreditkarte, der Bank- oder ec-Karte oder auch bei Verlust eines Handys sollte man umgehend den Service des Allgemeinen Sperr-Notrufs benachrichtigen, der sofort die entsprechenden Institute informiert und Karte, Konto oder Handy sperren lässt.

ALLGEMEINER SPERR-NOTRUF

► **Tel. 116 116**
Der Notfall-Service ist täglich rund um die Uhr besetzt.

Gesundheit

Apotheken

Apotheken gibt es in Altenkirchen, Bergen, Binz, Dranske, Garz, Göhren, Gingst, Putbus, Sagard, Samtens, Sassnitz und Sellin. Welche Apotheke Bereitschaftsdienst hat, kann man der lokalen Tagespresse und den Aushängen in den Apotheken entnehmen.

ÄRZTLICHE HILFE

NOTRUFE

► **Rettungsleitstelle**
Tel. 0 38 38 / 2 20 77
oder 112

► **Rotes Kreuz**
Tel. 0 38 38 / 8 02 30

► **DLRG**
Tel. 0 38 38 / 2 21 39

KRANKENHÄUSER

► **Sana-Krankenhaus Rügen GmbH**
Calandstr. 7
18528 Bergen
Tel. 0 38 38 / 390
www.sana-ruegen.de

► **Klinikum der Hansestadt Stralsund**
Krankenhaus
am Sund
Große Parower Str. 47 - 53
18435 Stralsund
Tel. 0 38 31 / 35 33 00

► **Krankenhaus West**
Rostocker Chaussee 70
18437 Stralsund
Tel. 0 38 31 / 450

Auf geht's zum Buddel-Nachmittag am Göhrener Strand.

Mit Kindern unterwegs

Strände

Die Ostsee mit ihrem gemäßigten Klima ist für Ferien mit Kindern ideal. Die flachen Sandstrände sind ein wahres **»Buddel-Paradies«** voller Muscheln. In den meisten Ortschaften gibt es Kinderbetreuungsangebote, Spielplätze und Babywickelräume.

Angebote für Kinder

Vielerorts werden Spielnachmittage, Kinderfeste und Sport-Spiel-Aktionen angeboten, z. B. in den Kurparks der Seebäder oder auch in den größeren Hotels.

Zu den Attraktionen auch für Kinder zählen neben einem Besuch des turbulenten **Störtebeker-Spektakels** in Ralswiek eine Fahrt mit der Dampfeisenbahn »Rasender Roland«, mit der Arkona-Bahn zu den Leuchttürmen am Kap, mit den **Bäderbahnen** durch Baabe, Binz, Göhren und Sellin oder eine Schiffstour entlang der Kreideküste oder nach Hiddensee.

Abwechslung vom Strandleben bietet ein Plantschnachmittag im **IFA-Ferienpark** in Binz oder im Erlebnisbad **»Inselparadies«** in Sellin (► Badeurlaub).

! *Baedeker* TIPP

»Heu-Hotel«

Was ist schon ein Hotelbett gegen einen duftenden Heuhaufen? Der »Heu-Ferienhof« in Altkamp bietet »Experimentierfreudigen« insgesamt dreißig Schlafplätze im Heu und am Morgen ein reiches Frühstück (Fax 03 83 01 / 620 85, E-Mail: info@heuferienhof.ruegen.de).

Zwei gut ausgerüstete »Strand-Baumeister« vor der Selliner Seebrücke

Spaß versprechen Fahrattraktionen im Gingster **»Rügen-Park«** und die Kinderfeste im **»Rügenhof«** beim Kap Arkona. Dort wurde auch die **»Klabauterkiste«** ganz speziell für Kinder eingerichtet. Interessant und amüsant ist eine »historische« Unterrichtsstunde im Middelhagener Schulmuseum oder ein »Lehrgang« im Fälschermuseum in Binz. Und leuchtende Augen beschert ein Rundgang durch das Puppen- und Spielzeugmuseum in Putbus.
Großen und kleinen Tierfreunden eröffnet sich im Sassnitzer **Schmetterlingspark** eine farbenprächtige Insektenwelt; dort flattern, schwirren und schweben schillernd bunte Schmetterlinge in einer großen Freiflughalle knapp über den Köpfen der Besucher umher. Heimische, aber auch exotische Tiere entdeckt man im **Tierpark** Sassnitz. Unbedingt einen Besuch wert sind die Aquarien im Deutschen Meeresmuseum in Stralsund.

Kurtaxe

Alle Rügener Badeorte erheben eine Kurtaxe von ca. 0,50 bis 2,50 € pro Tag; Kinder sind meist davon befreit. Schwerbehinderte, Rentner und Arbeitslose müssen in der Regel nur die Hälfte bezahlen.
Die Kurkarte berechtigt bei vielen Veranstaltungen zu freiem oder ermäßigtem Eintritt. Detaillierte Informationen erteilen die Kurverwaltungen und Tourist-Informationen.

Literaturempfehlungen

Arnim, Elizabeth von: Elizabeth auf Rügen. List Verlag, Berlin 2001.
Der bereits 1904 erstmals veröffentlichte autobiographische Reiseroman von Elizabeth von Arnim ist die richtige Lektüre, um sich auf einen Rügen-Urlaub einzustimmen.

Bruhn, Jürgen: Störtebeker. Rotbuch Verlag, Berlin 2003.
Spannender historischer Roman über das Leben des berühmten Freibeuters und seien Kampf als »Robin Hood der Meere« gegen die Hanse.

Buddée, Gisela / Heinz Teufel: Rügen. Eine Bildreise. Ellert & Richter, Hamburg 2004.
Einfühlsam und kenntnisreich geschriebenes und mit schönen Fotos illustriertes Porträt der landschaftlich vielfältigen Ostseeinsel.

Bernhardt, Rüdiger: Gerhart Hauptmanns Hiddensee. Ellert & Richter, Hamburg 1996.
Seit seinem ersten Besuch auf Hiddensee im Jahr 1885 verbrachte der berühmte Dichter und Nobelpreisträger jeden Sommer auf dieser Insel. Rüdiger Bernhardt spürt den Hiddensee-Aufenthalten Gerhart Hauptmanns und den Einflüssen der Insel auf dessen Werk nach. Illustriert wird der Band mit zahlreichen aktuellen und historischen, z. T. sehr seltenen Aufnahmen von Hiddensee.

Laube, Heinrich: Eine Fahrt nach Pommern und der Insel Rügen. Edition Temmen, Bremen 2004.
Heinrich Laubes 1837 erstmals veröffentlichte Reisebeschreibung ist ein geistreiches, vergnügliches und anspielungsreiches Reiselesebuch, angereichert mit zeitgenössischen Abbildungen.

Seydel, Renate (Hrsg.): Rügen. Ein Lesebuch. Ullstein Verlag, Frankfurt/M.-Berlin 1996. Rügen literarisch eingefangen in Gedichten und

Urlaubsschmöker vergessen? Einen Vorrat davon hält auch der Hiddenseer Kiosk bereit.

Erzählungen, inklusive des Reiseberichts »Mit dem Dampfschiff von Swinemünde nach Rügen« aus dem 1846 erschienenen »Handbuch für Reisende in Deutschland ...« von Karl Baedeker.

Hörbucher »Mien Rügen« und »Überfahrt nach Hiddensee« heißen die beiden Hörbücher, die auf ganz besondere Weise die Atmosphäre der beiden Ostseeinseln einfangen - mit stimmungsvoller Musik von Frank Fröhlich und Texten von Ernst Moritz Arndt, Hanns Cibulka, Gerhart Hauptmann, Joachim Ringelnatz und vielen anderen. Erschienen in der »Edition Albatros« bei »Goldmund Hörbücher« in Dresden (www.goldmund-hoerbuecher.de).

Medien

Zeitungen Die auflagenstärkste Tageszeitung der Region ist die **»Ostsee-Zeitung«**. Sie informiert u. a. über Veranstaltungen sowie über wichtige Ereignisse auf Rügen und Hiddensee.

Zeitschriften Tipps und Infos rund um die Inseln Rügen und Hiddensee sowie die Hansestadt Stralsund enthält das mehrmals jährlich erscheinenden Magazin **»Rügen aktuell«**, das man an Kiosken und in Supermärkten, in Museen und großen Hotels sowie in den Tourist-Informationen und Kurverwaltungen erhält. Nur auf Hiddensee erhältlich sind die monatlich erscheinenden **»Hiddensee Inselnachrichten«**.

Fernsehen Seit einigen Jahren produziert der Privatsender **rügencampus** für Reportagen und Nachrichten über Rügen und Hiddensee. Die Sendungen werden täglich in mehreren Wiederholungen im Kabelnetz ausgestrahlt. Infos über das Programm und die Sendezeiten erhält man u. a. von der Website des Senders: www.ruegencampus.tv.

Notrufe

▸ **Polizei**
Tel. 110

▸ **Feuerwehr, Rettungsdienst**
Tel. 112

▸ **DLRG**
Tel. 0 38 38 / 2 21 39

▸ **Wasserschutzpolizei**
Ralswiek: Tel. 0 38 38 / 31 33 00
Sassnitz: Tel. 03 83492 / 3 08 34
Schaprode: Tel. 03 83 09 / 14 17
Stralsund: Tel. 0 38 31 / 2 61 40

▸ **Ärztliche Hilfe**
▸ Gesundheit

Post

Postämter gibt es auf Rügen in Altenkirchen, Binz, Bergen, Dranske, Garz, Göhren, Putbus, Sassnitz, Sellin und Wiek. Auf der Insel Hiddensee nur in Kloster. Das Postamt in Stralsund befindet sich am Neuen Markt.

Preise · Vergünstigungen

RügenCard

Als »touristische **Erlebniskarte** der Insel Rügen« präsentiert sich die bei den Tourist-Informationen bzw. bei der Tourismuszentrale Rügen (► Auskunft) erhältliche »RügenCard«, die Vergünstigungen bei zahlreichen Museen, Lokalen, Bäderbahnen, Veranstaltungen oder Ausflugsfahrten bietet.

WAS KOSTET WIE VIEL?

3-Gang-Menü
ab 15 €

Einfache Mahlzeit
ab 5 €

Eine Tasse Kaffee
ca. 2 €

Bus Hagen – Königsstuhl
2,70 €

Einfaches Doppelzimmer
bis 75 €

Ein Glas Bier (0,3 l)
ca. 2 €

Räucherfisch kostet ... je nach Appetit.

◄ Preis

Die RügenCard gibt es für drei (Standard für bis zu vier Personen, 44 €; Single-Card 34 €), sieben (Standard 64 €; Single-Card 49 €) und vierzehn Tage (Standard 94 €; Single-Card 74 €).

◄ Vorteile

Mit der RügenCard können alle Busse des öffentlichen Nahverkehrs sowie die Bäderbahnen in Baabe, Binz, Gören und Sellin kostenfrei genutzt werden. Der Besuch der Möchguter Museen, des Technik-Modell-Museums in Samtens, des Jagdschlosses Granitz, des Königsstuhls und der Multivisionsshow im Nationalparkzentrum oder der Besuch des Marinemuseums und des Tierparks in Stralsund ist für RügenCard-Inhaber ebenfalls kostenlos.

Vergünstigungen ► Etwas günstiger sind auch die Karten für die Störtebeker-Festspiele zu haben, und selbst die Bahnfahrt auf die Insel Rügen ist für RügenCard-Besitzer deutlich günstiger als der Normaltarif (Infos über das ganze RügenCard-Angebot erhält man unter Tel. 03 83 92 / 665 73 und www.ruegencard.de).

Spar-Tickets der Reederei Ostsee-Tour

Die Reederei Ostsee-Tour (►Schiffsverkehr) bietet für ihre Ausflugsfahren vor allem Familien mit Kindern zahlreiche preisgünstige **Ticket-Pakete** an (z. B. Familien-Ticket, Familien-Maxi-Ticket, Arkona-Spar-Ticket oder U-Boot-Ticket).

Kinder[s]pass

12,50 € kostet das Couponbuch »Kinder[s]pass«, mit dem sich über 30 Gaststätten und Freizeiteinrichtungen als besonders kinderfreundlich präsentieren. Familien mit Kindern bis zu 16 Jahren können mit dem **Couponbuch** die Urlaubskasse beträchtlich entlasten: In den teilnehmenden Lokalen oder Museen ist ein Essen bzw. der Eintritt pro voll zahlendem Erwachsenen für ein Kind (max. zwei Kinder) gratis (»Kinder[s]pass«, Zeitungsverlag Der Rüganer, Markt 10, 18528 Bergen, www.kinderspass.de).

Radwandern

Natur erleben mit dem Rad

Rügen und Hiddensee mit dem Fahrrad zu erkunden, auf kleinen Ausflügen oder größeren Radtouren die reizvollen, vielfältigen Landschaften der beiden Inseln zu entdecken und kennen zu lernen, ist ein einmaliges Naturerlebnis. Das Radwegenetz wird ständig weiter ausgebaut, und in fast jedem Ort besteht die Möglichkeit, Fahrräder auszuleihen.

FAHRRAD-INFOS

RAD-TOUREN

Bei den angebotenen mehrtägigen Radwanderungen auf Rügen und Hiddensee wird auch für die Unterkunft, den Gepäcktransport, für Leihräder und das notwendige Kartenmaterial gesorgt.

► **Mecklenburger Radtour**
Zunftstr. 4
18437 Stralsund
Tel. 0 38 31 / 28 02 20
www.mecklenburgerradtour.de

► **Radsportverein Tour d'Allee Rügen e. V.**
Matthias Scheibe
Altensien 7 b
18586 Sellin
Tel. 03 83 03 / 866 50
www.tda-ruegen.de

Erfrischende Strand-Rad-Tour in der Nähe von Binz

In den Nahverkehrs-Bussen, in der Kleinbahn »Rasender Roland« und auf Ausflugsschiffen besteht – je nach Kapazität – die Möglichkeit, Fahrräder zu transportieren.

Auf den Alleen

Das Radfahren auf den schönen, aber schmalen Alleen Rügens hat zwei Gesichter: Einerseits geben die alten Bäume herrlichen Schatten und bieten ein anmutiges Bild, andererseits kann das Radeln wegen der geringen Fahrbahnbreite auch sehr anstrengend werden, da man während der Hauptverkehrszeiten auf den stärker befahrenen Straßen ständig von Autos oder Lkws und Bussen überholt bzw. abgedrängt wird; die Bundesstraßen sollten, vor allem während der Saison, ganz gemieden werden. Auch Kopfsteinpflaster und Sandpisten können gelegentlich für Radfahrer beschwerlich werden oder zumindest das Tagespensum verringern, was man bei der Vorbereitung einer Radtour oder größeren Radwanderung berücksichtigen sollte.

Radwege

Rügen besitzt ein relativ gut ausgebautes Radwegenetz; darüber hinaus kann eine Vielzahl von Feld- und Waldwegen sowie Wanderwegen genutzt werden. Im **Nationalpark Jasmund** dürfen nur ausdrücklich für Fahrräder zugelassene Wege genutzt werden.
Gemieden werden sollten die stark befahrenen Bundesstraßen 96 und 196. In der Feriensaison sind folgende Straßen ebenfalls stark befahren: Sagard – Glowe – Juliusruh – Altenkirchen – Putgarten; Samtens – Gingst; Bergen – Schaprode; Altefähr – Wiek –Trent – Schaprode; Kluis – Gingst – Ummanz; Garz – Glewitzer Fähre.

Reisezeit

Urlaubsinseln fürs ganze Jahr

Ein Urlaub auf den Inseln Rügen und Hiddensee hat zu allen Jahreszeiten seine Reize. Die **beste Reisezeit** sind die Monate von Mai bis September. Im Mai und Juni stehen die weiten Rapsfelder auf der Halbinsel Mönchgut in leuchtender Blüte. In den warmen Monaten Juni bis August eignet sich das Wasser der relativ kalten Ostsee am ehesten zum Baden, allerdings drängen sich in dieser Zeit die Urlauber auf den Inseln.

Als Reisezeit gewinnt der Winter immer mehr Anhänger, die die einsamen, wunderschönen Spaziergänge entlang den verschneiten Stränden und durch die raureifüberzogene Landschaft genießen.

Klima

Ostseeküstenklima

Die Inseln Rügen und Hiddensee haben das Ostseeküstenklima von Mecklenburg-Vorpommern, das einem häufigen Wechsel zwischen maritimen und kontinentalen Einflüssen unterliegt. Für dieses Klima sind starke Luftbewegungen, niedrige Durchschnittstemperaturen, relativ wenig Niederschläge und eine recht hohe Luftfeuchtigkeit charakteristisch.

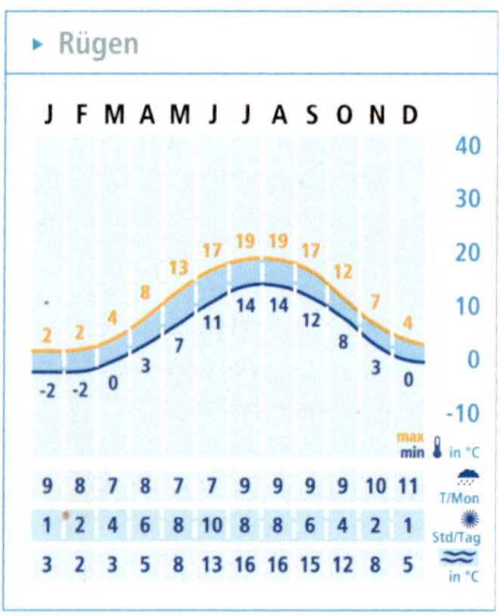

Für Rügen typisch ist eine gewisse Unzuverlässigkeit des Witterungsverlaufs, was der Insel sehr raue, aber auch sehr milde Wetterperioden beschert.

Im **Hochsommer** kann beständig warmes Hochdruckwetter herrschen, doch ebenso können atlantische Tiefausläufer feuchtkaltes Wetter bringen. Beständigster Schönwettermonat ist der September. Der **Herbst** präsentiert sich mit meist freundlichem Wetter. Rügens und Hiddensees **Winter** sind entweder streng und trocken oder milde und feucht, jedoch ausgeprägt lang anhaltend.

Reizklima

Rügen und Hiddensee bieten ein ideales Reizklima, d. h. ein gesundes Klima mit intensiver Sonneneinstrahlung und hohem Salz- und Jodgehalt der Luft.

Die durch ihre Pollenarmut gekennzeichneten West- und Nordwestküsten Rügens bieten Allergikern ein gesundheitsförderndes bzw. heilendes Klima.

Im Frühjahr ist die Muschelauswahl am Strand noch recht groß.

Temperaturen

Fast nirgendwo in Deutschland scheint die Sonne so häufig wie auf Rügen, durchschnittlich 1800 Stunden im Jahr. Die Temperaturen liegen im Frühjahr und Sommer bei durchschnittlich 20 °C, wobei schon im Mai auch Temperaturen von 30 °C, im Hochsommer von bis zu 35 °C erreicht werden können.

◂ Wassertemperaturen

Die Temperatur des Ostseewassers bleibt auch im Sommer frisch, doch wärmen sich die flachen Buchten Rügens angenehm auf. Eine Wassertemperatur von 16 – 22 °C, in den geschützten Boddengewässern sogar bis 25 °C, sorgt von Mitte Juni bis September für erfrischenden Badespaß.

Niederschläge

Die Niederschläge sind in etwa gleichmäßig übers Jahr verteilt und mit ca. 800 mm sehr niedrig; es herrscht jedoch eine relativ hohe Luftfeuchtigkeit. Aufgrund der verschiedenen landschaftlichen Formen können auf der Insel lokal sehr stark voneinander abweichende Niederschlagsmengen gemessen werden.

Schiffsverkehr

Ausflugsfahrten

Eine ganze Reihe von Reedereien bietet von Sassnitz, Binz, Göhren, Sellin und anderen Küstenorten Ausflugsfahrten an, z. B. Schiffsrundfahrten um die Insel Rügen oder um die unter Naturschutz ste-

Die »Möwe« legt von Sassnitz aus zu Küsten-Touren ab.

hende Insel Vilm, Boddenrundfahrten, Erlebnis- und Vergnügungsausflüge zu anderen Rügener Seebädern und den Kreidefelsen, Angelfahrten, Abendfahrten, aber auch Tagesschiffsreisen auf die Insel Usedom und zur Greifswalder Oie, zum deutschen Festland und in benachbarte Länder.

Zu den Kreidefelsen

Zu den Kreidefelsen des Nationalparks Jasmund fahren die MS Binz und MS Cap Arkona der Reederei Ostsee-Tour ein-, zwei- oder dreimal täglich von den Seebrücken von Binz, Göhren und Sellin sowie vom Sassnitzer Stadthafen aus. Die Rundfahrt dauert zwischen eineinhalb und vier Stunden.

> **!** *Baedeker* TIPP
>
> **Kutterfahrten**
>
> Eine Fahrt im Fischkutter entlang der Kreideküste bietet ein aufregendes, unvergessliches und nebenbei auch günstiges Naturerlebnis. Besonders reizvoll ist es, in den Morgenstunden hinauszufahren, wenn die ersten Sonnenstrahlen die weißen Klippen erleuchten.

Täglich außer samstags fährt die MS Cap Arkona von Binz (Abfahrt 13.15 Uhr) und Sassnitz (Abfahrt 14.00 Uhr) aus entlang der Kreideküste und vorbei an dem malerischen Fischerdörfchen Vitt zum **Kap Arkona**. Die Rundfahrt dauert etwa vier Stunden.

Von April bis Oktober unterhalten die Schiffe der Reederei Ostsee-Tour den **Seebrückenverkehr** und fahren mehrmals täglich zu den Ostseebädern Sassnitz, Binz, Sellin und Göhren.

Rund um Rügen

Die Reederei Ostsee-Tour bietet von Mai bis September jeden Montag eine knapp zehnstündige Fahrt rund um Rügen ab Sassnitz (7.45 Uhr), Binz (8.30 Uhr) und Sellin (9.00 Uhr) an. Die Fahrt führt durch den Greifswalder Bodden, an Stralsund und der Insel Hiddensee vorbei, um das Kap Arkona herum und an der Kreideküste entlang bis zu den Ausgangspunkten Sassnitz, Binz oder Sellin.

Rund um Vilm

Die Fahrgastreederei Lenz bietet von Putbus-Lauterbach aus mehrmals täglich eine ca. eineinhalbstündige Ausflugsfahrt rund um die kleine naturgeschützte Insel Vilm an.

◄ Vilm-Exkursion

Nach telefonischer Voranmeldung ist es auch möglich, zu einer etwa zweieinhalbstündigen Führung auf die Insel Vilm zu fahren. Man sollte sich dafür aber rechtzeitig anmelden, da täglich nur 30 Personen auf die Insel dürfen.

Zur Insel Usedom und Greifswalder Oie

Die Boddenreederei Rügen sowie die Reederei Ostsee-Tour bieten Fahrten von Sassnitz, Binz, Sellin, Göhren und Gager nach Peenemünde auf der Insel Usedom und zum Inselchen Greifswalder Oie an. Eine rund zweistündige Busrundfahrt ins Hinterland von Usedom kann zusätzlich gebucht werden. Oder man besichtigt während des Landgangs die zahlreichen Flugzeuge, Hubschrauber und Raketen, die auf dem Freigelände des Historisch-Technischen Informa-

Nach einem Radausflug durch Hiddensee gibt's am Fährhafen von Vitte manchmal einen Stau.

AUSFLUGSSCHIFFE & REEDEREIEN

AUSFLUGSFAHRTEN

▶ **Boddenreederei Rügen**
Zum Höft 10
18586 Gager
Tel. 03 83 08 / 83 89

▶ **Breeger Fähr- und Ausflugsfahrten**
Parkweg 8 f
18556 Breege
Tel. / Fax 03 83 91 / 1 22 74

▶ **Fahrgastreederei Lenz & Co. KG**
Am Hafen
18581 Putbus
Tel. 03 83 01 / 6 18 96

Die »Mönchgut« macht in Binz zum Landgang fest.

▶ **Flying Adler-Line**
Fährstr. 16
18439 Stralsund
Tel. 0 38 31 / 26 81 16

▶ **Reederei Kalinin**
Kapitänsweg 4
18546 Sassnitz
Tel. / Fax 03 83 92 / 3 21 80
www.kalinin-sassnitz.de

▶ **Personenschifffahrt R. Kipp**
Dorfstr. 101
18556 Breege
Tel. 03 83 91 / 123 06
www.reederei-kipp.de

▶ **Reederei Lojewski**
Schlossallee 4
18546 Sassnitz
Tel. 03 83 92 / 351 36
www.reederei-lojewski.de

▶ **Reederei Ostsee-Tour**
Hafenstraße 12 j
18546 Sassnitz
Tel. 03 83 92 / 31 50
www.reederei-ostsee-tour.de

FÄHREN NACH RÜGEN

▶ **Glewitzer Fähre**
Info-Tel. 01 72 / 752 68 36

tionszentrums ausgestellt sind, sowie das größte U-Boot der ehemaligen sowjetischen Kriegsmarine. Fahrpläne und weitere Informationen zu den Usedom-Fahrten erhält man von der Tourismuszentrale (►Auskunft) oder den Reedereien.

Hafenrundfahrt in Stralsund

Von Ende April bis Anfang Oktober werden von Stralsund und von Altefähr aus mehrmals täglich Hafenrundfahrten (»Rund um den Dänholm«) angeboten. Nähere Auskünfte erteilen die Tourismuszentrale Rügen (►Auskunft) und die Weiße Flotte GmbH.

► **Weiße Flotte GmbH**
Fährstr. 16
18439 Stralsund
Tel. 038 31 / 268 10
Info-Tel. 01 80 / 3 21 21 20
www.weisse-flotte.com

FÄHREN NACH HIDDENSEE

► **Reederei Hiddensee**
Büro Stralsund
Fährstr. 16
18439 Stralsund
Tel. 0 38 31 / 268 10
www.reederei-hiddensee.de

Büro Hiddensee
Achtern Diek 4
18565 Vitte
Tel. 03 83 00 / 210
Service-Tel.
01 80 / 3 21 21 50

ÜBERREGIONALE FÄHREN

► **BornholmFerries**
Fährhafen Sassnitz
18546 Sassnitz-Mukran
Tel. 03 83 92 / 644 20
www.bornholmferries.dk

► **Scandlines Deutschland GmbH**
ServiceCenter
Fährhafen Sassnitz
18546 Sassnitz-Mukran
Tel. 03 83 92 / 644 20
www.scandlines.de

WASSERTAXIS

► **Hiddenseer Taxiring**
Achtern Diek 4
18565 Vitte
Tel. 03 83 00 / 210

Wassertaxen:
»Anna Maria«:
Tel. 01 71 / 642 80 21
»Pirat«: Tel. 01 71 / 745 77 13
»Störtebeker«:
Tel. 01 71 / 745 77 10

Ein stolzer Kapitän vor seinem Schiff der »Weißen Flotte«

Bodden-rundfahrt Durch den Breeger und Lebbiner Bodden in den Großen Jasmunder Bodden und zurück führt die eineinhalbstündige Fahrt, die die Personenschifffahrt R. Kipp von Breege aus anbietet.

Fährverbindungen nach Rügen

Ab Stahlbrode Die kürzeste Verbindung zwischen dem Festland und der Insel Rügen besteht von Stahlbrode aus nach Glewitz auf der Halbinsel Zudar. Die Fähren legen von April bis Anfang November täglich zwischen 6.00 und 21.40 Uhr alle 20 Minuten ab (im April und im Oktober und November nur bis 20.10 Uhr).

Ab Stralsund Die Fähren der Weißen Flotte legen von Mai bis September sechsmal täglich zwischen 9.45 und 17.30 Uhr von Stralsund nach Altefähr ab.

Fährverbindungen nach Hiddensee

Ab Schaprode Zwischen Schaprode und Neuendorf, Vitte und Kloster auf Hiddensee unterhält die Reederei Hiddensee einen Linienverkehr. Zwischen Mai und Mitte September fahren die Schiffe täglich ab 6.15 bis 18.15 Uhr; außerhalb der Sommersaison ist der Fahrplan etwas eingeschränkt. Die Überfahrt dauert zwischen einer halben Stunde und 75 Minuten.

Leinen los zur Inselrundfahrt ...

Von Anfang April bis Mitte September kann man täglich von **Stralsund** aus auf Hiddensee übersetzen. Abfahrt ist jeweils um 9.15 und 17.30 Uhr; die Fahrtdauer nach Neuendorf beträgt 1,5 Std., nach Vitte 2 Std. und nach Kloster 2,5 Std.

Im Sommer startet die MS Schaprode von **Wiek** aus tgl. um 13.30 Uhr nach Neuendorf und um 20.00 Uhr nach Kloster.

Ab Zingst Ausflugsfahrten von Zingst nach Vitte beginnen tgl. um 9.00 Uhr und dauern etwa drei Stunden. Zurück geht's um 16.15 Uhr.

Überregionale Fährverbindungen

Wer während seines Urlaubs einmal über die Grenzen Rügens und Hiddensees hinaus die Ostsee erkunden möchte, dem bietet sich eine ganze Reihe von Kurztrips und Tagestouren nach Dänemark oder Schweden. Nähere Informationen und Fahrpläne erhält man bei den Reedereien oder im Fährcenter Sassnitz.

Nach Dänemark Fährverkehr von Sassnitz nach Rønne (Bornholm): im Sommer sechsmal, im Winter zwei- bis dreimal wöchentlich mit Scandlines oder BornholmFerries (Fahrtdauer: knapp 4 Std.).

Nach Schweden Die Fähre Sassnitz–Trelleborg (Fahrtdauer: 4 Std.) fährt das ganze Jahr über fünfmal täglich.

Shopping

Souvenirs

Eines der beliebtesten Mitbringsel ist Bernstein, das **»Gold der Ostsee«**, der in zahlreichen Werkstätten zu reizvollen Schmuckstücken verarbeitet wird. Bernstein

Auf Rügen und in Stralsund gibt es in Juweliergeschäften Nachbildungen des Hiddenseer Goldschmucks in Form von Broschen, Ringen und Anhängern zu kaufen. Goldschmuck

Noch nicht ausgestorben ist die uralte Kunst der **Blaudruckerei**. Kissen, Bettwäsche, Tischtücher und andere Textilien mit weißen Mustern auf tiefblauem Grund gibt es im Bürgelhaus in Binz.

Überaus beliebt ist auch die **Rügen-Keramik**: bodenständige Töpferware und Fayencen mit hübschen Schmuckmotiven oder szenischen Darstellungen, die sich durch schöne künstlerische Gestaltung und gute Qualität auszeichnet. Und in Binz kann man vor dem Kauf filigraner Gläser dem Glaskünstler bei seiner Schweiß treibenden Arbeit zuschauen.

! *Baedeker* TIPP

Souvenirs vom Strand

Die günstigsten und zugleich authentischsten Erinnerungsstücke an einen Rügen-Urlaub sind alle diejenigen, die man bei einem Strandspaziergang entdeckt: Bernstein, hübsche Muscheln, »Donnerkeile« und »Teufelsfinger«, das sind versteinerte Gehäuseteile von urweltlichen Tintenfischen, oder die seltenen »Hühnergötter«, durchlöcherte Feuersteine.

Beinahe in jedem Küstenort findet man in Souvenirläden die sogenannten Buddelschiffe – die kleinsten sind nur wenige Zentimeter groß – in extra dafür hergestellten Flaschen. Buddelschiffe

SHOPPING-ADRESSEN

BLAUDRUCK

► **Bürgelhaus**
Jasmunder Str. 1
18609 Binz
Tel. 03 83 93 / 13 660
www.buergelhaus-binz.de

GLASBLÄSEREI

► **Glasbläserei Binz**
Schauwerkstatt
Schillerstr. 11
18609 Binz
Tel. 03 83 93 / 314 95
www.glasblaeserei-malente.de/

KERAMIK

► **Die kleine Töpferei im Koloss von Rügen**
Rudi Kern
18609 Prora
Tel. 03 83 93 / 306 85

▶ **Keramik-Atelier**
Kerstin Bartel
Dorfstr. 27
18551 Lohme
Tel. / Fax 03 83 02 / 888 98

▶ **Mönchgutkeramik**
Thom Wilke
Dorfstr. 18 b
18586 Middelhagen
Tel. 03 83 08 / 252 27

Fruchtiges aus der »Ersten Rügener Edeldestillerie«

▶ **Keramik-Atelier**
Irmgard Fuchs
Wilhelmstr. 3
18586 Göhren
Tel. 03 83 08 / 253 54

▶ **Narrenkeramik**
Kathrin Grünke
Margarethenstr. 22
18609 Binz
Tel. 03 83 93 / 337 26
www.narrenkeramik.de

KULINARISCHES

▶ **Erste Rügener Edeldestillerie**
18569 Ummanz, Lieschow 17
Tel. 03 83 05 / 553 00
www.edeldestillerie.de

▶ **Hofgut Bisdamitz**
Dorfstr. 1
18551 Bisdamitz
Tel. 03 83 02 / 92 07
www.hofgut-bisdamitz.de

▶ **Rügenladen**
Rügenhof

Gemälde Als Andenken eignen sich auch die Arbeiten einheimischer Maler und Bildhauer. Vor allem in Altenkirchen, Binz und Kloster auf Hiddensee bieten Maler ihre Gemälde – in erster Linie mit Landschaftsmotiven – an.

Kulinarisches Zu den typischen kulinarischen Mitbringseln zählen Honig, Sanddornlikör und Räucheraal. Eine reiche Auswahl an Rügener Spezialitäten hält der »Rügenladen« im Rügenhof beim Kap Arkona bereit.

Öffnungszeiten

Auf Rügen öffnen die meisten Läden wochentags um 8.00 oder 9.00 Uhr und schließen um 18.00 Uhr. Am Samstagvormittag sind nur die Warenhäuser und die größeren Geschäfte in den Stadtzentren geöffnet; in kleineren Ortschaften sind Läden entweder nur am ersten Samstag eines Monats bis 12.00 Uhr offen oder gar nicht. Von Juni bis August haben viele Geschäfte längere Öffnungszeiten, dann kann man auch an Sonn- und Feiertagen einkaufen.

Dorfstr. 22
18556 Putgarten
Tel. 03 83 91 / 43 99 90 30
www.ruegen-direkt.de

KUNSTHANDWERK

▸ **Emailgestaltung**
Silke Tolk-Ninnemann
Silmenitz 2
18574 Groß Schoritz
Tel. 03 83 04 / 556

▸ **Holzgestaltung • Textilgestaltung**
W. u. H. Kratzsch
Dorfstr. 17
18528 Sylvin
Tel. 03 83 09 / 84 38 u. 880 17

▸ **Silberschmiede im Grundtvighaus**
Katrin Stulz
Seestr. 3
18546 Sassnitz
Tel. 03 83 92 / 660 22

Kostbares Mitbringsel: Nachbildungen des Hiddenseer Wikingerschmucks

MALEREI & GRAFIK

▸ **Aquarelle • Seidentücher**
Cornelia Ciechocki
Boddenweg 11
18528 Moisselbritz
Tel. 038 38 / 31 30 56

Mönchguter Keramik-Strauch

▸ **Atelier Rügen-Art**
Ringstr. 50
18528 Bergen
Tel. 038 38 / 25 15 66

▸ **Atelier »Blaue Orange«**
Matthias Gerlach
Museumsmeile Prora
18609 Prora
Tel. 0173 / 913 92 41

▸ **Malerei • Grafik**
Hans-Dieter Bartel
18551 Wesselin
Tel. 03 83 02 / 20 90

▸ **Malerei • Grafik**
Willi Berger
Hochland 6
18565 Kloster / Hiddensee

Theater

NATURBÜHNEN UND THEATERHÄUSER

Kurhaus Binz
Kurhaus-Saal
Strandpromenade 27
18609 Binz
Karten-Tel. 018 04 / 66 56 65
www.boddenbarsch.de
Von Ende Juni bis Ende September und auch während der Weihnachtstage laden die Künstler, Artisten und Zauberer des »Variétés Boddenbarsch« im Kurhaus-Saal zu einem phantasievoll-witzigen Abend.

Die Seebühne Hiddensee zeigt Lustiges und Spannendes für Groß und Klein.

Naturbühne Ralswiek
Störtebeker Festspiele
Am Bodden 100
18528 Ralswiek
Tel. 038 38 / 311 00
www.stoertebeker.de
Von Ende Juni bis Anfang September kann man hier die Abenteuer des legendären Seeräubers Klaus Störtebeker miterleben.

Seebühne Hiddensee
18565 Vitte
Tel. 03 83 00 / 605 93
www.hiddenseebuehne.de
Von April bis Oktober zeigt das Berliner »Homunkulus Figurentheater« witziges Puppentheater für große und kleine Kinder.

Theater Putbus
Markt 13
18581 Putbus
Karten-Tel. 018 05 / 05 24 25
www.theater-putbus.de
Ensembles aus Stralsund, Rostock und Schwerin bringen hier Opern, Operetten, Konzerte, Dramen und Mundartstücke auf die Bühne.

Theatersommer am Kap
Künstlersiedlung
Putgarten
18556 Putgarten
Karten-Tel. 07 00 / 79 70 59 10 (bundesweit zum Ortstarif)
www.theatersommer-am-kap.de
Im Juli und August werden sowohl klassische Stücke als auch Boulevardtheater auf der Sommerbühne unter den Leuchttürmen am Kap Arkona und in der Theaterscheune auf dem »Rügenhof« geboten.

Theater Stralsund
Bleistr. 4
18439 Stralsund
Tel. 0 38 31 / 2 64 60
www.theater-vorpommern.de
Eine weitere Spielstätte des Theaters ist die Studiobühne im Brauhaus am Alten Markt.

Übernachten

Hotels und Pensionen

Wer in der Hochsaison, im Juli und August, anreisen möchte, sollte sich rechtzeitig um ein **Hotelzimmer** oder eine **Ferienwohnung** bemühen. Das Preisniveau der Insel entspricht dem der anderen deutschen Urlaubsregionen.

In den meisten Orten werden **Privatzimmer**, nach Wunsch auch mit Frühstück, angeboten. Die Zimmer werden von den Fremdenverkehrsämtern, Besucher-Service-Stellen und von der Tourismuszentrale (► Auskunft) vermittelt. Auch hier empfiehlt es sich, für die Hauptreisezeiten recht frühzeitig zu buchen.

Camping

Wildes Campen ist auf Rügen und Hiddensee verboten. Die Insel Rügen bietet genügend Campingplätze mit teilweise gehobener Ausstattung; Chemoentsorgung ist auf fast allen Plätzen möglich. Auf Hiddensee darf nicht gezeltet werden. Detaillierte Informationen zu den einzelnen Campingplätzen enthält die Broschüre »Insel Rügen – Camping, Caravan, Motorcaravan«, die bei der Tourismuszentrale (►Auskunft) angefordert werden kann.

UNTERKÜNFTE & CAMPINGPLÄTZE

FERIENWOHNUNGEN

Adressenlisten der Vermieter von Ferienwohnungen erhält man von der Tourismuszentrale, den lokalen Fremdenverkehrsämtern oder unter der Servicenummer:
Tel. 018 05 / 33 44 33

ZIMMERVERMITTLUNG

► **Rügen-Besucher-Service**
August-Bebel-Str. 1
18581 Putbus
Tel. 03 83 01 / 605 13
www.ruegenbesucherservice.de

► **Touristik Service Rügen GmbH**
Platz des 17. Juni 1
18439 Stralsund
Tel. 038 31 / 28 57 70
www.insel-ruegen.com

Solche Schilder sieht man nur kurz vor der Feriensaison.

CAMPINGPLÄTZE

► **Altefähr**
Campingplatz »Am Strelasund«
Klingenberg 15

Das Ostseebad Binz empfängt seine Urlaubsgäste an seiner Seebrücke.

Tel. 03 83 06 / 754 83
geöffnet: 1.4. – 31.10.
400 m vom Strand entfernt am Ortsrand gelegen.

▶ **Altenkirchen**
Campingpark
Altenkirchen-Drewoldke 23
Tel. 03 83 91 / 133 20
geöffnet: 1.4. – 31.10.
Mit Kiefern bestandenes Gelände in der Nähe von Juliusruh.

▶ **Binz**
Camping-Meier-Prora
Proraer Chaussee 30
Ortsteil Prora
Tel. 03 83 93 / 20 85
geöffnet: Ostern – Ende Oktober
Auf großer Waldlichtung gelegener Platz, 600 m zum Strand.

▶ **Dranske**
RegenbogenCamp
Karl-Liebknecht-Str. 41
Nonnevitz
Tel. 03 83 91 / 8 90 32
www.regenbogen-camp.de
geöffnet: April – Okt.
Der nördlichste Campingplatz Rügens bietet u. a. 750 Stellplätze, einen Supermarkt, Restaurants und Fahrradverleih.

▶ **Göhren**
Ostsee-Campingplatz
Am Kleinbahnhof
Tel. 03 83 08 / 9 01 20
Fax 21 23
geöffnet: April – Oktober
Etwa 1 km nördlich von Göhren ruhig im Wald gelegen; ca. 100 m bis zum Strand.

▶ **Groß Banzelvitz**
Campingplatz
Banzelvitzer Berge
Tel. 038 38 / 312 48

www.banzelvitzer-berge.de
geöffnet: März – Okt.
Schöner Platz im bewaldeten Dünengelände am Großen Jasmunder Bodden.

▶ **Lohme**
Waldcampingplatz Nipmerow
Am Teufelsberg 15
Nipmerow
Tel. 03 83 02 / 92 44
www.wald-camping-nipmerow.m-vp.de
geöffnet: Ostern – Okt.
Ruhig gelegener Platz im Nationalpark Jasmund.

▶ **Schaprode**
Campingplatz
»Am Schaproder Bodden«
Lange Str. 24
Tel. 03 83 09 / 12 34
geöffnet: Ostern – Okt.
Der 2,5 ha große Wiesenplatz verfügt u. a. über einen Lebensmittelladen und ein Restaurant.

▶ **Thiessow**
Camping-Oase
Hauptstraße 4
Tel. 03 83 08 / 82 26
www.jebensnet.de
geöffnet: April – Okt.
Gras- und Sandbodenplatz mit 320 Stellplätzen.

WOHNMOBIL-STELLPLÄTZE

Fast alle Wohnmobilstellplätze auf Rügen sind mit Duschen, Toiletten und Stromanschluss ausgestattet.

▶ **Binz**
Elf-Tankstelle
Proraer Chaussee 4a
Tel. 03 83 93 / 25 12
ganzjährig geöffnet

Camping direkt am Bodden auf einem gut ausgestatteten Platz bei Schaprode

▶ **Dranske**
Caravancamp Ostseeblick
Seestraße 39 a
Tel. 03 83 91 / 81 96
www.caravancamp-ostseeblick.de
geöffnet: März – Nov.

▶ **Lauterbach**
»Im Jaich« Marina Lauterbach
Am Yachthafen
Tel. 03 80 01 / 80 90
ganzjährig geöffnet

▶ **Nationalpark Jasmund**
Parkplatz Hagen
Tel. 03 83 02 / 94 12
ganzjährig geöffnet

▶ **Putgarten**
Parkplatz am Kap Arkona
Tel. 03 83 91 / 41 90
ganzjährig geöffnet
(nur eine Übernachtung möglich)

▶ **Seehof**
Caravanplatz Seehof
Seehof Nr. 5
Tel. 03 83 09 / 15 89
geöffnet: Ostern – Okt.

JUGENDHERBERGEN

► **Informationen**
Deutsches
Jugendherbergswerk
Leonardo-da-Vinci-Weg 1
32760 Detmold
Tel. 0 52 31 / 993 60
www.djh.de

DJH Landesverband
Mecklenburg-Vorpommern
Postfach 16 12 61
18025 Rostock
Tel. 03 81 / 77 66 70
www.djh-mv.de

► **Binz**
Jugendherberge Binz
Strandpromenade 35
18609 Binz
Tel. 03 83 93 / 325 97
15 Gehmi. vom Bahnhof entfernt. 143 Betten, vorwiegend 5-Bett-Zimmer; ganzjährig geöffnet.

► **Sellin**
Jugendherberge Sellin
Ostbahnstr. 3
18586 Ostseebad Sellin
Tel. 03 83 03 / 950 99
E-Mail: jh-sellin@djh-mv.de
Die ganzjährig geöffnete Jugendherberge ist mit 156 Betten in Zwei- und Vierbettzimmern ausgestattet. Zum Strand und zur Seebrücke sind es nur 500 m.

► **Stralsund**
Jugendherberge
Stralsund-Devin
Strandstr. 21
18439 Stralsund
Tel. 0 38 31 / 49 02 89
E-Mail: jh-stralsund@djh-mv.de
Im Ortsteil Devin, unmittelbar beim Naturschutzgebiet »Halbinsel Devin« am Strelasund gelegen. 130 Betten in Zwei- bis Sechsbettzimmern; ganzjährig geöffnet.

Urlaub aktiv

SPORT & FUN

BEACH-VOLLEYBALL

Im Sommer sind an vielen Stränden Spielfelder eingerichtet; hin und wieder finden auch Beachvolleyball-Turniere statt.

BILLARD

► **Billardbar »Kleiner Feigling«**
Elisenstr. 9
18586 Göhren
Tel. 03 83 08 / 255 70

► **Billard-Café**
Ernst-Thälmann-Str. 55
18551 Sagard
Tel. 03 83 02 / 25 40

► **IFA Ferienpark Rügen**
Strandpromenade 74
18609 Binz
Tel. 03 83 93 / 911 02

BOWLING

► **American Bowling**
Störtebekerstr. 38
18528 Bergen
Tel. 038 38 / 25 47 52

Bowlingcenter am Stadthafen
Hafenstr. 12
18546 Sassnitz
Tel. 03 83 92 / 232 40

Bowlingcenter Woge
Ostbahnstr. 21
18586 Sellin
Tel. 03 83 03 / 851 70

Bowlingtreff Göhren
Strandstraße
18586 Göhren
Tel. 03 83 08 / 23 44

FAHRRAD FAHREN

►Radwandern

FITNESS-CENTER

Fitness Gallery
Rügen_Gallerie 5
18546 Sassnitz
Tel. 03 83 92 / 231 48

Fitness-Paradies
Sundstr. 13
18528 Bergen
Tel. 038 38 / 20 94 02

GOKART

Gokart & Buggy Bahn Bergen
Dorfstr. 23 b
18528 Buschvitz
Tel. 0 38 38 / 20 94 85

GOLF

Golfclub Rügen Schloss Karnitz e. V.
Dorfstr. 2
18574 Karnitz
Tel. / Fax 03 83 04 / 124 20
www.golfclub-ruegen.de

Golfclub Sassnitz e. V.
Uferstr. 1
18546 Sassnitz
Tel. 0171 / 186 56 46
www.golfaufruegen.de

Golf- und Landclub Wittow auf Rügen e. V.
Am Bakenberg
18556 Dranske
Tel. 03 83 91 / 91 40
E-Mail: sacher@rugana.de

INLINE-SKATING

Erlebnishalle »Ringalu«
Objektstr. 50
18609 Prora
Tel. 03 83 93 / 379 31 30

»Flugübungen« in der »Ringalu«-Halle

Sporthotel »Tiet un Wiel«
Bergener Str. 1
18573 Samtens
Tel. 03 83 06 / 22 20

MINIGOLF

IFA Ferienpark Rügen
Strandpromenade 74
Tel. 03 83 93 / 911 02
www.ifa-ruegen.de

Minigolf im Seepark Selllin
Mönchguter Str. 4
18586 Sellin
Tel. 03 83 03 / 89 70
www.seepark-sellin.de

Moewe 07
Strandstr. 1
18586 Thiessow

▶ **Ostseecamp**
18569 Suhrendorf
Tel. 03 83 05 / 822 34

KITESURFEN

▶ **Phillip Schwarz & Partner GbR**
Neuhof 1
18551 Sagard
Tel. 03 83 02 / 568 80

▶ **Surfschule Mönchgut**
Bernd Kascha
Hauptstr. 4
18586 Thiessow
Tel. 03 83 08 / 303 60

REITEN

Reiter haben auf Rügen eine Vielzahl von Möglichkeiten, ihren Sport auszuüben; viele Gestüte bieten Reitkurse an. In zunehmendem Maße kann man auch Kremser- und Kutschfahrten unternehmen.

Nach dem Reitvergnügen folgt noch ein wenig Arbeit ...

▶ **Fuhrmannshof Löwe & Tiburtius**
Süderende 1
18565 Vitte / Hiddensee
Tel. / Fax 03 83 00 / 680 15

▶ **Green Valley Ranch**
Haus Nr. 14
18586 Altensien
Tel. 03 83 03 / 879 39

▶ **Pferdehof Altkamp**
Haus Nr. 3
18581 Altkamp
Tel. 03 83 01 / 6 17 30

▶ **Reiterhof Wiktor**
Haus Nr. 3
18569 Zubzow/Trent
Tel. / Fax 03 83 09 / 13 57
www.reiterhof-wiktor.de

▶ **Reittouristik Heike Thomsen**
Neuendorf Nr. 8
18528 Boldevitz
Tel. 0 38 38 / 31 36 08

TENNIS

▶ **Tennisverein Bergen**
Rugardstraße
18528 Bergen
Tel. 038 38 / 25 24 88

▶ **Tennisplatz**
Am Klünderberg
18609 Binz
Tel. 03 83 93 / 3 27 59

▶ **Tennisplatz**
Kurpark am Nordstrand
18586 Göhren
Tel. 03 83 08 / 2 50 18

WANDERN

Vor allem in der Vor- und Nachsaison bieten sich Rügen und Hiddensee als abwechslungsreiche, erholsame Wandergebiete an. Die allermeisten Wanderwege sind gut ausgeschildert. Man unterscheidet zwischen Hauptwanderwegen (blaues Zeichen auf weißem Grund), Gebietswanderwegen (rotes Zeichen) und örtlichen

Wanderwegen (alle Farben außer Blau und Rot). In den größeren Urlaubsorten organisieren die Touristeninformationen geführte Wanderungen. Geführte Wanderungen unternehmen auch die »Wanderfreunde Rügen« und der »Naturerlebnisverein«.

▶ **Wanderfreunde SBG Rügen e.V.**
Angelika Richter
Granitzer Str. 15
18586 Sellin
Tel. 03 83 03 / 862 82
www.dvv-sh-hh.de/ruegen.htm

▶ **Naturerlebnisverein Rügen e.V.**
Zubzow 5 a
18569 Trent
Tel. / Fax 03 83 09 / 201 26
www.naturerlebnis-ruegen.de

Die kleine Insel Hiddensee lässt sich an einem Tag erwandern.

Verkehr

Über den Strelasund

Abgesehen von Fährverbindungen ist Rügen mit dem Auto über den **Rügendamm** oder über die parallel zum Rügendamm errichtete und 2007 eröffnete **Rügenbrücke** zu erreichen. Die rund 4 km lange und bis zu 42 m hohe Brücke über den Strelasund ist mit ihrem 127,5 m hohen und 850 t schweren Pylon das neue Wahrzeichen der Hansestadt Stralsund. Bislang trug der 1936 gebaute Rügendamm auch die Hauptverkehrslast Richtung Skandinavien über den Fährhafen Sassnitz, was v. a. im Sommer zu langen Staus führte. Die **Ziegelgrabenbrücke** im Rügendamm wird täglich fünfmal für jeweils 20 Minuten geöffnet, um die wartenden Schiffe weiterziehen zu lassen; allerdings finden drei der fünf Brückenöffnungen am späten Abend bzw. nachts statt (►Anreise).

! *Baedeker* TIPP

Der besondere Urlaubs-Blick

Die zerfledderte Küste Rügens oder den über vier Kilometer langen Betonkoloss von Prora in Gänze betrachten – die Piloten der Ostsee-Flug Rügen GmbH starten mit drei bis sechs Personen vom Flugplatz Güttin, rund acht Kilometer von Bergen entfernt, zu Entdeckungsflügen über die Insel (Tel. / Fax 03 83 06 / 12 89; www.ruegen magic.de/flug.htm).

Straßennetz

Auf der Insel selbst besteht ein dichtes Straßen- und Wegenetz. Einen besonderen Reiz üben die dicht bestandenen Alleen aus. Die erste

Mit der Bäderbahn geht's auf kostenlose Sightseeing-Tour durch Sellin – vorausgesetzt man besitzt eine Kurkarte oder eine RügenCard.

Teilstrecke der Deutschen Alleenstraße – 1993 eingerichtet, um diese erhaltenswerten Straßen stärker in den Blickpunkt der Öffentlichkeit zu rücken – beginnt in **Sellin** und führt über Putbus zum Rügendamm. Allerdings sollten die von Eichen, Kastanien und Ulmen gesäumten Straßen wegen der sich stets ändernden Lichtverhältnisse auch tagsüber mit Licht befahren werden. Das **Radwegenetz** wird ständig weiter ausgebaut. **Hiddensee** ist für Privatautos gesperrt.

Öffentlicher Nahverkehr

Bus-Linien Das Busliniennetz auf Rügen ist gut ausgebaut, sodass jedes touristische Ziel problemlos und relativ preiswert mit dem Bus zu erreichen ist. In Bergen und Sassnitz fahren Stadtbusse; zwischen Sassnitz und Göhren, Binz und Putbus sowie zwischen der Halbinsel Mönchgut und dem Störtebeker-Festspielort Ralswiek verkehren in der Sommersaison Nachtbusse.

Ausflugsbusse Die Rügener Personennahverkehrs GmbH (RPNV) bietet Ausflugstouren zu ausgewählten Zielen an, z. B. mit dem **»Alleenbus«** von Sassnitz nach Stralsund oder eine Tour zum Kap Arkona.

»UmweltTicket« ▶ Recht günstig erweist sich dabei das »UmweltTicket«, eine Tageskarte für das gesamte Liniennetz der RPNV; Erwachsene zahlen etwa 10 €, eine Familienkarte kostet 18 €.

Bahnverkehr

Regionalbahnen

Drei Regionalbahnen übernehmen im Ein- bis Zwei-Stunden-Takt auf Rügen den Personennahverkehr: von Stralsund nach Sassnitz über Bergen und Lietzow, von Bergen nach Putbus-Lauterbach und von Binz über Lietzow nach Bergen.

Rasender Roland

Obwohl die Schmalspurbahn ein »ganz normaler« Nahverkehrszug ist – eine Fahrt mit dem schnaufenden, qualmenden und bei jedem Bahnübergang weithin hörbar tutenden »Rasenden Roland« ist eine der Hauptattraktionen auf Rügen, die man sich nicht entgehen lassen sollte. Der **historische Dampfzug** verkehrt von Mai bis September stündlich zwischen Putbus-Lauterbach und Göhren über Binz, Sellin und Baabe auf einem alten Gleisbett mit 750 mm Spurbreite.
Der erste Streckenabschnitt zwischen Putbus und Binz wurde am 22. Juli 1895 eröffnet. In den folgenden Jahren erweiterte man die Strecke mehrmals. Die Gesamtstrecke bis Göhren wurde am 13. Oktober 1899 in Betrieb genommen. Für die etwa 27 km lange Strecke braucht der Zug auch heute noch etwa eineinhalb Stunden.

> **! *Baedeker* TIPP**
>
> **Kindheitstraum**
>
> Eisenbahnfans können sich ihren Kindheitstraum erfüllen und sich für rund 720 € in einem zehntägigen Kurs zum Ehrenlokführer des »Rasenden Roland« oder in fünf Tagen – und für etwa 160 € – zum Ehrenzugführer ausbilden lassen. Der in Putbus ansässige Förderverein nimmt gern engagierte Mitglieder auf und organisiert mit dem Traditionszug alljährlich zahlreiche Sonderfahrten.

INFO-ADRESSEN

BUSSE

▸ **Rügener Personennahverkehrs GmbH (RPNV)**
Tilzower Weg 33
18528 Bergen
Tel. 0 38 38 / 8 22 90
Service-Tel. 0 38 38 / 1 94 48
www.rpnv.de

▸ **InfoThek am Busbahnhof**
Friedensstraße
18528 Bergen
Tel. 0 38 38 / 1 94 49
Öffnungszeiten: Mo. – Fr.
8.00 – 12.00, 13.00 – 16.00 Uhr

MIETWAGEN

▸ **Avis**
Tel. 0 18 05 / 21 77 02
www.avis.de

▸ **Budget**
Tel. 0 18 05 / 24 43 88
www.budget.com

▸ **Europcar**
Tel. 01 80 / 580 00
www.europcar.de

▸ **Hertz**
Tel. 0 18 05 / 33 35 35
www.hertz.de

- **Sixt**
  Tel. 0 18 05 / 25 25 25
  www.sixt.de

  In jedem größeren Ort gibt es auch kleine Autoverleihfirmen. Die Adressen erfährt man bei den Tourist-Informationen.

PANNENHILFE

- **ACE**
  Schmidener Straße 233
  70374 Stuttgart
  Pannenhilfe:
  Tel. 018 02 / 34 35 36

- **ADAC**
  Werftstraße 4
  18439 Stralsund
  Pannenhilfe:
  Tel. 01 80 / 2 22 22 22

  Adressen von Abschleppdiensten und Reparaturwerkstätten erfährt man vor Ort von den Tourist-Informationen.

Der »Rasende Roland« hat's nicht wirklich eilig.

»RASENDER ROLAND«

- **Rügensche Kleinbahn GmbH & Co**
  Binzer Str. 12
  18581 Putbus
  Tel. 03 83 01 / 801 12
  www.rasender-roland.de

TAXIZENTRALEN

- **Funktaxiruf auf Rügen**
  Tel. 038 38/ 25 26 27

- **Bergen**
  Tel. 0 38 38 / 25 26 27

- **Binz**
  Tel. 03 83 93 / 24 24

- **Göhren**
  Tel. 03 83 08 / 6 68 99

- **Sassnitz**
  Tel. 03 83 92 / 30 30

- **Sellin**
  03 83 03 / 8 50 45

Pferdekutschen übernehmen auf Hiddensee den Öffentlichen Nahverkehr.

WASSERTAXIS

Tag und Nacht verfügbar sind die Schnellboote des Hiddenseer Taxirings (Tel. 03 83 00 / 501 69), die zwischen Stralsund, Schaprode und den drei Häfen der Insel Hiddensee verkehren.

- **MS Pirat**
  Tel. 01 71 / 7 45 77 13

- **MS Störtebeker**
  Tel. 01 71 / 7 45 77 10

- **MS Anna Maria II**
  Tel. 01 71 / 6 42 80 21

Bevor es ernst – beziehungsweise nass – wird, »verordnet« die Surfschule in Baabe noch ein paar Trockenübungen.

Wassersport

Wassersportlern bieten Rügen und Hiddensee hervorragende Bedingungen, ihrer Passion zu frönen. Liegeplätze für Motorboote und Segelyachten gibt es rund um die beiden Inseln.

Angeln

Rügen ist ein Paradies für Angler und eines der besten Angelreviere Europas. Der Große Jasmunder Bodden (Barsch, Hecht, Plötz), der Kleine Jasmunder Bodden, der Strelasund sowie der Greifswalder und der Wieker Bodden (Hecht, Barsch, Zander, Hering, Flunder, Plötz, Dorsch, Aal, Hornfisch) sind hervorragende Angelreviere. Und die beste Zeit, einige große Fische an die Angel zu bekommen, ist von Oktober bis April. Während der **Heringssaison** im März und April ist der beliebteste Angelplatz Mecklenburg-Vorpommerns der Rügendamm. Jeden Tag drängen sich dann 400 bis 500 Freizeitfischer auf der Brücke.

◄ Angelverbote

In den **Nationalparks** ist Angeln verboten; in den Naturschutzgebieten des Biosphärenreservates Südost-Rügen benötigt man eine Genehmigung des Naturparkamtes Rügen (►Auskunft).

◄ Angelerlaubnis

Grundsätzlich werden ein Fischereischein und eine Angelerlaubnis benötigt. Spezielle Informationen erhält man von den örtlichen Angelvereinen. Die allermeisten Touristeninformationen und Fremdenverkehrsämter, das Landesamt für Fischerei in Rostock, dessen Au-

▸ **Schaprode**
Yachtservice Rügen
Streuer Weg 63 a
Tel. 03 83 09 / 12 09
40 Liegeplätze

▸ **Seedorf**
Kommunalhafen
Tel. 01 70 / 576 96 94
40 Liegeplätze

▸ **Sellin**
Am Bollwerk
Tel. 03 83 03 / 868 30
50 Liegeplätze

▸ **Vitte / Hiddensee**
Zum Seglerhafen 28
Tel. 03 83 00 / 501 07
200 Liegeplätze

▸ **Waase**
Am Fockerstrom
Tel. 03 83 05 / 81 59
20 Liegeplätze

Bereit zur Küsten-Tour – Kajaks im Sporthafen von Gager

SEEKAJAK

▸ **Seekajak-Zentrum**
18586 Gager
Tel. 03 83 08 / 348 80
und 01 70 / 701 74 75

SEGELSCHULEN

▸ **Segelschule und Yachtcharter »Mola«**
Boddenweg 1 - 2
18556 Breege
Tel. 03 83 91 / 43 20
www.mola.de

▸ **Segelschule Rückenwind**
Am Yachthafen
18581 Putbus-Lauterbach
Tel. 03 83 01 / 8 09 40

▸ **Wassersportschule Rügen**
18568 Sellin
Tel. 03 83 03 / 951

SEGELTÖRNS

▸ **Windjammer Reederei Rügen**
Puddemin Nr. 1
18574 Poseritz
Tel. 03 83 07 / 405 55
www.yachtcharter-ruegen.de

SURFSCHULEN

▸ **Uni Surf Team Rügen**
Am Ufer 14
18556 Dranske
Tel. 03 83 91 / 8 98 98

▸ **Surfschule Mönchgut**
Dörpstraat 2
18586 Klein Zicker
Tel. 03 83 08 / 3 03 60

▸ **Windsurfing Rügen**
Ostseecamp
18569 Suhrendorf
Tel. / Fax 03 83 05 / 822 40
www.windsurfing-ruegen.de

TAUCHBASEN

▸ **Freizeit-Oase Rügen**
Lobbe 32 a
18586 Lobbe
Tel. 03 83 08 / 23 14

▸ **Taucherbasis Dänholm**
Am Alten Marinehafen 16
18439 Stralsund
Tel. 038 31 / 29 70 90

▸ **Schöni's Tauchschule**
Seestr. 5a und
Nordstrand 2
18586 Göhren
Tel. 03 83 03 / 8 62 76
www.schoenis-tauchschule.de

▸ **Rügener Wassersportzentrum**
18581 Lauterbach
Tel. 01 61 / 4 40 33 65

▸ **Taucherservice**
18556 Nonnevitz
Tel. 03 83 91 / 8 90 42

Auf großer Rügen-Rundfahrt ...

Wellness · Kur

Kuren

Die jodhaltige Luft, das milde Seeklima und die sehr gute Wasserqualität wirken gesundheitsfördernd bei der Behandlung von Atemwegs- und Hauterkrankungen, rheumatischen Krankheiten und psychosomatischen Krankheitsbildern, z. B. Stress oder Schlaflosigkeit. Vor allem für Kuraufenthalte von Kindern und Jugendlichen sowie für sog. **Mutter-Kind-Kuren** hält Rügen ein vielfältiges Angebot bereit. Genauere Auskünfte über Kuren auf Rügen erteilen die Kurverwaltungen und Tourist-Informationen.

Thermalbad

Einzigartig an der Ostseeküste bzw. auf Rügen ist die **Thermal-Sole-Quelle** in Binz. Heilkräftige Sole, wie es sie sonst nur am Toten Meer gibt, sprudelt aus über 1200 m Tiefe direkt in die für jedermann zugänglichen 32 °C und 34 °C warmen Schwimmbecken des Seehotels Binz-Therme.

Rügener Heilkreide

Immer mehr Hotels und Kureinrichtungen nehmen in ihre Wellness- und Beauty-Angebote Anwendungen mit der besonders hautfreundlichen Rügener Naturheilkreide auf, die im Kreidewerk Klementelvitz im Tagebau abgebaut und verarbeitet wird.

Kurorte Sanatorien, Kurmittelhäuser und Hotels, in denen »Kreide-Bäder«, Meeresschlickpackungen, Naturheilverfahren, Entspannungs- und Regenerationsbehandlungen und Programme zur Gewichtsreduktion angeboten werden, gibt es vor allem in Baabe, Binz, Bergen, Breege-Juliusruh, Garz, Glowe, Göhren, Middelhagen, Putbus, Sassnitz, Sellin, Thiessow, Trent und Vaschvitz.

WELLNESS-INFOS & ADRESSEN

KUREINRICHTUNGEN

(mit Krankenkassen-Zulassung)

► **Freizeit- und Gesundheitszentrum Baabe**
Strandstraße 22
18586 Baabe
Tel. 03 83 03 / 12 00

► **Kinder-Rehazentrum »Bernstein-Klinik«**
Proraer Str. 27
18609 Binz
Tel. 03 83 93 / 470

► **Mutter-Kind-Kurklinik**
Strandstr. 20
18586 Baabe
Tel. 03 83 03 / 88 60

Entspannende Kreideschlamm-Kur im Selliner Cliff-Hotel

► **Ostseeklinik Königshörn**
Am Königshörn
18551 Glowe
Tel. 03 83 02 / 730

RÜGENER HEILKREIDE

► **Rügener Heilkreide e.V.**
www.heilkreide.de

► **Cliff-Hotel**
18586 Sellin
Tel. 0800 / 254 33 46
www.cliff-hotel.de

► **Ferienpark Fürst Jaromar**
Hauptstraße 1
18586 Thiessow
Tel. 03 83 08 / 345

► **IFA-Ferienpark Rügen**
Strandpromenade 74
18609 Binz
Tel. 03 83 93 / 911 02

► **Physiotherapie Grabowski**
August-Bebel-Str. 5
18586 Sellin
Tel. 03 83 03 / 860 38

THERMALBAD

► **Seehotel Binz-Therme Rügen**
Strandpromenade 76
18609 Binz
Tel. 03 83 93 / 60
www.binz-therme.de

Zoologische Gärten

TIERPARKS, WILDGEHEGE & AQUARIEN

PUTBUS

▶ **Wildgehege**
Schlosspark
Das ständig zugängliche, etwa 8 ha große Wildgehege in einem der schönsten Landschaftsgärten Deutschlands wurde bereits im Jahr 1815 angelegt und beherbergt Rot- und Damwild.

SASSNITZ

▶ **Merkurius Schmetterlingspark**
Straße der Jugend 6
(Ausschilderung: Westhafen)
Tel. 0 83 92 / 6 64 42
Öffnungszeiten: 1. April – 31. Okt. tgl. 9.30 – 17.30 Uhr
In einer üppigen tropischen Umgebung schweben und schwirren heimische und exotische Schmetterlinge umher.

▶ **Tierpark Sassnitz**
Steinbachweg 4
Tel. 03 83 92 / 2 23 81
Öffnungszeiten:
tgl. 10.00 – 18.00 Uhr
Auf dem etwa 2,5 ha großen Gelände kann man neben Affen, Wölfen und Adlern über 50 heimische Tierarten wie Pferde, Esel, Schafe, Rotwild oder Eichhörnchen ganz aus der Nähe beobachten.

STRALSUND

▶ **Deutsches Meeresmuseum Aquarium**
Katharinenberg 14 / 20
Tel. 0 38 31 / 26 50 10
www.meeresmuseum.de
Öffnungszeiten:
Juli und August tgl. 9.00 – 18.00, sonst tgl. 10.00 – 17.00 Uhr
In insgesamt 45 großen und kleinen Aquarien werden die Bewohner der Ostsee, des Mittelmeers und der tropischen Meere vorgestellt. An jedem Samstag und Sonntag, jeweils um 11.00 Uhr, finden Schaufütterungen statt.

▶ **Tierpark**
Barther Straße
Tel. 0 38 31 / 29 30 33
Öffnungszeiten:
März – Okt. tgl. 9.00 – 19.00, Nov. – Febr. bis 16.00 Uhr
Auf einer Fläche von rund 16 Hektar leben etwa 120 »zootypische« Tierarten zusammen mit ca. 80 zumeist seltenen und zum Teil vom Aussterben bedrohten Haustierrassen wie das Ungarische Wollschwein oder das Kaukasische Zwergzebu-Rind.
Einzigartig in Deutschland und der Stolz des Zoos sind seine Albinoesel.

Touren

EINZIGARTIGE LANDSCHAFTEN, VERTRÄUMTE FISCHERDÖRFCHEN, MONDÄNE SEEBÄDER UND WEITE STRÄNDE, MUSEEN UND ERLEBNISPARKS – WIR ZEIGEN IHNEN DIE INTERESSANTESTEN UND SCHÖNSTEN INSEL-HIGHLIGHTS.

TOUREN DURCH RÜGEN UND HIDDENSEE

Lernen Sie die »Perlen der Ostsee« kennen: Fünf ausgewählte Touren erkunden Deutschlands größte Insel, bringen Sie zu berühmten Attraktionen und zu Insel-Juwelen, die erst noch entdeckt werden wollen. Der sechste Ausflug führt auf die kleine »Künstler-Insel« Hiddensee.

TOUR 1 **Quer durch den Süden Rügens**
Hat man ein Quartier in einem der Rügener Ostseebäder gebucht, beginnt die erste Sightseeing-Tour bereits bevor man über den Rügendamm auf die Insel fährt.
▶ **Seite 125**

TOUR 2 **Durch das Mönchgut**
Die Halbinsel mit ihrer zerfledderten Küste im Südosten Rügens liegt inmitten eines Biospähren-Reservats.
▶ **Seite 126**

TOUR 3 **Rund um den Kleinen Jasmunder Bodden**
Die Tour führt vom Inselzentrum zu einigen ausgewählten, zum Teil mehrere Jahrtausende alten Zeugnissen aus der Geschichte Rügens. ▶ **Seite 127**

TOUR 4 **Zu den Wahrzeichen der Insel**
Ein Ausflug zu den einzigartigen Kreidefelsen im Nationalpark Jasmund. ▶ **Seite 129**

TOUR 5 **Rund um den Großen Jasmunder Bodden**
Auf der Rundfahrt lernt man die »Publikumslieblinge« im Inselnorden kennen und die erholsame Stille im Westen Rügens. ▶ **Seite 131**

TOUR 6 **Hiddensee-Tour**
Spüren Sie dem besonderen Flair der kleinen Insel nach, das schon vor über hundert Jahren die Künstlerprominenz magisch anzog. ▶ **Seite 133**

Hiddensee
Bevor es zurück nach Schaprode geht, gibt's im Hafen von Vitte manchmal einen kleinen Stau.

Tour 6
Ein »Windflüchter« verneigt sich vor dem Leuchtturm auf dem Dornbusch.

Tour 5
Zur Tour-Halbzeit darf man sich ein Päuschen am Strand der Schaabe gönnen.

Unterwegs auf Rügen

»Wegen der Naturschönheiten, welche, die großartigen Felspartien an der See abgerechnet, mehr idyllischer als erhabener Art sind, ist die Insel jährlich das Ziel vieler Reisender.«

So heißt es bereits im Brockhaus von 1848. Das »Ziel vieler Reisender« ist die Insel Rügen heute mehr denn je. Zu jeder Jahreszeit lockt die »Ostsee-Perle« – zusammen mit ihrer »kleinen Schwester« Hiddensee – mit ihren abwechslungsreichen Landschaften, den sanft hügeligen Weiten im Inselinnern, den zerfledderten Boddenbuchten und den einzigartigen Kreideklippen und natürlich mit ihren feinsandigen, oft kilometerweiten Stränden und den lebhaften, im alten Glanz erstrahlenden Seebädern.
Darüber hinaus bietet die Insel mit ihren architektonischen und historischen Sehenswürdigkeiten, den zahlreichen größeren und kleineren Museen und Galerien – von denen nicht wenige auf private Initiative entstanden –, und einem umfassenden Freizeitangebot ein schier unerschöpfliches Reservoir, hier einen erlebnisreichen Urlaub zu genießen.

Eine Wanderung um den Selliner See lässt sich mit der Moritzdorfer Fähre bequem abkürzen.

Tour 1 Quer durch den Süden Rügens

Länge: 65 km **Dauer:** min. ½ Tag

Noch bevor man über den Rügendamm auf die Insel in Richtung des Ostseebades Sellin fährt und dabei den Inselsüden erkundet, lädt Stralsund zu einem Stadtbummel ein.

Die ehemalige Hansestadt ❶ ✶✶ **Stralsund**, das »Venedig des Nordens«, beeindruckt mit ihrer schönen historischen Altstadt mit dem prächtigen Rathaus, mit mächtigen Backsteinkirchen, sehenswerten Museen und kopfsteingepflasterten Plätzen. Zumindest einen Besuch des Deutschen Meeresmuseums oder des Kulturhistorischen Museums sollte man sich nicht entgehen lassen.
Bei der der anschließenden Fahrt über den Rügendamm überquert man die kleine Insel ❷ **Dänholm**; hier lohnt ein Stopp im Marinemuseum oder im Nautineum, einer Außenstelle des Deutschen Meeresmuseums, wo Deutschlands größter Eisbrecher, die »Stephan Jantzen« vor Anker liegt.
Auf Rügen angelangt, empfiehlt sich ein Abstecher nach ❸ **Altefähr**, um einen Blick auf die Silhouette von Stralsund zu werfen. Über die Deutsche Alleenstraße erreicht man dann ❹ **Garz**, das älteste Städt-

Stralsund
Urlaubsauftakt: ein Bummel durch das mittelalterliche Zentrum der Hansestadt.

Putbus
Das Spielzeugmuseum im Schlosspark birgt vergangene Kinder-Welten.

chen der Insel. Dort informiert das Ernst-Moritz-Arndt-Museum über Leben und Wirken des wohl berühmtesten Sohns Rügens (►Berühmte Persönlichkeiten S. 59). Sieben Kilometer weiter südlich, in **5 Groß Schoritz**, befindet sich das Geburtshaus des Dichters und Historikers, in dem ebenfalls Biographisches über Ernst Moritz Arndt ausgestellt ist.

Von Garz aus fährt man in die 10 km weiter östlich gelegene »weiße Stadt« **6 ✶✶ Putbus**. Die ehemalige fürstliche Residenzstadt mit ihren zahlreichen weiß getünchten klassizistischen Gebäuden hat sich mit seinem Theater, den Kunstgalerien und mit den alljährlich veranstalteten »Putbus-Festspielen« als »Kulturhochburg« Rügens etabliert. Als Tourpause bietet sich hier ein Spaziergang durch den wunderschönen Schlosspark an, wo u. a. ein liebevoll eingerichtetes Puppen- und Spielzeugmuseum auf staunende Kinderaugen wartet.

Ein Abstecher nach Süden führt in das 3 km entfernte »Seebad von Putbus«, **7 Lauterbach**, und seinen Nachbarort **8 Neuendorf**, von wo aus man zu Wanderungen entlang der Boddenküste startet.

Über den kleinen Ort **9 ✶ Lancken-Granitz**, in dessen Nähe fünf sehr gut erhaltene steinzeitliche Hünengräber liegen, erreicht man schließlich den hübschen Badeort **10 ✶ Sellin** an der Ostseeküste mit seiner 393 m langen rekonstruierten »historischen« Seebrücke.

? WUSSTEN SIE SCHON ...?

- ... dass Gerhart Hauptmann von Hiddensee aus gelegentlich Vorstellungen der Putbusser Bühne besuchte? Davon inspiriert, schrieb er den Roman »Im Wirbel der Berufung«, der 1936 erschien und vom Leben an diesem Theater erzählt.

Tour 2 Durch das Mönchgut

Länge: 20 km **Dauer:** ca. 4 Stunden

Die Halbinsel Mönchgut, die als Biosphärenreservat Südost-Rügen ausgewiesen wurde, gehört mit ihrer zerfledderten Küste, den kleinen Seen und sanften Hügeln zu den schönsten und abwechslungsreichsten Landstrichen der Insel.

Die Tour beginnt in dem Badeort **1 ✶ Sellin** und führt zunächst in den kleinen Nachbarort **2 Baabe**, dessen wunderbarer langer Sandstrand zum Baden einlädt. Oder man unternimmt eine kurze Wanderung durch die sich südlich anschließende Baaber Heide.

Von Baabe geht's weiter in den nächsten Badeort, **3 ✶✶ Göhren**, der erhöht auf einer weit ins Meer vorspringenden Landzunge liegt. In dem hübschen Ort faszinieren nicht nur die alten Villen und die beiden langen Sandstrände im Norden und Süden, sondern auch die sehenswerten Museen, die die jahrhundertealte Kultur und Lebensweise der Mönchguter Bauern und Fischer beleuchten.

Middelhagen
Tour-Unterbrechung im Biergarten des Landgasthofs »Zur Linde«.

Göhren
Erholsamer Spaziergang in der waldreichen Umgebung des Seebads.

In ④ ✶ **Middelhagen**, der nächsten Station der Route, erinnert das kleine Schulmuseum direkt neben der spätmittelalterlichen Dorfkirche an längst vergangene Unterrichtszeiten.

Den Abschluss der Tour bildet der Besuch des idyllischen Örtchens ⑤ ✶ **Groß Zicker**. An seinen malerischen rohrgedeckten Bauernhäusern und der kleinen Backsteinkirche vorbei kommt man zu dem um 1720 gebauten Pfarrwitwenhaus, einem der besterhaltenen Hallenhäuser Rügens, das heute als Museum und Galerie genutzt wird. Herrliche Wanderungen lassen sich von hier aus über die sanften Hügel der Zickerschen Berge, durch Wiesen, Kornfelder und Heide anschließen.

> **!** *Baedeker* TIPP
>
> **Hot Spot**
>
> Auf halbem Weg zwischen Thiessow und dem Thiessower Ortsteil Klein Zicker liegt linker Hand ein einsamer Campingplatz, die »Surf-Oase«. Die vielen Surfbretter am Strand zeigen, dass dieser Name zu Recht gewählt ist, da die Bretter bei dem Wellengang hier an der Südspitze des Mönchguts oft zum Einsatz kommen können.

Tour 3 Rund um den Kleinen Jasmunder Bodden

Länge: 54 km **Dauer:** ½ Tag

Diese Tour in der Inselmitte führt zu einigen Relikten aus der Vergangenheit Rügens, darunter die einstige fürstliche Residenz, die gigantische Ruine des »Kolosses von Rügen« und die einmaligen Feuersteinfelder in der Nähe des neuen Sassnitzer Fährhafens.

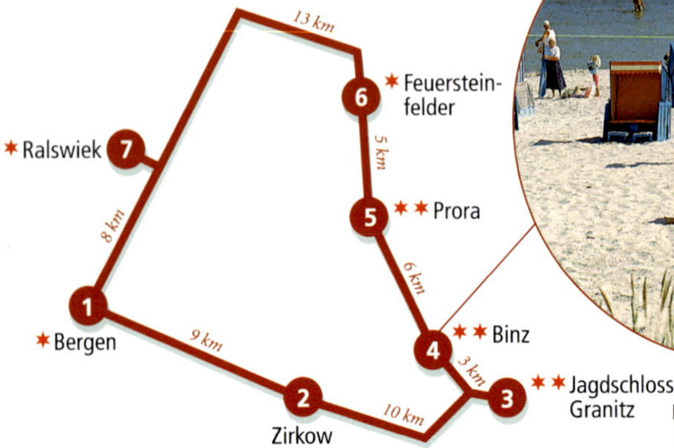

Binz
Tourpause am Strand von Rügens größtem Seebad

In der Kreisstadt ❶ ✶ **Bergen**, im Zentrum Rügens, beginnt die abwechslungsreiche Tour um den Kleinen Jasmunder Bodden. Eine Besichtigung wert ist die reich ausgestattete Marienkirche am quirligen Marktplatz von Bergen. Die im Zuge der Christianisierung der Insel Ende des 12. Jh.s errichtete Backsteinkirche ist das älteste Sakralgebäude Rügens. Eine kuriose Besonderheit weist die Uhr an der Nordseite des Kirchturms auf: Ihr Zifferblatt unterteilt eine Stunde in 61 Minuten.

Von Bergen aus geht die Fahrt durch das östlich gelegene ❷ **Zirkow**, ein altes Bauerndorf, in dem ein zum Museum umgewandeltes Gehöft aus dem frühen 18. Jh. ein anschauliches Bild des bäuerlichen Alltags vergangener Zeiten vermittelt.

Bevor man an der Ostseeküste Rügens größten Badeort Binz erreicht, geht's zum mitten im Wald der Granitz auf dem 106 m hohen Tempelberg gelegenen klassizistischen ❸ ✶✶ **Jagdschloss Granitz**.

Der wuchtige Bau mit seinen zinnenbekrönten Ecktürmen wurde 1837 bis 1852 nach Plänen der Baumeister J. G. Steinmeyer und Karl Friedrich Schinkel als Residenz des Fürsten Wilhelm Malte I. errichtet und ist jedes Jahr das Ziel von über 200 000 Besuchern. Vor allem lockt der herrlich weite Rundblick von der Aussichtsplattform des Mittelturms aus, die man über eine kunstvolle gusseiserne Wendeltreppe erreicht.

Die nächste Etappe der Tour ist ❹ ✶✶ **Binz**, das größte und mondänste der Seebäder Rügens. Wer an dem wunderbaren feinen Sandstrand von Binz keinen Badestopp einlegen will, schaut sich die herausgeputzten alten Villen im Stil der Bäderarchitektur an, staunt

über weltberühmte Gemälde im Fälschermuseum und beobachtet in der Glasbläserei den Künstler bei seiner Arbeit. Danach flaniert man über die Strandpromenade und betrachtet von der Seebrücke aus das Wahrzeichen von Binz: das hufeisenförmige Jugendstil-Kurhaus.
Über die Schmale Heide führt die Tour nach ❺ ✶✶ **Prora**, einer von den Nationalsozialisten geplanten gigantischen Ferienanlage an einem kilometerlangen Sandstrand. In diesem längsten Bau Europas, heute größtenteils Ruine, sind nach der Wende zahlreiche sehenswerte Museen eingerichtet worden.
Fährt man von Prora weiter in Richtung Sassnitz, erreicht man ein einzigartiges Naturphänomen: die ❻ ✶ **Feuersteinfelder** von Neu Mukran. Von einem Parkplatz kurz vor Neu Mukran aus führt ein ausgeschilderter Wanderweg in etwa einer halben Stunde zu dem größtenteils unter Naturschutz stehenden »Steinernen Meer«.
Schließlich wendet man sich wieder nach Süden und kommt an dem kleinen Ort ❼ ✶ **Ralswiek** am Großen Jasmunder Bodden vorbei, der wegen seines Neurenaissanceschlosses mit großem Landschaftspark, des idyllischen Hafens und – während der Sommermonate – - wegen des allabendlichen Störtebeker-Spektakels auf der Freilichtbühne mehr als nur einen kurzen Abstecher wert ist.

✓ NICHT VERSÄUMEN

- Jagdschloss Granitz: Adelsleben aus dem 19. Jh., Kulinarisches aus dem Mittelalter
- Prora: Abwechslungsreiche Museumsmeile im »Koloss von Rügen«
- Feuersteinfelder: Einzigartiges Naturphänomen »Steinernes Meer«

Tour 4 Zu den Wahrzeichen der Insel

Länge: 30 km **Dauer:** ½ Tag

Geradezu unverzichtbar für jeden Rügenbesucher ist eine Wanderung zu den Wahrzeichen der Insel, den leuchtend weißen Kreidefelsen an der Küste der Halbinsel Jasmund.

Bevor es von ❶ **Sassnitz** aus auf dem **Hochuferweg** entlang der Kreideküste zum berühmten »Königsstuhl« geht, lohnt ein Bummel durch den hübsch herausgeputzten alten Ortskern des Fischer- und Fährstädtchens. Für die »Museumsmeile im Stadthafen« – das Fischerei- und Hafenmuseum mit dem Museumskutter »Havel«, das U-Boot-Museum und das Museum für Unterwasserarchäologie liegen alle nah beieinander – sollte man allerdings ausreichend Zeit einplanen.
Weniger Wanderfreudige fahren nach Hagen, einem kleinen Ort im Nordwesten des Nationalparks Jasmund, und starten von dort zu

Kreidefelsen
Strandspaziergang unterm Königsstuhl

Schloss Spyker
Renaissance-Juwel am Spykerschen See

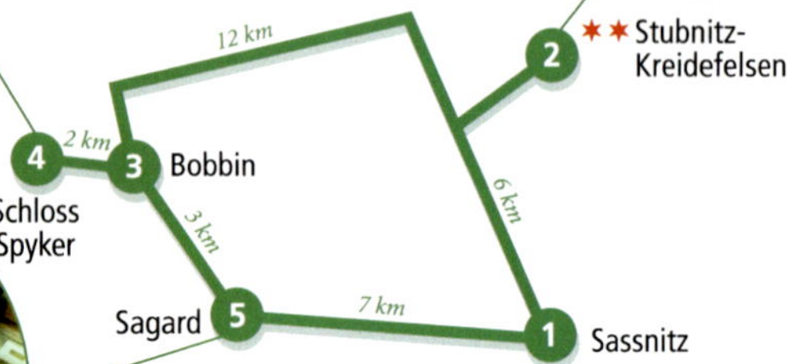

Sagard
Leo Weichbrodt zeigt zwei von insgesamt 15 000 Exponaten seines Boxsportmuseums.

den berühmten ❷ ✶✶ **Kreidefelsen**, oder lassen sich mit dem Shuttle-Bus bis zum Nationalparkzentrum Königsstuhl bringen, das ganz in der Nähe von Rügens Wahrzeichen eröffnet wurde.

Vom Königsstuhl und Nationalparkzentrum, dessen Ausstellung zu Geologie, Flora und Fauna des Nationalparks Jasmund eine Extra-Stunde lohnt, geht es zurück nach Hagen und in den wenige Kilometer weiter westlich gelegenen Ort ❸ **Bobbin** mit seiner hübschen Feldsteinkirche. Bei dem Dörfchen liegt das aus der Renaissance stammende geschichtsträchtige ❹ ✶ **Schloss Spyker**, das zu Zeiten des Dreißigjährigen Krieges dem schwedischen Feldmarschall Carl Gustav Wrangel gehörte. Heute residiert in dem einstigen Herrenhaus mit der leuchtend dunkelroten Fassade das noble »Schlosshotel«.

Auf dem Rückweg nach Sassnitz warten im Boxsportmuseum von ❺ **Sagard** etwa 15 000 Exponate darauf, auch von Sportmuffeln bestaunt zu werden.

? WUSSTEN SIE SCHON ...?

- ... dass Sagard, knapp 10 km von der Küste entfernt, Rügens erster Kurort war? Nachdem die dortige Mineralquelle bereits Mitte des 18. Jh.s dem Ort einige Kurgäste beschert hatte, gründete 1794 Pastor Heinrich Christoph von Willich zusammen mit seinem Bruder, dem Landarzt Moritz von Willich, die »Brunnen-, Bade- und Vergnügungsanstalt« – die Quelle wurde architektonisch verpackt, ein Badehaus errichtet und Grünflächen mit Laubengängen angelegt. Doch die Napoleonischen Kriege brachten den Kurbetrieb zum Erliegen, Sagards kurzes Intermezzo als Kur- und Badeort war schon zu Beginn des 19. Jh.s beendet.

Tour 5 Rund um den Großen Jasmunder Bodden

Länge: 100 km **Dauer:** 1 Tag

Rund um das Boddengewässer zwischen Zentralrügen und den Halbinseln Jasmund und Wittow führt die Tour zuerst zu Rügens Publikumslieblingen im Inselnorden, danach geht's abseits vom Touristentrubel durch den ruhigen Westen der Insel.

Von dem geschäftigen Kreisstädtchen ① ✶ **Bergen** aus führt ein erster Abstecher nach ② ✶ **Ralswiek** an der Boddenküste, wo man durch den großen Park zum Schloss wandern, einen Blick auf die Freilichtbühne der Störtebeker-Festspiele werfen und zum malerischen Hafen spazieren kann. Über ③ **Sagard** mit dem interessanten Boxsportmuseum, den kleinen Ort ④ **Bobbin** und das am Spykerschen See gelegene ⑤ ✶ **Schloss Spyker** erreicht man die Schaabe,

Vitt
Bilderbuchdörfchen unterhalb des Kaps

Ralswiek
Actiontheater auf der Naturbühne am Bodden

die schmale Verbindung zwischen den Halbinseln Jasmund und Wittow. Hier lohnt sich bei gutem Wetter ein Badestopp – erstreckt sich doch ein 11 km langer, feiner Sandstrand entlang der Ostküste der Schaabe.

Auf Wittow angelangt, stößt man sogleich auf die Dörfer 6 **Juliusruh** und 7 **Breege**. Ersteres ein aufstrebender Badeort, das andere ein verträumtes Fischerdorf.

Die nächste Station ist 8 **Altenkirchen**, der größte Ort auf der Halbinsel Wittow, wo man einen Blick in die zweitälteste Kirche Rügens werfen sollte.

Von dort fährt man weiter nach Putgarten. Von dem großen Parkplatz am Ortseingang geht's jetzt zu Fuß – oder mit dem niedlichen Arkona-Bähnchen – durch sanft ansteigende Wiesen zur nördlichsten Spitze Rügens, dem 9 ✶✶ **Kap Arkona** mit seinen drei Leuchttürmen und dem immer noch mächtigen Wall der ehemaligen Jaromarsburg. Auf dem Weg zu dem Leuchtturmensemble und der Steilküste am Kap kommt man am erlebnisreichen »Rügenhof« vorbei; dort sollte man sich nicht entgehen lassen, »Störtebekers Beute« oder die »Klabauter-Kiste« genauer unter die Lupe zu nehmen.

Romantisches Leuchtturmensemble am Kap Arkona

Nur per pedes gelangt man, vorbei an der achteckigen so genannten »Kosegarten-Kapelle« mit einer Kopie von Philipp Otto Runges »Petrus auf dem Meer« als Altarbild, zu dem unterhalb des Kaps fast versteckt in einer bewaldeten Schlucht liegenden Bilderbuchdörfchen 10 ✶✶ **Vitt**. Nach einem Bummel durch das denkmalgeschütze Dorf mit seinen rohrgedeckten Häusern und dem kleinen Hafen und abschließender Rast im »Goldenen Anker« führt die Tour zurück nach Altenkirchen und durch das Haufendorf 11 **Wiek** zur Südspitze der Halbinsel Wittow.

Hier setzt man mit der kleinen Wittower Autofähre nach Zentralrügen über und fährt ins 13 km südlich gelegenene 12 ✶ **Gingst**, das ehemalige Handwerkerzentrum der Insel. In Gingst trifft man auf die Historischen Handwerkerstuben, ein liebevoll gestaltetes Museum, das die Arbeits- und Lebensweise von Gingster Handwerkern im 19. Jh. lebendig werden lässt.

Vor der Rückfahrt nach Bergen lohnt sich ein Abstecher zur Insel Ummanz nicht nur wegen der schönen, erholsamen Wanderwege dort, sondern auch wegen der Kirche von 13 ✶ **Waase**, die den berühmten spätmittelalterlichen Antwerpener Schnitzaltar birgt.

Tour 6 Hiddensee-Tour

Länge: 8 km **Dauer:** 1 Tag

Um die »kleine Schwester Rügens«, die autofreie Insel Hiddensee, ausgiebig erwandern zu können oder mit einer Kutschfahrt zu erkunden, muss man einen ganzen Tag einplanen.

Am kürzesten ist die Überfahrt von 1 **Schaprode** aus, einem netten Örtchen mit einer sehenswerten Kirche und vor allem mit ausreichend Parkmöglichkeiten.
Auf Hiddensee erwarten den Besucher drei malerische Dörfer, allen voran der Ort 2 **Kloster** mit der viel besuchten Gerhart-Hauptmann-Gedenkstätte, dem Heimatmuseum mit einer Replik des kostbaren »Hiddenseer Goldschatzes« aus dem 10. Jh. und der kleinen Inselkirche mit der Grabstätte Gerhart Hauptmanns.
Südlich von Kloster liegt 3 **Vitte**, der größte Ort auf Hiddensee. Gleich am Ortseingang fällt die über 200 Jahre alte »Blaue Scheune« auf sowie einige Häuser mit recht eigentümlicher Architektur, darunter das »Karusel« der einstigen dänischen Stummfilmdiva Asta Nielsen und ein von dem Bauhausarchitekten Bruno Taut entworfenes Gebäude.
Von dem ehemaligen Fischerdorf, in dessen Hafen im Sommer immer Hochbetrieb herrscht, spaziert man durch die naturgeschützte Dünenheide, die im August und September in voller Blüte steht, und erreicht den denkmalgeschützten Ort 4 **Neuendorf-Plogshagen** im Süden Hiddensees. Ein ca. 8 km langer Wanderweg verläuft von Neuendorf parallel zum Strand am Süder-Leuchtturm vorbei bis zur Grenze des Nationalparks Vorpommersche Boddenlandschaft auf der Gellen genannten Südspitze Hiddensees.

Neuendorf
Hafenidyll am Schaproder Bodden

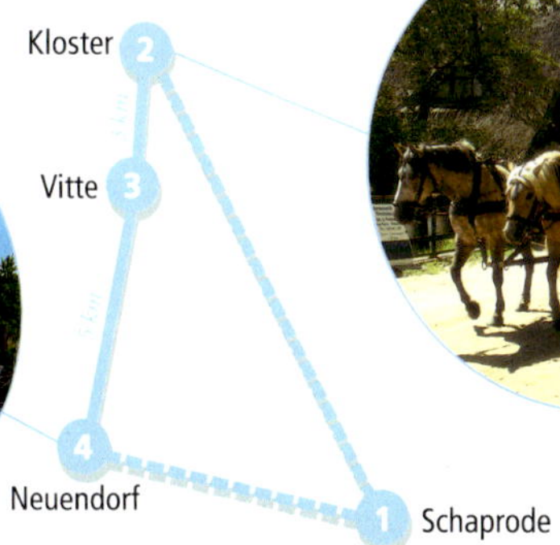

Kloster
Taxi auf Hiddensee mit 2 PS

Königsstuhl
118m über NN

Reiseziele von A bis Z

LEUCHTEND WEISSE KREIDEKLIPPEN, KILOMETERWEITE SANDSTRÄNDE UND DIE FILIGRAN-MONDÄNE BÄDERARCHITEKTUR DER OSTSEEBÄDER MACHTEN DIE INSEL RÜGEN ZU EINER DER BELIEBTESTEN URLAUBSREGIONEN DEUTSCHLANDS.

Altefähr

B 3/4

Höhe: 0 – 10 m ü. d. M. **Einwohnerzahl:** 1300

Bis zum Bau des Rügendamms 1936 spielte der kleine Ort im Südwesten der Insel eine wichtige Rolle als Tor zu Rügen, denn man erreichte die Insel in der Regel nur mit der »alten Fähre«, von der der Ort seinen Namen erhielt. Diese legte in Stralsund ab und schipperte zum 2 km entfernten Ufer auf Rügen.

»Tor zu Rügen« Seit Mitte der 1990er-Jahre pendelt von Mai bis September wieder eine Fähre auf historischen Spuren über den Strelasund. Heute entwickelt sich die abseits der Hauptverkehrsstraße gleich hinter dem Rügendamm liegende Ortschaft zum Ausflugsziel der Rüganer.

Ein Abstecher nach Altefähr lohnt allein schon wegen des schönen Blicks von der **Strandpromenade** aus über den Strelasund auf die Silhouette von Stralsund mit seinen imposanten Kirchtürmen. Zudem besitzt Altefähr den einzigen nennenswerten Strand entlang der rügenschen Südküste, einen Wasserwanderstützpunkt sowie eine **spätgotische Backsteinkirche**.

Eine Ansiedlung **»bei der alten Fähre«** wird erstmals 1240 in einer Urkunde erwähnt; die Fährverbindung von hier aus zum Festland ist wahrscheinlich noch erheblich älter. Bis ins 17. Jh. hinein stand das Dorf unter Stralsunder Herrschaft. 1856 wurden die einfachen Fährboote von einem breiten, platten Raddampfer abgelöst, für den sich aufgrund seiner Form der Name »Flunder« einbürgerte. Knapp drei Jahrzehnte später gesellten sich Trajektschiffe hinzu, die bis zu acht Eisenbahnwagons über den Sund transportieren konnten. Die Ära der Fähren endete 1936 mit dem Bau des Rügendamms 500 m südöstlich von Altefähr, über den seitdem die Autos und Züge rollen.

ALTEFÄHR

AUSKUNFT

Tourismus-Info
Am Fährberg 9
18573 Altefähr
Tel. 03 83 06 / 754 24
Fax 750 56

ÜBERNACHTEN

► Komfortabel

Sundblick
Fährberg 8
18573 Altefähr
Tel. 03 83 06 / 71 30
Fax 71 31
10 Z.
Das Hotel ist mit Schwimmbad und Sauna ausgestattet. Auf der Terrasse öffnet sich der Blick auf die Silhouette von Stralsund. Für Wassersportfreunde liegt eine hauseigene Yacht im Hafen.

Dorfkirche Vorbei an einigen alten Bauernhäusern gelangt man über die gepflasterte Dorfstraße zum kleinen Hafen. Zuvor passiert man eine hübsche Backsteinkirche aus dem 15. Jh., die von einem kleinen Friedhof umgeben ist. Auffällig ist der Sitz der zwei Kirchturmuhren, die im äußersten Winkel des im 17. Jh. aufgestockten und mit einem Spitzhelm versehenen Turms sitzen und sich übereck berühren. Den Ostgiebel des Rechteckchors schmücken drei Blendfenster. Das Innere wurde im 18. Jh. barock erneuert; aus dieser Zeit stammt auch das Tonnengewölbe des Kirchenschiffs. Das Gemälde des Hauptaltars ist eine Kopie des Abendmahls von Rubens. Das Taufbecken stammt aus dem 14., die geschnitzte Kanzel aus dem 16. Jahrhundert. Vier Schiffsmodelle erinnern an die lange Tradition der Fährschifffahrt des Ortes.

Altefährs Backsteinkirche stammt aus der Spätgotik

Westlich schließt ein Strand an den Ort an, hier gibt es auch einen Strandkorbverleih. Hinter dem Strand dehnt sich ein baumbestandener Park aus, der das **ehemalige Kurhaus** umgibt.

Altenkirchen

D 2

Höhe: 12 m ü. d. M. **Einwohnerzahl:** 1300

Dass Altenkirchen der Hauptort und das wirtschaftliche Zentrum der Halbinsel Wittow ist, merkt man dem etwas verschlafen wirkenden Ort nicht an. Die einzige Sehenswürdigkeit der Ortschaft ist die vor etwa 800 Jahren errichtete Kirche. Sie ist das zweitälteste Gotteshaus Rügens – ein Kleinod, das einen Besuch lohnt.

Geschichte

Das Gebiet um Altenkirchen war schon seit etwa 500 v. Chr. von dem germanischen Stamm der **Rugier** besiedelt. Im 6. Jh. n. Chr. folgten die slawischen **Ranen** , denen Altenkirchen als Begräbnisstätte diente. Nachdem die Ranen 1168 vom **dänischen König Waldemar** unterworfen und christianisiert worden waren, gründeten die Dänen die Siedlung Altenkirchen. In dieser Zeit erbaute man auch die erste Dorfkirche, angeblich aus dem Palisadenholz der zerstörten Burg der Ranen. Um 1200 entstand schließlich die romanische Basilika, die bis heute als Juwel unter den norddeutschen Backsteinkirchen gilt.

Backsteinkirche Aus der Erbauungszeit um das Jahr 1200 ist der Chor erhalten, dessen Außenmauern mit Rauten- und Zahnschnittfriesen geschmückt sind; die Konsolsteine der Friese stellen kleine Masken dar. Das Schiff mit Kreuzrippengewölbe ist ein Werk des 14. Jahrhunderts. An die Südwand des Chores schließt ein kleiner Raum an, die **Waffenkammer**, in deren rechter Wand ein slawischer Grabstein aus der Zeit vor 1168 eingemauert ist, der sog. **Svantevit-Stein** Er stellt einen bärtigen Mann – vielleicht Svantevit, den Hauptgott der Ranen – mit einem Füll- oder Trinkhorn dar. Möglicherweise sollte mit der Integration des heidnischen Steins in den christlichen Bau der Sieg des Christentums über die heidnische Religion symbolisiert werden.

Mittelalterliches Kleinod: Altenkirchens romanische Dorfkirche

Vor wenigen Jahren entdeckte man verschiedene **Wandmalereien** in Chor und Apsis aus der Zeit um 1200; 1967 legte man im Gewölbe mittelalterliche Wandzeichnungen frei.

Wertvoll ist auch der Taufstein, der um 1250 geschaffen wurde. Auf ihm sind vier Gesichter zu sehen, die für die vier Ströme des Paradieses stehen. Das Kruzifix im Chorbogen ist gotisch, der Altaraufsatz von 1724 ein Werk des Stralsunders **Elias Keßler**. Der berühmte Dichter Gotthard Ludwig Theobul Kosegarten (► Berühmte Persönlichkeiten), von 1792 bis 1808 Pfarrer in Altenkirchen, erwarb die 1750 gebaute Orgel.

Das Grab von Gotthard Ludwig Theobul Kosegarten (1758 – 1818), der sich für die Befreiung der Bauern aus der Leibeigenschaft einsetzte und die Intellektuellen der Zeit um sich zu versammeln wusste, darunter **Ernst Moritz Arndt** (► Berühmte Persönlich-keiten), **Alexander von Humboldt** und **Philipp Otto Runge**, befindet sich auf dem kleinen idyllisch anmutenden Friedhof bei der Kirche. Fast hundert steinerne **Grabwangen** der letzten Jahrhunderte haben hier die Zeiten überdauert.

Der hölzerne Glockenturm der Kirche steht etwas abseits am Eingang des Friedhofbereichs.

ALTENKIRCHEN

ESSEN

► Erschwinglich

Zur Post
Max-Reimann-Str. 21
Tel. 03 83 91 / 1 24 06
Deutsche Küche, Spezialität sind Fischgerichte. Im Sommer wird auch im Garten serviert. Großer Parkpatz.

★ Baabe

F 3

Höhe: 0–25 m ü. d. M. **Einwohnerzahl:** 800

Im Norden der Halbinsel Mönchgut liegt das kleinste der rügenschen Ostseebäder. Wenn auch Baabe selbst neben einer breiten Allee, die zum Ostseeufer führt, nicht viel Sehenswertes aufweist, besticht der Ort doch durch seinen wunderbaren langen Sandstrand, der sich bis hinunter nach Göhren zieht, und durch die ausgedehnte Baaber Heide im Süden.

BAABE ERLEBEN

AUSKUNFT

Kurverwaltung
Fritz-Worm-Str. 1
18586 Baabe
Tel. 03 83 03 / 14 20
Fax 142 99
www.ostseebad-baabe.de

ESSEN

► Erschwinglich

Eden
Dorfstr. 1
Tel. 03 83 03 / 8 59 65
Auf der umfangreichen Speisekarte stehen Fleisch- und Fischgerichte aus der Region. Spezialität des Hauses: »Rügener Kartoffelpfannkuchen«.

► Preiswert

Zur Kogge
Dorfstr. 9
Tel. 03 83 03 / 8 60 64
In der Kogge wird gute Rügener Hausmannskost serviert.

ÜBERNACHTEN

► Komfortabel

Strandhotel Baabe
Strandstr. 24
Tel. 03 83 03 / 1 50
www.strandhotel-ruegen.de
44 Z.

Im Biosphärenreservat Südost-Rügen gelegenes Hotel, etwa 200 m vom Strand entfernt, mit geschmackvoll eingerichteten Zimmern.

Baedeker-Empfehlung

► Günstig

Feriendorf Siesta
Am Fuchsloch 26
Tel. 03 83 03 / 8 74 10
www.feriendorf-siesta-ruegen.de
20 Z.
Preiswerte Ferienhäuser mit Zimmern für 2 bis 5 Personen.

Hochsaisonbetrieb am drei Kilometer langen Sandstrand von Baabe

Geschichte Der Name des ursprünglich slawischen, 750 Jahre alten Fischerdörfchens entstand aus der Bezeichnung »thor Baben« (Slawisch = »zur alten Frau«). Der Ort lag damals am wind- und wettergeschützten Ufer des Selliner Sees, während sich heute der Ortskern, sofern man in Baabe überhaupt von einem solchen sprechen kann, an die Ostsee verlagert hat.

Vom Steilufer zum Selliner See zieht sich der sog. **Mönchgraben**, ein Teil der **slawischen Befestigungsanlage**, den man als Grenze zwischen Rügen und der Halbinsel Mönchgut betrachten kann. Der Wassergraben, der vom Selliner See gespeist und von einem baumbestandenen Wall gesäumt wird, endet heute kurz vor dem Bahnhof am Ortseingang.

Entwicklung zum Seebad ▶ Der Aufschwung für Baabe kam Ende des 19. Jh.s mit dem beginnenden Tourismus: Pensionen und Hotels wurden gebaut, nachdem hier 1896 das erste Bad auf Rügen eröffnet wurde. Zudem zeigten sich die Baabener überaus fortschrittlich, als sie 1922 als erstes Seebad auf Rügen das »gemischte Freibaden« erlaubten, d. h. die Trennung der Geschlechter beim Baden und am Strand aufhoben.

Sehenswertes in Baabe

✶ **Neuerer Ortsteil, Strand** Der jüngere Teil von Baabe liegt, von Sellin herkommend, links der Göhrener Chaussee (B 196). Nach wenigen Metern zweigt an einer großen Kreuzung die Strandstraße ab, eine doppelte Alleenstraße mit einem breiten Grünstreifen in der Mitte, auf dem man zum

Strand gehen kann. Hinter einer grasbewachsenen Düne öffnet sich der Blick auf einen kilometerlangen weißen Sandstrand. Parallel zum Ufer verläuft die **Strandpromenade**, auf der man bis ins 3 km entfernte Göhren spazieren kann.

Älterer Ortsteil

Westlich der B 196, Richtung Selliner See, markieren die drei Querstraßen Dorfstraße, Birkenallee und Bollwerkstraße den älteren Teil von Baabe. Von der historischen Bausubstanz ist jedoch außer einigen Bauernhäusern und Fischerkaten nur wenig erhalten geblieben, darunter eines der ältesten Häuser Rügens.

Küstenfischermuseum

An der Bollwerkstraße, Ecke Dorfstraße, liegt das kleine Freigelände des Küstenfischermuseums. Neben **»Ossi«**, einem knapp 10 m langen Fischkutter, der in Baabe gebaut worden ist, sind weitere Fischerboote, das Anlandungsboot **»Polt«**, eine Heringssortiermaschine und zahlreiche andere Exponate zur Küsten- und Boddenfischerei zu sehen (Öffnungszeiten: tgl. 9.00 – 20.00 Uhr).

Selliner See

Über die Bollwerkstraße gelangt man zum Selliner See bzw. zu der schmalen Verbindung zwischen See und Having. Hier legt sowohl eine kleine **Personenfähre nach Moritzdorf** an als auch ein Ausflugsschiff, das Panoramafahrten um die Halbinsel Mönchgut und um die Insel Vilm anbietet.

Baaber Heide

Die dichte Bewaldung des Mönchguts wurde im Mittelalter durch radikale Rodung vernichtet; erst Mitte des 19. Jh.s forstete man das Gebiet um Baabe wieder auf. Heute dehnt sich ein beeren- und pilzreicher Kiefernwald im Süden des Ortes fast über die gesamte Breite der Halbinsel bis nach Göhren aus. Mit ihren Wanderwegen eignet sich die Baaber Heide hervorragend für abwechslungsreiche Spaziergänge und Radtouren.

★ Bergen

D 3

Höhe: Höhe: 70 m ü. d. M. **Einwohnerzahl:** 16 700

Die Kreisstadt ist nicht nur der geografische Mittelpunkt Rügens, sondern auch das Verkehrs-, Verwaltungs-, Industrie- und Handelszentrum der Insel und zudem der größte Ort auf Rügen.

Insel-Hauptstadt

Der Name »Bergen« entspricht der Lage der Stadt: Zum Marktplatz und zur Marienkirche, der ältesten Kirche Rügens, muss man sich bergauf bemühen, dahinter erhebt sich der Rugard (91 m ü. d. M.) mit dem 27 m hohen Ernst-Moritz-Arndt-Turm. Der Stadtkern mit Kirche, Stadtmuseum, Markt und dem Benedix-Haus, einem schönen Fachwerkhaus, lohnt den Besuch der Hauptstadt Rügens.

BERGEN ERLEBEN

AUSKUNFT

Tourist Information
Markt 23 (Benedix-Haus)
18528 Bergen
Tel. 0 38 38 / 81 12 76
Fax 81 11 27
www.stadt-bergen-auf-ruegen.de

ESSEN

► Erschwinglich

① ***Ratskeller***
Am Markt 27
Tel. 0 38 38 / 2 31 12
Restaurant in der gläsernen Loggia des traditionsreichen Hotels. Serviert wird regionale, deutsche und internationale Küche.

③ ***Sonnenhaken***
Grüner Weg 9
18528 Buschvitz
Tel. 0 38 38 / 82 10
Die riesige Glasfront des Hotelrestaurants gewährt einen herrlichen Blick auf den Bodden. Gute Küche.

► Preiswert

② ***Café am Markt***
Am Markt 13
Tel. 0 38 38 / 25 18 18
Reiche Auswahl an Kuchen und Snacks. Für ganz Hungrige gibt es sogar ein Tagesmenü. An den Wänden hängen (erwerbbare) Bilder Rügener Künstler.

ÜBERNACHTEN

► Komfortabel

① ***Treff-Hotel Rügen***
Stralsunder Chaussee 1
Tel. 0 38 38 / 81 50
www.ramada.de
154 Z.
Das Treff-Hotel ist eines der größten Hotels der Insel mit Restaurant, Bar und Caféterrasse sowie Fitnessraum und Sauna. Darüber hinaus wird eine Fülle von Sport- und Freizeitmöglichkeiten angeboten.

② ***Hotel Am Rugard***
Rugardweg 10
Tel. 0 38 38 / 201 90
www.rugard.de
18 Z., 4 App.
Ruhiges, gegenüber dem E.-M.-Arndt-Turm gelegenes Hotel mit modern eingerichteten Zimmern. Mit Restaurant, Sauna, Solarium und eigenem Strandabschnitt in Binz.

Geschichte Die Geschichte Bergens beginnt mit dem Bau der Marienkirche um 1180, die der Slawenfürst **Jaromar I.** errichten ließ, nachdem er 1168 von den Dänen unterworfen worden war und daraufhin deren Lehnshoheit anerkennen musste. Um die Kirche herum, an die wenige Jahre später ein Zisterzienserinnenkloster angeschlossen wurde, entstand nach und nach eine Siedlung. Der Slawenfürst residierte derweil auf der Wallburg, dem sog. **Rugard** (Slawisch = Burg der Rugier), nach dem heute der gesamte Hügel mit dem ehemaligen Burgwall im Nordosten Bergens benannt ist.
Der Name des Ortes, ursprünglich »gora« (Slawisch = Berg), erklärt sich leicht aus seiner Lage am Hang des Rugard. Schon im 14. Jh. war Bergen der zentrale Marktort Rügens, der **Verwaltungssitz des**

Bergen Orientierung

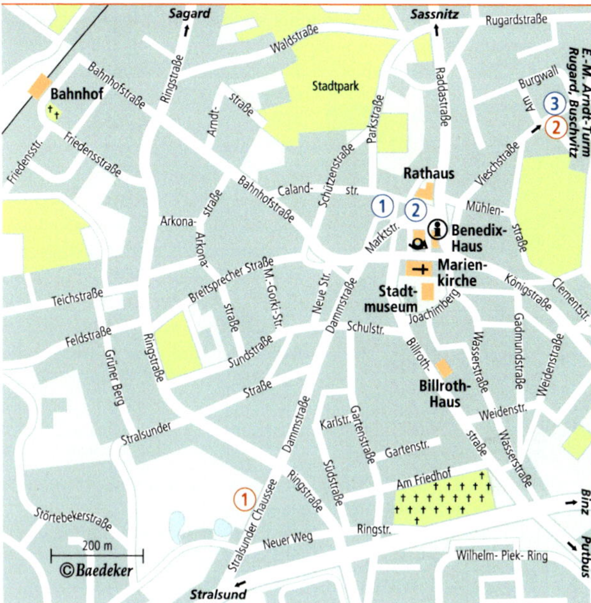

Übernachten
① Treff-Hotel Rügen
② Hotel Am Rugard

Essen
① Ratskeller
② Café am Markt
③ Sonnenhaken

Landvogts und Gerichtsort. Trotzdem bekam Bergen erst 1613 die Stadtrechte, denn das Kloster, das sich die Abgaben der Bewohner sichern wollte, hatte alle derartigen Bestrebungen zu verhindern gewusst.

Sehenswertes in Bergen

Marktplatz

Ein gebührenpflichtiger Parkplatz erstreckt sich über den gesamten Marktplatz, der von einigen schönen Bürgerhäusern eingerahmt ist. Die meisten Geschäfte der Stadt liegen in der Nähe des Marktes, und zwar im oberen Teil der Breitsprecher-, der Damm- und der Marktstraße – hier befinden sich auch einige gemütliche Cafés – sowie in der Bahnhofstraße.

◂ Benedix-Haus

Besonders sehenswert ist das »Benedix-Haus«. Seinen Namen erhielt das Gebäude von seinen letzten Eigentümern, die über mehrere Generationen hier wohnten. In dem sanierten und modernisierten Fachwerkhaus, das um 1630 erbaut wurde, befindet sich die **Touristen-Information** und das Standesamt der Stadt Bergen. Das Haus wird gelegentlich auch als Veranstaltungsort genutzt.
Neben dem Benedix-Haus fällt ein wuchtiger wilhelminischer Backsteinbau auf: das **Postamt** Bergens. Entlang der Billrothstraße gelangt man zur Marienkirche.

Marienkirche ✶

Bergens Marienkirche ist das **älteste Sakralgebäude Rügens** (Baubeginn um 1180) und eine der schönsten Backsteinkirchen des dänisch-norddeutschen Raums. Sie ist dem Lübecker Dom nachempfunden, sollte ursprünglich als Hofkirche dienen, wurde bald aber als Klosterkirche und ab 1380 auch als Pfarrkirche genutzt.

Blick durch das Langhaus auf den spätbarocken Altar

Im 14. Jahrhundert baute man den als romanische Basilika begonnenen Bau in eine **gotische Hallenkirche** um. Romanisch sind der Chor mit Apsis, das Querhaus sowie das zweigeschossige Westwerk, über dem später der Turm errichtet wurde. Das kreuzrippengewölbte Langhaus und die Turmobergeschosse des Backsteinbaus stammen aus dem 14. Jahrhundert, die nördlichen Kapellen wurden im 15. Jahrhundert angefügt. In die westliche Außenwand wurde ein slawischer Grabstein eingemauert, auf dem, so wird vermutet, **Fürst Jaromar I.** dargestellt ist. Die romanischen Bauteile der Kirche waren im Innern vollständig ausgemalt – besonders eindrucksvoll sind heute noch die in Chor und Querhaus erhaltenen **Fresken**; im Chor Darstellungen der Freuden im Paradies und der Qualen im Fegefeuer, im Querhaus verschiedene biblische Motive. Bei der umfassenden Restaurierung der Kirche um 1900 wurden die Malereien allerdings verfälschend ergänzt und neu gestaltet. Spätbarock sind der Altar und die Beichtstühle (um 1730) sowie die reich verzierte Kanzel (um 1775). Der Taufstein stammt aus dem 14. Jahrhundert. Ein Prunkstück ist auch der romanische edelsteinbesetzte Kelch aus der Mitte des 13. Jahrhunderts.

? WUSSTEN SIE SCHON ...?

- ... dass in Bergen eine Stunde nicht 60, sondern 61 Minuten dauert? Vorausgesetzt man verlässt sich auf die Turmuhr der Marienkirche. Denn seit der Restaurierung der Uhr im Jahr 1985 ist das Ziffernblatt auf der Nordseite des Turms in 61 Minuten unterteilt.

Stadtmuseum

Gleich neben der Kirche gelangt man durch eine Toreinfahrt in den ehemaligen Klosterhof, das **Zisterzienserinnen**-Kloster selbst wurde 1945 aufgelöst. Hier befindet sich das kleine Stadtmuseum, das über die frühe Geschichte Rügens und das Kloster in Bergen informiert. Ausgestellt sind neben slawischen Gefäßen, einem kleinen Modell eines Wikingerschiffs, Fundstücken eines frühchristlichen Begräbnisplatzes bei Zirkow und Schautafeln über die slawischen Götter auf Rügen auch Rügenkarten aus dem 17., 18. und 19. Jahrhundert.

Eine traditionelle Schwesterntracht, eine Bibel aus dem Jahr 1649, verschiedene Siegel des Klosters und andere Exponate erzählen die Geschichte des Ordens in Bergen (Öffnungszeiten: Mai – Sept. Mo. – Sa. 10.00 – 16.30, Okt. – April Mo. – Fr. 10.00 – 12.00, 12.30 – 16.00 Uhr).

Nachmittagsbummel rund um den Bergener Marktplatz

Vom Marktplatz gelangt man über die Kirchstraße in die Billrothstraße. In dem Haus mit der Nr. 17, dem sog. **Billroth-Haus**, wurde der Chirurg Theodor Billroth (1829 – 1894; ► Berühmte Persönlichkeiten) geboren. Das Haus mit einer wissenschaftlichen Bibliothek und einer Cafeteria dient als Begegnungsstätte der Deutschen Gesellschaft für Chirurgie. Daneben wird es auch für Lesungen, Vorträge und Kammerkonzerte genutzt.

Ein kleiner Spaziergang führt zur höchsten Erhebung Bergens, dem **Rugard** (91 m), auf dem zu Ehren des berühmtesten Rüganers, des Historikers und Schriftstellers **Ernst Moritz Arndt**, ein **Aussichtsturm** (►Abb. S. 59) erbaut wurde. Um 700 bis zur Mitte des 12. Jahrhunderts existierte hier ein slawischer Burgwall, der auf eine fürstliche Residenz schließen lässt.

Ernst-Moritz-Arndt-Turm

Vom Marktplatz aus geht man die Vieschstraße in nordöstliche Richtung bis zu einem Parkplatz. Von dort sind es nur wenige Meter bis zu dem 27 m hohen Backsteinrundturm. 1869, an Ernst Moritz Arndts hundertstem Geburtstag, begann man die Arbeiten an dem viergeschossigen Bauwerk, das von einem Kuppeldach bekrönt wird. 1877 wurde der mit Spenden finanzierte Turm fertig gestellt.

◄ Aussichtsterrassen

Eine Wendeltreppe führt zu drei Aussichtsterrassen und zur Glaskuppel, die den Turm bekrönt. Von dort aus hat man das ganze Jahr über eine wunderbare Sicht nach Süden und Osten auf Binz, das Jagdschloss Granitz und die Insel Vilm; der Blick nach Norden und Westen ist im Sommer durch die hoch gewachsenen Bäume verstellt (Öffnungszeiten: Mai – Okt. tgl. 10.00 – 18.00 Uhr).

Umgebung von Bergen

Buschvitz

Auf einem **Naturlehrpfad**, der beim Ernst-Moritz-Arndt-Turm beginnt, spaziert man nach Buschvitz, einem 200-Seelen-Dorf am Kleinen Jasmunder Bodden. Ehemals war der Ort der Handelshafen von Bergen, heute legen hier nur noch kleine Motorboote an. Vom Ufer aus sieht man die **Halbinsel Pulitz**.

Nonnensee Das 1994 renaturierte Biotop befindet sich am Ortsausgang in Richtung Gingst und hat sich zu einem beliebten **Naherholungsgebiet** der Einwohner Bergens entwickelt. Ein 5 km langer ausgeschilderter Rad- und Wanderweg lädt zu Spaziergängen oder Radausflügen rund um den kleinen See ein. Für Hobby-Ornithologen ist der Nonnensee eines der interessantesten Binnengewässer Mecklenburg-Vorpommerns: Über 50 Vogelarten konnten hier schon beobachtet werden.

Halbinsel Pulitz Von Buschvitz führt ein Weg nordwärts über den **Mühlenberg**, vorbei an dem **Teich Ossen** und an den wenigen Häusern von **Stedar**, zur kleinen bewaldeten Halbinsel Pulitz. Das Naturschutzgebiet auf Pulitz darf nur von Fußgängern und zum Schutz der vielen hier brütenden Vogelarten nur in der Zeit vom **16. Juli bis 14. Januar** betreten werden. Man wandert über einen Damm in den Laub- und Nadelwald der Halbinsel, bis man nach ca. einem Kilometer auf einen Pfad entlang des südlichen und östlichen Ufers stößt. Hier kann man u. a. Kormorane, Rotmilane und sogar Seeadler beobachten.

★★ Binz

E 3

Höhe: 0 – 15 m ü. d. M. **Einwohnerzahl:** 5500

Seit Anfang des 20. Jahrhunderts genießt Binz den Ruf, der größte und attraktivste Badeort auf Rügen mit einem phantastischen Strand und den meisten Hotels und Pensionen zu sein. Binz wird eingerahmt von der Ostsee, dem Schmachter See im Südwesten und dem hügeligen Buchenwaldgebiet der Granitz im Südosten.

»Nizza des Ostens« Besonders in den 1920er-Jahren stand der Ort als »Nizza des Ostens« bei den Urlaubern hoch im Kurs. Der hübsche Ortskern animiert nicht nur aufgrund seiner verhältnismäßig vielen Geschäfte, Cafés und Restaurants zum Flanieren, sondern vor allem wegen seiner zahlreichen Beispiele der ostseetypischen Bäderarchitektur. Bade-

Highlights Binz

Haupt- und Putbuser Straße
Bäderarchitektur vom Allerfeinsten
► Seite 150

Kurhaus
Das Jugendstil-Juwel ist das Wahrzeichen der Stadt.
► Seite 151

Historisches Binz-Museum
Sagen- und Märchenhaftes von Rügen für Groß und Klein
► Seite 151

Schmachter See
Das landschaftliche Kleinod lädt zu einem ausgiebigen Spaziergang ein.
► Seite 152

Binz Orientierung

Übernachten
1. Dünenpark Binz
2. IFA-Ferienpark Rügen
3. Vier Jahreszeiten
4. Villa Meeresgruß
5. Loev Hotel

Essen
1. Poseidon
2. Brasserie Villa Salve
3. Bistro Cappuccino

freunde kommen an dem kilometerlangen Sandstrand auf ihre Kosten. Das beeindruckende Kurhaus an der 3,2 km langen Strandpromenade und die Seebrücke sind die Wahrzeichen des Ortes.

Geschichte

Archäologische Funde zeugen von der slawischen Besiedlung der Gegend um Binz schon um das Jahr 600, urkundlich erwähnt wird »Byntze« erstmals 1318. Und bis etwa 1830 sollte es dauern, bis sich in dem kleinen Fischerdorf ein Wandel vollzog: Der mächtigste Großgrundbesitzer der Insel, **Fürst Wilhelm Malte I.** hatte sich in den Kopf gesetzt, für die feine Gesellschaft ein Bad am Meer einzurichten. Umkleidehütten und Badekarren wurden herangeschafft – und schon konnte der Adel ins Wasser hüpfen.

Mehr als 30 Jahre gingen jedoch noch ins Land, bevor sich der Bau eines ersten Hotels im Jahr 1876 zu lohnen schien. Mit der Einrichtung eines – selbstverständlich räumlich getrennten – Damen- und eines Herrenbades am Strand von Binz begann ein Bauboom, im Zuge dessen viele Hotels, Pensionen und Villen entstanden und eine bessere Infrastruktur geschaffen wurde. Initiatoren waren zwei Berliner Bankiers, die 1888 die **»Aktiengesellschaft Ostseebad Binz«** gründeten (►Baedeker Special S. 72).

i Fotografierverbot

- 1906 richtete man in Binz auch ein Familienbad ein – keineswegs war nun aber der Freizügigkeit Tür und Tor geöffnet, denn eine Vorschrift von 1908 bestimmte: »Männer und Frauen begeben sich jeder auf einem verdeckten Steg ins nasse Element und kommen erst dort miteinander zusammen, ... das Mitbringen von Ferngläsern und photographischen Apparaten ist untersagt.« Das getrennte Herren- und Damenbad bestand bis in die 1920er-Jahre.

BINZ ERLEBEN

AUSKUNFT

Tourismusgesellschaft Binz
Zeppelinstr. 8
18609 Ostseebad Binz
Tel. 03 83 93 / 1 34 60
Fax 50 431
www.binz.de

Kurverwaltung
Heinrich-Heine-Str. 7
18609 Ostseebad Binz
Tel. 03 83 93 / 14 81 48
Fax 14 81 45
www.ostseebad-binz.de

UNTERWEGS IN BINZ

Wer mit dem Auto in Richtung Strandpromenade fahren will, muss in die Wylichstraße abbiegen, da alle anderen Straßen, die die Durchgangsstraße mit dem Strand verbinden, Einbahnstraßen sind und vom Strand wegführen. An der Ecke zur Jasmunder Straße befindet sich ein Parkhaus. Innerhalb des Ortes verkehrt die für Besitzer einer Kurkarte bzw. einer RügenCard kostenlose Bäderbahn.

THERMALBAD

Seehotel Binz-Therme Rügen
Strandpromenade 76
Tel. 03 83 93 / 60
www.binz-therme.de
143 Z.
Nachdem im Norden von Binz bei Bohrungen in Tiefen von bis zu 1200 m eine 36° C warme Quelle entdeckt wurde, ist hier ein Thermalbad eingerichtet worden. Angeschlossen ist ein komfortables Hotel mit modern ausgestatteten Zimmern sowie ein Restaurant und eine Brasserie. Für die jüngsten Gäste sorgt der Seepferdchenclub für Spiel, Spaß und Plantschvergnügen.

ESSEN

Baedeker-Empfehlung

► Fein & teuer
① ***Poseidon***
Lottumstr. 1
Tel. 03 83 93 / 26 69
www.ruegen-schewe.de
Das beste und bekannteste Fischrestaurant weit und breit ist in einer alten Seebäder-Villa untergebracht. Es gibt aber auch Wildgerichte und Steakvariationen sowie herrliche Weine aus Deutschland und Frankreich. Vor allem in der Hauptsaison sollte man einen Tisch reservieren.

► Erschwinglich
② ***Brasserie Villa Salve***
Strandpromenade 41
Tel. 03 83 93 / 22 23
www.ruegen-schewe.de
Das Restaurant im Hotel Villa Salve, einer um die Jahrhundertwende errichteten Jugendstilvilla, verwöhnt seine Gäste mit französischen und regionalen Spezialitäten und einer umfangreichen Weinkarte.

► Preiswert
③ ***Bistro Cappuccino***
Hauptstr. 15
Tel. 03 83 93 / 142 36
Gemütliches italienisches Eiscafé, in dem es neben Eiskreationen, Kaffee und Kuchen auch kleine Gerichte sowie eine große Auswahl an Longdrinks gibt.

ÜBERNACHTEN

► Luxus
① ***Dünenpark Binz***
Dollahner Str. 55
Tel. 03 83 93 / 480

Die Ferienanlage umfasst 17 Häuser im Stil der Bäderarchitektur mit Zwei- und Drei-Zimmer-Apartments und Serviceeinrichtungen im Zentralhaus. Zum Strand sind es etwa 150 m, zum Ortskern ca. 800 m. Großes Sportangebot.

③ ***Hotel Vier Jahreszeiten***
Zeppelinstr. 8
Tel. 03 83 93 / 500
www.vier-jahreszeiten.de/binz
76 Z., 60 App.

Beeindruckende, ruhig gelegene Seebadvilla mitten im Ort mit geschmackvoll eingerichteten, großzügigen Zimmern, Restaurants, Terrassencafé, Bar sowie Kamin- und Musikzimmer. Zur Verfügung steht ein großer Fitnessbereich mit Schwimmbad und Tennisschule. Zwei Gehminuten zum Badestrand.

► Komfortabel

② ***IFA-Ferienpark Rügen***
Strandpromenade 74
Tel. 03 83 93 / 911 02
www.ifa-ruegen.de
387 Z.
Die Hotelanlage besteht aus drei Häusern und der 3000 m² großen, überglasten Freizeitlandschaft »Vitarium« mit Ladenpassage, Kinderspielplatz und Restaurants. Angeboten werden neben großzügigen Zimmern auch Ferienwohnungen mit ein bis drei Zimmern. Das über 1 000 m² große Erlebnisbad »Vitamar« mit Wasserrutsche, Wildwasserkanal, Grotten und Saunen ist ein Badespaß der ganz besonderen Art.

⑤ ***Loev Hotel***
Hauptstraße 22
Tel. 03 83 93 / 390
www.loev.de
77 Z.
Ein Haus im Stil der Bäderarchitektur, 50 m vom Strand und der Seebrücke entfernt. Einige der geräumigen Zimmer sind behindertengerechte ausgestattet. Mit Restaurant, Pub und Tanzbar.

④ ***Hotel Villa Meeresgruß***
Margarethenstr. 19
Tel. 03 83 93 / 38 20
www.villa-meeresgruss.de
18 Z.

Das charmante, familiär geführte Hotel ist in einer der schönsten Bäderstilvillen von Binz untergebracht. Es liegt ruhig und zentral mitten im historischen Ortskern. Die großen Zimmer sind individuell eingerichtet. Zur Strandpromenade, zum Strand und zur Seebrücke sind etwa 100 m vom Strand entfernt.

Der beliebteste Platz von Binz ist immer noch der Strand vor dem Kurhaus.

Sehenswertes in Binz

Hauptattraktion von Binz und Anziehungspunkt für die meisten Urlauber ist der 5 km lange weiße Sandstrand. Für Kinder ideal ist die schwache Brandung und der flach ins Meer abfallende Sandboden. Entlang der gesamten Landzunge, der **Schmalen Heide**, die sich vom nördlichen Ortsausgang bis fast nach Neu Mukran erstreckt, zieht sich der wunderbar feinsandige, breite Strand, der außerhalb von Binz durch einen Kiefernwald und Dünen von der Straße abgeschirmt ist.

Parallel zum Ufer verläuft die **Strandpromenade**, an der das Kurhaus sowie Restaurants, Cafés und Bistros liegen.

✶ Bäderarchitektur

Ein Spaziergang durch die Straßen parallel zur Strandpromenade – besonders durch die **Haupt-**, **Putbuser-**, **Elisen-** und **Dünenstraße** – zeigt zahlreiche Beispiele der für Rügen typischen Bäderarchitektur (► Kunst und Kultur S. 56). Die vornehmlich zwischen 1890 und 1910 errichteten **Villen**, **Pensionen** und **Hotels** zeichnen sich durch reich ornamentierte, leuchtend weiße Holzfassaden, Türmchen, Erker, Wintergärten und Balkonvorbauten mit Holzschnitzereien aus.

Seebrücke

An der 1994 gebauten, 370 m langen Seebrücke legen die **Ausflugsschiffe** zu den Kreidefelsen, zu den anderen Seebädern, zu Rügenrundfahrten und zur Insel Usedom an (► Praktische Informationen S. 92). Von dem runden Platz an der Strandpromenade direkt am

Beginn der Seebrücke fährt der »Jagdschloss-Express« zum Jagdschloss Granitz ab.

Von der Seebrücke hat man den besten Blick auf das hufeisenförmig angelegte **Kurhaus** am Konzertplatz. Das dreiflügelige Jugendstilgebäude, das 1908 nach einem Entwurf von **Otto Spalding** entstand, wurde aufwändig renoviert.
Das Haus besteht aus einem länglichen Hauptbau mit zwei Seitenflügeln, denen an der Spitze jeweils zwei Geschosse aufgesetzt sind. Durch die abschließenden Zeltdächer wirken sie wie kleine Türme. Der dem Konzertplatz zugewandte repräsentative Haupteingang wird durch einen dachreiterartigen Turmaufbau betont. Der großzügig angelegte Platz vor dem Kurhaus wird auf seinen beiden Schmalseiten von je einer Wandelhalle begrenzt, in der Mitte der strandzugewandten Seite steht ein gläserner Pavillon. Der Platz, der vor wenigen Jahren mit Mosaiksteinen und Bornholmer Naturstein ausgelegt wurde, strahlt viel Harmonie aus, da er samt seiner Bebauung völlig symmetrisch angelegt ist.

Die Binzer Stadtvillen erstrahlen wieder in altem Glanz.

In der **Villa Odin**, in der Zeppelinstraße 8, wurde das **Historische Binz-Museum** eingerichtet, in dem die Entwicklung der Stadt vom einstigen Fischerdörfchen zum Seebad dokumentiert wird. Ausgestellt werden u. a. eine original eingerichtete Fischerstube sowie ein Pensionszimmer aus der Zeit um 1900. Häufig finden hier auch kulturelle Veranstaltungen statt, beispielsweise Dia-Vorträge zu historischen regionalen Themen. Und jeden Dienstag um 15.00 Uhr dürfen große und kleine Kinder den Sagen und Märchen der Insel Rügen lauschen (Öffnungszeiten: Di. – Fr. 10.00 – 18.00, Sa. und So. 10.00 bis 16.00 Uhr).

Umgebung von Binz

Schmachter See

Den unter Naturschutz stehenden **Schmachter See** im Süden von Binz, Ausgangspunkt für kleinere Ausflüge und Wanderungen, umgibt ein breiter Schilfgürtel, was ihn zwar recht idyllisch aussehen lässt, aber auch unzugänglich macht. Ein Wanderweg führt weiträumig um den See herum.

Park der Sinne ►

Am Nordufer des Sees, an der Schmachter-See-Promenade, wurde im Jahr 2003 mit dem »Park der Sinne« eine reizvolle Parkanlage eingerichtet. Mit seinen Wasserspielen, Themengärten und einer vielfältigen Bepflanzung finden Ruhe und Erholung Suchende im »Park der Sinne« eine ideale Ergänzung zum direkt beim »Haus des Gastes« bzw. der Kurverwaltung gelegenen, 2002 eröffneten Kurpark mit Springbrunnen, einer Kneippanlage und wunderbar schattigen Plätzen.

! *Baedeker* TIPP

Alte Kunst hautnah

Wer schon immer mal wissen wollte, ob einem Glasbläser auch einmal die Puste ausgeht, kann in der Glasbläserei Binz den Meistern in der alten Kunst des Glasmachens zusehen und miterleben, wie aus einer zähflüssigen Masse eine wunderschöne Vase oder Schale gezaubert wird. Die kunstvoll-filigranen Objekte in den vielfältigsten Farben und Formen werden gleich neben dem Schmelzofen ausgestellt - und natürlich auch verkauft (Schillerstr. 11, Tel. 03 83 93 / 314 95).

Zum südlich von Binz auf dem 106 m hohen Tempelberg gelegenen **Jagdschloss Granitz** (► S. 187) spaziert man zunächst die Bahnhofstraße bergauf am Kleinbahnhof vorbei bis zum Ortsausgang. Der ab hier ausgeschilderte, ca. 3 km weite Weg führt geradeaus durch den Wald bis zum Schloss.

Wanderung nach Sellin

Eine 7 km lange Wanderung nach Sellin kann man, zum Teil durch Buchenwälder hindurch, entlang des Hochufers unternehmen. Unterwegs genießt man den Blick über das Meer bis hin zur Kreideküste. Nach etwa 2,5 km bietet sich ein Abstecher zum nahe gelegenen **Schwarzen See** an. Zurück auf dem Hochuferweg wandert man nach der Gabelung entweder nach rechts durch den Wald oder nach links, wo man zum Teil am Steilufer entlangkommt.

Breege · Juliusruh

D 2

Höhe: 0 – 5 m ü. d. M. **Einwohnerzahl:** 850

Am nördlichen Ende der Schaabe, der lang gezogenen Verbindung zwischen den Halbinseln Jasmund und Wittow, liegen die beiden Dörfer Breege und Juliusruh, die 1928 zu einer Gemeinde zusammengeschlossen wurden. Ersteres ist dem gleichnamigen Bodden zugekehrt, Juliusruh hat dagegen eine Küste zur Tromper Wiek. Während Juliusruh, 1795 als Landsitz mit einer schönen Parkanlage gegründet, ein aufstrebender Bade- und Ferienort ist, hat das verträumte Breege, ein erstmals 1314 urkundlich erwähnter Schiffer- und Fischerort, einen hübschen Yachthafen zu bieten.

Breege: verträumtes Dörfchen am stillen Breeger Bodden

Breege – von Slawisch »breg« = Ufer –, ein verträumtes Zeilendorf, erstreckt sich parallel zum ruhigen Breeger Bodden. Entlang der gepflasterten Hauptstraße sieht man ein rohrgedecktes Kapitäns- und Fischerhaus neben dem anderen; sie stammen aus dem 18. und 19. Jahrhundert. Im Mittelalter gehörte Breege zu den drei Haupthäfen der Halbinsel Wittow und war einer der bedeutendsten Marktflecken Rügens; zeitweise galt es sogar als das reichste Dorf der Insel. Nach dem Niedergang der Segelschifffahrt Mitte des 19. Jh.s verlagerten die Breeger ihren Erwerbsschwerpunkt auf die Fischerei und den Femdenverkehr. **Breege**

Viele Einwohner Breeges verdienen heute ihren Lebensunterhalt mit **Reusenfischerei** und mit ihren **Fischräuchereien**. Vom Breeger Hafen fahren zudem Schiffe nach Hiddensee. Und wer in Breege den Strand vermisst – im Ortsteil Juliusruh gibt's einen der schönsten Strände entlang der Ostseeküste.

Bestechend ist in Juliusruh vor allem der lange, breite **Sandstrand**, der im Süden in die Schaabe übergeht, während sich im Norden in Richtung Kap Arkona das Hochufer anschließt. Der Strand bei Juliusruh fällt nur sehr allmählich ab und geht langsam ins seichte Wasser über – für Kinder der ideale Wasserspielplatz. **Juliusruh**

Der 10 ha große, halb englische, halb französische Park von Juliusruh wurde 1795 von dem größten Grundbesitzer der Halbinsel Wittow, **Julius Christoph von der Lancken**, zusammen mit einem Landhaus, das heute nicht mehr existiert, als Sommersitz angelegt. Man gelangt zu dem Park mit seinen Lindenalleen, den künstlich angelegten Seen, ◄ Kurpark

BREEGE · JULIUSRUH ERLEBEN

AUSKUNFT

Tourismus-Service Wittow
Ringstr. 2
18556 Juliusruh
Tel. 03 83 91 / 130 50
Fax 130 52
www.ruegen-tsw.de

Informationsamt Seebad Breege-Juliusruh
Wittower Str. 5
18556 Juliusruh
Tel. 03 83 91 / 311
Fax 132 35

Urlaub in der Wohnung vom alten Käpt'n: Feriendomizil »Kapitänshäuser«

ESSEN

► Preiswert

Zum alten Fischer
Am Breeger Hafen
18556 Breege
Tel. 03 83 91 / 1 21 89
Die Küche des am Hafen gelegenen »Alten Fischers« ist recht bodenständig, die Preise sind entsprechend günstig. Viele Gerichte werden nach historischen Rezepten zubereitet. Spezialität: Aalsuppe.

ÜBERNACHTEN

► Luxus

Strandresidenz Aquamaris
Wittower Str. 4
18556 Juliusruh
Tel. 03 83 91 / 444 05
www.aquamaris.de
140 Z., 68 App.
Die am Strand der Schaabe mitten im Dünenwald gelegene Hotelanlage bietet modern ausgestattete Zimmer und Appartements sowie 52 Ferienwohnungen. Neben vier Restaurants und zwei Bars gibt es allerlei Freizeit- und Sportmöglichkeiten.

► Komfortabel

Kapitänshäuser Breege
Hochzeitsberg 16
18556 Breege
Tel. 03 83 91 / 420
www.kapitaens-haeuser.de
26 Z.
Die Ferienanlage liegt direkt am Yachthafen und verfügt über insgesamt vier Apartmenthäuser mit großzügigen Ferienwohnungen und Hotelzimmern. Zur Verfügung stehen Hallenbad, Wellness-Bereich, Kinderspielplatz, Möglichkeiten zum Tischtennis spielen, eine Segelschule und ein Badmintonhalle. Verliehen werden Mountainbikes sowie Ruder- und Tretboote.

Pension Hinter der Düne
Ringstr. 17
18556 Juliusruh
Tel. 03 83 91 / 22 23
Fax 136 29
www.ruegen-schewe.de
9 Z.
Die kleine Pension mit hübschen, im Landhausstil eingerichteten Zimmern liegt ruhig an der Bucht »Tromper Wiek«. Ca. 50 m zum Strand.

Wassergräben und Hainbuchenhecken, wenn man von der Schaabe kommend nach dem Imbissstand links abbiegt und diesem Weg etwa 100 m folgt.

Wanderungen

Man kann sowohl an der Ostküste als auch über den Strand an der Westküste die gesamte **Schaabe** bis Glowe entlangspazieren (► Wittow). Von Breege bzw. Juliusruh aus kann man zudem zu einer ca. 10 km langen Wanderung zum **Kap Arkona** starten. Etwa 300 m hinter Juliusruh führt der Weg von der Bushaltestelle zur Küste. Der Pfad in Küstennähe steigt allmählich zum Steilufer an, am **Nobbiner Großsteingrab** (► Wittow) und dem denkmalgeschützten Dörfchen **Vitt** (► Kap Arkona) vorbei erreicht man die Leuchttürme am Kap Arkona.

Dänholm

B 4

Höhe: 0 – 10 m ü. d. M.

Die kleine, zur Hansestadt Stralsund gehörige Insel Dänholm liegt mitten im Strelasund. Auf der Fahrt nach Rügen über die Ziegelgrabenbrücke lohnt ein Besuch von Dänholms Marinemuseum und des Nautineums.

Geschichte

Schon zu Beginn der Neuzeit spielte die Dänholm eine wichtige Rolle als Stützpunkt bei der Verteidigung bzw. Eroberung Stralsunds. Im Dreißigjährigen Krieg ließ **Wallenstein** die Stadt von einer auf der Insel errichteten sternförmigen Schanze aus beschießen. Die Schanze wurde später geschleift und erst 1815 von den Preußen wieder errichtet; sie ist bis heute erhalten.

Museumsstück: Militärhubschrauber Mi 8 T

Das Militär, das der Stadt Stralsund 1849 die Insel abkaufte, legte dort einen Hafen an und stationierte ein Infanteriebataillon. Der heute noch das Bild des Inselchens bestimmende Kasernenkomplex entstand jedoch erst mit dem Bau des Rügendamms.
Nachdem in den Kasernen nach Ende des Zweiten Weltkriegs Umsiedler und Werftarbeiter gewohnt hatten, übernahm im Jahr 1953 die Marine wieder das Gelände. Auch die Militärakademie Dresden erhielt hier einen Standort. Nach der Wende übergab die Bundeswehr die Insel der Stadt Stralsund.

Vor dem Unterwasserlabor »Helgoland« liegt ein altes Zeesboot.

Marinemuseum

Von Stralsund kommend, liegt das Marinemuseum – eine **Außenstelle des Kulturhistorischen Museums** von Stralsund – rechter Hand in einem Wäldchen; der Zufahrtsweg ist ausgeschildert, Parkplätze sind reichlich vorhanden.

Auf zwei Etagen und auf einer Freifläche vor dem Museum dokumentieren Fotografien, Texttafeln und zahlreiche Exponate die Geschichte der Marine Stralsunds und Dänholms als Wiege der preußischen Marine sowie die Geschichte der Deutschen Lebensrettungsgesellschaft (DLRG). Auf der Freifläche vor dem Museum sind u.a. ein Marinehubschrauber des Typs Mi 8T und ein kleines Torpedoschnellboot zu besichtigen (Führungen nach Anmeldung, Tel. 038 31 / 29 73 27; Öffnungszeiten: Di. – So. 10.00 – 17.00 Uhr).

Nautineum Dänholm

Das Nautineum wurde auf dem Gelände des Alten Tonnenhofes als Außenstelle des **Deutschen Meeresmuseums** Stralsund eingerichtet und ist mit dem Auto über die B 96, mit einem Shuttleboot vom Stadthafen aus – von 10.00 bis 16.00 Uhr jeweils zur vollen Stunde – oder mit dem Stadtbus Linie 2 zu erreichen. In einer Ausstellungshalle und auf dem weitläufigen Freigelände sind Exponate zur Schifffahrt, Fischerei und Meeresforschung zu sehen, darunter Boote und Fanggeräte der Küstenfischerei, das legendäre **Unterwasserlabor »Helgoland«** und ein Reusenplatz der Stralsunder Fischer. An der Pier liegt die **»Stephan Jantzen«**, der größte Eisbrecher Deutschlands (Führungen nach Anmeldung, Tel. 038 31 / 28 80 10, Öffnungszeiten: Mai – Okt. tgl. 10.00 – 17.00 Uhr).

Dranske

C 2

Höhe: 0–5 m ü. d. M. **Einwohnerzahl:** 1800

Der größte Ort der Halbinsel Wittow liegt im Nordwesten auf einer lang gestreckten Landzunge, östlich vom Wieker Bodden und westlich von der Ostsee begrenzt. Im Süden schließt die Nationalparkregion Vorpommersche Boddenlandschaft an, im Norden die Kreptitzer Heide und das Waldgebiet des Bakenbergs.

Geschichte

Dem ehemals netten Fischerörtchen Dranske widerfuhr im 20. Jh. ein wenig schönes Schicksal: Es wurde in den Dreißigerjahren völlig abgerissen, nur ein altes Schulhaus blieb stehen. Im Jahr 1314 erstmals urkundlich erwähnt, gehörten die Dransker Siedlungen wie **Starrvitz**, **Lancken** und **Gramtitz** mal den Rügener und Stralsunder Klöstern, mal den Wittower Kirchen Altenkirchen und Wiek.

Nach dem Ersten Weltkrieg wurde in Dranske ein **Stützpunkt für Seeflieger** der Wehrmacht eingerichtet; bald darauf war das Schicksal der Fischerkaten besiegelt: Sie mussten einer großen Siedlung für die Angehörigen der Soldaten des auf dem Bug angelegten Fliegerhorstes weichen.

Nachdem im Jahr 1946 die militärischen Anlagen gesprengt beziehungsweise demontiert worden waren, errichtete Anfang der 1960er-Jahre die Nationale Volksarmee (NVA) einen neuen **Militärstützpunkt** auf dem Bug.

Mit dem Bau verschiedener Sportanlagen entwickelte sich Dranske in den 1970er- und 19890er-Jahren zu einem begehrten Erholungsort für FDGB- und NVA-Urlauber. Nach der Wende wurde der Marinestützpunkt geschlossen, was eine hohe Arbeitslosigkeit in der Region verursachte.

Heute versucht man, Dranske wieder in einen Urlaubsort zu verwandeln. So legte man am Wieker Bodden eine Promenade an und baute die Wander- und Radwege aus. Und auf dem ehemaligen Militärgelände soll mit dem »BUG Baltic Sea Resort« Europas größte Ferienanlage entstehen.

DRANSKE

AUSKUNFT

Fremdenverkehrsamt
Karl-Liebknecht-Str. 41
18556 Dranske
Tel. 03 83 91 / 890 07
Fax 894 24
www.gemeinde-dranske.de

ESSEN

▸ Preiswert

Schifferkrug
Kuhle
Tel. 03 83 91 / 84 60
Eine der ältesten Gaststätten Rügens, auf halbem Weg zwischen Wiek und Dranske im Ortsteil Kuhle gelegen. Seit 1455 wird hier Bier ausgeschenkt. Einfache, preiswerte Küche.

Ehemaliger Militärstützpunkt Als Dranske noch Militärstützpunkt war, wurden im Norden des früheren Fischerdörfchens die weithin sichtbaren eintönig-grauen Plattenbauten errichtet, die das Bild des Ortes prägen. Außer einem kleinen Heimatmuseum und dem zum **Nationalpark Vorpommersche Boddenlandschaft** gehörigen Schutzgebiet im Süden hat Dranske kaum Reizvolles zu bieten.

Heimatmuseum Das kleine Museum am Max-Reichpitsch-Ring 2 erzählt von der militärischen Vergangenheit des Ortes. Ausgestellt wird auch eine Fossiliensammlung (Öffnungszeiten: Juni – Aug. Di., So. u. Sa. 14.00 bis 17.00 Uhr).

Wanderung auf dem Bug Lohnend ist ein Ausflug in den Nationalpark auf dem Bug, einer lang gestreckten Landzunge, die sich im Süden an Dranske anschließt – allerdings nur mit einer zweimal pro Woche stattfindenden organisierten Führung auf einem gekennzeichneten Rundwanderweg und auf Beobachtungsplattformen. Man erhält auf dem ca. dreistündigen Ausflug einen Einblick in die Pflanzen- und Tierwelt des Bugs und lernt Heideflächen, sumpfige Biotope und die Vogelwelt des Nationalparks kennen (Anmeldung: Tel. 03 83 91 / 87 30).

Garz

D 4

Höhe: 20 m ü. d. M. **Einwohnerzahl:** 1900

Bereits 1319 erhielt Garz, 14 km südwestlich von Bergen gelegen, als erster Ort der Insel Stadtrecht, sein Erscheinungsbild ist aber dörflich geblieben. Bis ins 12. Jh. hinein war Garz vermutlich sogar per Schiff zu erreichen: Ein Kanal soll einst den Ort mit dem Bodden verbunden haben.

Ostalgie bei Garz: Trabbi-Feuerwehr

Garz ist zwar die **älteste Stadt Rügens**, konnte aber bis heute seinen ländlichem Charakter bewahren. Die meisten Häuser des Ortes entstanden im Zuge des Wiederaufbaus, nachdem im Jahr 1765 ein großer Brand fast die gesamte Stadt zerstört hatte.

Zu den schönsten und am besten erhaltenen Gebäuden des Arndt-Städtchens zählt das alte Pfarrhaus, das um 1735 erbaut wurde, ein rohrgedeckter Fachwerkbau in der Wendorfer Straße.

GARZ ERLEBEN

AUSKUNFT

Touristisch-Information
Lindenstr. 4
Tel. 03 83 04 / 121 07
Fax 860 90

ESSEN

► **Erschwinglich**
Am Wiesengrund
Am Wiesengrund 23
Tel. 03 83 04 / 347
Am Ortsausgang in Richtung Zudar gelegenes Hotelrestaurant mit gutbürgerlicher Küche.

ÜBERNACHTEN

► **Günstig**
Pension Forsthaus
Klein Stubben
18574 Garz
Tel. 03 83 07 / 409 21
Fax 409 23
www.forsthaus-garz.de
8 Z.
Umgeben von Wald und Feldern ist die kleine Pension genau das Richtige für Ruhe und Erholung Suchende. Angeboten werden auch Ferienwohnungen.

Sehenswertes in Garz

St. Petri

Die Kirche Sankt Petri, im Friedhof beim südlichen Ortsausgang gelegen, ist ein monumentaler, aber schlicht gehaltener Backsteinbau mit einem lang gestreckten Chor und einem quadratischen Westturm aus dem 14. / 15. Jahrhundert. Die Ausstattung der Kirche ist überwiegend barock, u. a. die hölzerne Kanzel von **Hans Broder** und der Altaraufsatz von **Elias Keßler** aus dem Jahr 1724. Die ältesten Ausstattungsstücke sind ein Taufbecken aus dem 13. und das Chorgestühl aus dem 17. Jahrhundert.

Das Arndt-Museum beleuchtet Leben und Werk des berühmten Historikers und Schriftstellers.

Von den einstigen Macht- und Verwaltungszentren auf Rügen, den slawischen Fürstenburgen Arkona (► Kap Arkona) und **Charenza** (Garz), die 1168 von den Dänen erobert wurden, blieben allein die Burgwälle übrig. Die vor der Christianisierung in Charenza – der **Burgwall** befindet sich südlich des Arndt-Museums – verehrten Götter waren der siebenköpfige Kriegsgott Rugiavit, Porevit, der Wettergott, der für seinen Zuständigkeitsbereich offenbar nur fünf Köpfe benötigte, und Porenut, der sich als Donnergott mit vier Köpfen begnügen musste.

Arndts Geburtshaus in Groß Schoritz

Das Garzer Museum ist dem Dichter und Historiker Ernst Moritz Arndt (► Berühmte Persönlichkeiten) gewidmet, der 1769 im 5 km südlich gelegenen Dörfchen Groß Schoritz geboren wurde und auf Rügen seine Kindheit verbrachte. Bekannt wurde Arndt durch seine Schriften, mit denen er u. a. für die Befreiung der Bauern aus der Leibeigenschaft kämpfte (► Baedeker Special S. 38).

Ursprünglich war das 1929 als Heimatmuseum gegründete **Ernst-Moritz-Arndt-Museum** im alten Schulgebäude von Garz untergebracht. 1937 zog Rügens ältestes Museum in das neu erbaute Backsteinhaus in der Straße An den Anlagen und trägt seither auch den Namen des berühmtesten Sohns Rügens. Dokumentiert werden Leben und Wirken des Universitätsprofessors, Publizisten und Schriftstellers, u. a. mit Erstausgaben seiner Werke. Immer wieder werden auch Wechselausstellungen organisiert mit Themen, die sich auf Ernst Moritz Arndt beziehen. Eine ganze Reihe von Exponaten aus der langen Stadtgeschichte von Garz geben u. a. einen Einblick in den Alltag Arndts und seiner Zeitgenossen (An den Anlagen 1; Öffnungszeiten: Mai – Okt. Di. – Sa. 10.00 – 16.00 Uhr, Nov. – April Di. – Sa. 11.00 bis 15.00 Uhr).

Umgebung von Garz

Geburtshaus E. M. Arndts

Fünf Kilometer südlich von Garz liegt in dem kleinen Ort Groß Schoritz am Ende der Dorfstraße das Geburtshaus von Ernst Moritz Arndt (►Berühmte Persönlichkeiten).

Das Mitte des 18. Jh.s erbaute, weiß getünchte Gebäude ist ein typisches **Gutshaus** (►Kunst und Kultur S. 51). Über einem einzigen Geschoss mit hohem Sockel erhebt sich ein Mansardendach. In der Mittelachse des Herrenhauses liegt der Eingang, zu dem eine repräsentative zweiläufige Freitreppe führt. Betont wird das Portal außerdem durch eine Gaube mit einem geschweiften und bekrönten Prunkgiebel, an dem man 1913 ein **Porträtrelief Arndts** anbrachte. Nach 1945 diente das Gutshaus als Wohn- und Bürohaus; heute ist hier die Geschäftstelle der Ernst-Moritz-Arndt-Gesellschaft untergebracht. Von der originalen Ausstattung ist leider nichts mehr erhalten. Leben und Schaffen Arndts werden in Bildern und Texten dokumentiert. Der Saal ist Wechselaustellungen vorbehalten (Öffnungszeiten: Mai – Okt. Di. – So. 10.00 – 16.00, Nov. – April Di. bis So. 11.00 – 15.00 Uhr).

Bei dem kleinen Ort **Silmenitz**, etwa 5 km südöstlich von Garz, stößt man auf ein beeindruckendes, »Himmel« genanntes **Hügelgrab**.

Rund vier Kilometer nördlich von Garz erhebt sich in dem Dörfchen Karnitz ein 1839 im Tudor-Stil errichtetes **Jagdschloss Karnitz**. Das hübsch renovierte Schlösschen mit seinem spitzbogigen Eingangsportal wird von zwei achteckigen, zinnenbekrönten Ecktürmen flankiert. Da es heute als Wohnhaus genutzt wird, kann man es leider nicht besichtigen. Der einstige Schlosspark wurde vom Golfclub Rügen (► Praktische Informationen, Urlaub aktiv) in einen Golfplatz umgewandelt.

! *Baedeker* TIPP

Schabernack auf dem Rad ...

... sollte man tunlichst nicht treiben, aber nach Schabernack radeln, ist durchaus zu empfehlen. Zum Beispiel nach einem Besuch des Arndt-Museums und des Geburtshauses von Ernst Moritz Arndt im 7 km entfernten Groß Schoritz ist eine anschließende kleine Rundfahrt über Silmenitz zu dem Flecken mit dem lustigen Namen eine schöne, auch für ungeübte Radler zu bewältigende »Kultur-Natur-Tour«, auf der man die Stille und Weite der Boddenlandschaft genießen kann. Zurück nach Garz geht's dann über Dumsevitz und Rosengarten.

★ Gingst

C 3

Höhe: 15 m ü. d. M. **Einwohnerzahl:** 1600

Einstmals war Gingst, im Zentrum des touristisch weniger frequentierten Westteils von Rügen gelegen, der Sitz der wichtigsten und meisten Handwerkerbetriebe der Insel; heute erinnert daran das hübsche Museum »Historische Handwerkerstuben«.

Geschichte

Gingst, 1232 erstmals als **»Ghynxt«** urkundlich erwähnt, entwickelte sich schon früh zu einem **Zentrum des Handwerks** und Handels auf Rügen. Rund 50 Handwerksberufe waren hier im Mittelalter vertreten. Da Gingst Marktrecht besaß, genossen die einheimischen Handwerker verschiedene Privilegien, die vor allem ihr Einkommen sichern sollten. So durften zum Beispiel Stralsunder Tuchhändler ihre Waren nicht in Gingst vertreiben. Bei der Abschaffung der Leibeigenschaft (►Baedeker Special S. 38) spielte Gingst eine Vorreiterrolle auf Rügen, die hier auf Betreiben des **Pastors Picht** schon 1774 durchgesetzt wurde.

GINGST ERLEBEN

AUSKUNFT

Fremdenverkehrsverein
Karl-Marx-Str. 1
18569 Gingst
Tel. 03 83 05 / 435
Fax 435
www.wild-east.de/meckpom/ruegen/nwruegen/gingst

ESSEN

▸ Erschwinglich
Marktschenke
Am Markt 1
Tel. 03 83 05 / 5 55 20
Auf der Speisekarte des in der Nähe der »Historischen Handwerkerstuben« gelegenen Lokals stehen italienische Gerichte sowie Fischgerichte und andere regionale Spezialitäten (Di. Ruhetag).

ÜBERNACHTEN

▸ Komfortabel
Landhotel Gingster Hof
Mühlenstr. 33
18569 Gingst
Tel. 03 83 05 / 500
80 Z.
Der »Gingster Hof« bietet schön eingerichtete Zimmer, eine gepflegte Atmosphäre in ruhiger Lage und ein hoteleigenes Restaurant. Für Ausflüge in die Umgebung stehen Fahrräder und Roller bereit.

Sehenswertes in Gingst

✶ Historische Handwerkerstuben

Nahe des südlichen Ortsausgangs, 200 m vom Marktplatz entfernt, liegen die »Historischen Handwerkerstuben«, ein liebevoll gestaltetes Museum zur Geschichte des Dorfhandwerks, untergebracht in zwei Gebäuden, einem **Rauchhaus** aus dem 17. Jh. und dem benachbarten sog. **»Efeuhaus«**, das um 1750 gebaut wurde. Im ehemaligen Stallgebäude, der jetzigen Museumsscheune, gibt es ein Café und den Museums-Shop.

Leben im 19. Jh. ▸

In dem Museum spiegeln sich Kultur und Lebensweise der einst in Gingst ansässigen Handwerker wider. Wohnen und Arbeiten der Menschen am Ende des 19. Jahrhunderts wird lebendig, wenn man durch die z. T. original eingerichteten Zimmer geht; bisweilen scheint es, als seien die Bewohner nur kurz aus dem Haus gegangen. Zeitweise lebten hier bis zu 40 Menschen unter einem Dach.

Erdgeschoss ▸

Im Erdgeschoss liegt gleich zur Linken eine **Schusterwerkstatt**, in der Arbeitsgeräte aus mehreren Generationen versammelt sind. Von hier aus gelangt man in einen Schlafraum und in eine kleine Küche, dahinter schließt sich der **»Salon« eines Barbiers** an. Es folgt eine komplett eingerichtete **Schneiderwerkstatt**.

Fingerhutausstellung ▸

Im Flur ist eine Fingerhutausstellung zu sehen: Das kleine Nähutensil ist schon seit vielen Jahrhunderten bekannt und wurde in Messing, Gold, Silber, Schildpatt, Holz, Perlmutt und Porzellan gefertigt und auf verschiedenste Weise verziert. Die ältesten Fingerhüte stammen übrigens aus dem 2. Jh. v. Chr. und kommen aus China.

Das um 1750 errichtete »Efeuhaus« beherbergt heute »Handwerkerstuben«.

Der Weberei in Gingst ist ein eigener Raum gewidmet: Ein großer Webstuhl und Spinnräder bezeugen die lange Tradition dieses Handwerks, das hier seine Blüte Ende des 18. Jahrhunderts erlebte, als viele Bauern aus der Leibeigenschaft befreit wurden und eine **Damast- und Leinweberzunft** gegründet wurde. ◄ Weberei

Über eine steile Holzstiege geht es ins erste Obergeschoss und in die Wohnung und **Werkstatt einer Weißnäherin** um 1900, außerdem steht hier auch eine Sattlerbank. Und in einem der Räume ist altes Spielzeug ausgestellt (Öffnungszeiten: 1. Mai – 30. Sept. tgl. 10.00 bis 17.00, im Okt. tgl. bis 16.00, 1. Nov. – 30. April Mo. – Fr. 10.00 bis 16.00 Uhr). ◄ Obergeschoss

Pfarrkirche St. Jacobi

Rügens zweitgrößter Sakralbau, die Anfang des 14. Jh.s erbaute Pfarrkirche St. Jacobi, steht am Ostrand des begrünten Gingster Marktplatzes und überrascht mit einer qualitätvollen Barockausstattung und Illusionsmalerei an den Wänden. Besondere Beachtung verdient der Hauptaltar von 1776 und die Kanzel, die im Jahr 1743 in Stralsund gefertigt wurde. Die Stuckdecke zog man an Stelle des ursprünglichen Mittelschiffgewölbes nach einem Stadtbrand im Jahr 1726 ein. Die 1790 entstandene spätbarocke Orgel mit klassizistischem Prospekt – zugleich die **älteste Orgel der Insel** – stammt von dem Stralsunder Meister **Christian Kindt** – während des Orgelspiels führt ein Engel oberhalb des Instruments eine Posaune zum Mund.

In den Sommermonaten sind in St. Jacobi Orgelkonzerte mit international renommierten Künstlern zu hören. ◄ Orgelkonzerte

Die legendäre »Titanic« liegt im Rügen-Park vor Anker.

Rügen-Park Der Rügen-Park, der größte Freizeitpark der Ferieninsel, macht nicht nur Kindern großen Spaß: Auf 40 000 m² kann man eine Nachbildung der Insel Rügen und Modelle von berühmten, z. T. historischen Bauwerken im Maßstab 1 : 25 bewundern, darunter den schiefen Turm von Pisa, Notre Dame und den Koloss von Rhodos. Auch die legendäre »Titanic« liegt hier wieder vor Anker.

Während man mit der Parkbahn »Emma« eine gemächliche Runde durch den **Miniaturenpark** dreht, toben sich die Kinder auf der Springburg, der riesigen Superrutsche oder dem Wildwasserrondell aus oder fahren mit dem Jetscooter und den Tret-Karts um die Wette (Mühlenstr. 22 b, www.ruegenpark.de; Öffnungszeiten: März bis Juni Di. – So. 10.00 – 18.00, Juli u. Aug. tgl. bis 19.00, Sept. u. Okt. Di. – So. 10.00 – 17.00 Uhr).

★★ Göhren

F 3

Höhe: 40 – 60 m ü. d. M. **Einwohnerzahl:** 1400

Göhren, 1165 erstmals urkundlich erwähnt und 1878 zum Ostseebad ernannt, hat sich vom Fischerdörfchen zum internationalen Kurort entwickelt, in dem schon Hans Albers, Heinz Rühmann, Zarah Leander und Albert Schweitzer ihren Urlaub verbrachten.

Seebad im Biosphärenreservat Der größte und gefragteste Ort der Halbinsel Mönchgut liegt inmitten des **»Biosphärenreservates Südost-Rügen«** auf einer weit ins Meer vorspringenden Landzunge, dem Göhrener Höft, das den öst-

»Seebrücken-Blick« auf den Nordstrand von Göhren

lichsten Zipfel Rügens bildet. Aufgrund seiner Halbinsellage besitzt Göhren gleich zwei feinsandige Strände von insgesamt 7 km Länge: den breiten »Nordstrand« – dort steht auch die 280 m lange Seebrücke –, und den ruhigen, weiträumigen »Südstrand«.
Das auf einer Anhöhe gelegene Zentrum Göhrens – der Ortsname hat sich aus der slawischen Bezeichnung »gora« (= Hügel, Berg) entwickelt – besticht durch seine Villen im Stil der Bäderarchitektur und den zahlreichen Geschäften und Restaurants.

Geschichte

Archäologische Untersuchungen haben eine Besiedlung Göhrens schon in der Stein- und Bronzezeit nachgewiesen, später waren hier die Slawen ansässig. Jahrhundertelang gehörte die Halbinsel Mönchgut mit dem Fischerort Göhren zum Greifswalder **Zisterzienserkloster Eldena**. Der Orden trieb die Kultivierung des Mönchgut durch die Ansiedlung von westelbischen Bauern und Fischern voran. Im Jahr 1847 kauften sich die Mönchguter aus der klösterlichen Lehnsherrschaft frei.
Göhren avancierte 1878 zum selbst ernannten Seebad; der Gewinn bringende Tourismus entwickelte sich jedoch erst, nachdem 1899 hier die Endstation des »Rasenden Rolands« fertig gestellt worden war. 1993 wurde am Nordstrand eine 280 m lange Seebrücke für kleinere Boote und Ausflugsdampfer gebaut.

GÖHREN ERLEBEN

AUSKUNFT

Kurverwaltung
Poststr. 9
18586 Ostseebad Göhren
Tel. 03 83 08 / 667 90
Fax 259 40
www.goehren-ruegen.de

ESSEN

► Fein & teuer

③ *Meeresblick*
Friedrichstr. 2
Tel. 03 83 08 / 56 50
www.avr.de/meeresblick

Das Hotelrestaurant ist eine der ersten kulinarischen Adressen der Insel.

► Erschwinglich

④ *Caprice*
Thiessower Straße 3
Tel. 03 83 08 / 253 07
Leckere mediterrane Küche und einige regionale Fischgerichte.

② *Kajüte 7*
Marienstr. 1
Tel. 03 83 08 / 24 17
Die Kajüte bietet hervorragende Fischgerichte, Pasta und Steakspezialitäten. Für den kleinen Hunger gibt's im angegliederten »Bistro 91« Salate und Snacks.

► Preiswert

① *Café Übersee*
Nordstrand 2A
Tel. 03 83 08 / 66 999
Das Café lädt zu leckeren Kuchen und Eisbechern ein und hin und wieder zu jazziger Livemusik.

ÜBERNACHTEN

► Luxus

① *Hotel Hanseatic*
Nordperdstr. 2
Tel. 03 83 08 / 515
www.hotel-hanseatic.de
86 Z.
Das Hotel liegt auf dem höchsten Punkt der Landzunge Nordperd. Die meisten der komfortablen, geschmackvoll eingerichteten Zimmer bieten einen überwältigenden Blick aufs Meer. Mit Restaurants, Wintergartencafé, Bar, Boutiquen, Kunstgalerie, Bibliothek und Kinderspielplatz.

② *Nordperd1*
Nordperdstraße 11
Tel. 03 83 08 / 70
http://www.travelcharme.com/nordperd.html
92 Z.
Das beste Haus in Göhren bietet höchsten Komfort, behindertengerechte Zimmer, Sauna und Sonnenstudio. Das Restaurant serviert ausgezeichnete regionale Küche. Ungefähr 10 Gehminuten vom Strand entfernt.

► Günstig

③ *Zum Fischer Franz*
Thiessower Str. 23
Tel. / Fax 03 83 08 / 23 40
8 Z.
Kleine, familiär geführte Pension in einem schönen Reetdachhaus nahe des Südstrandes.

Göhren Orientierung

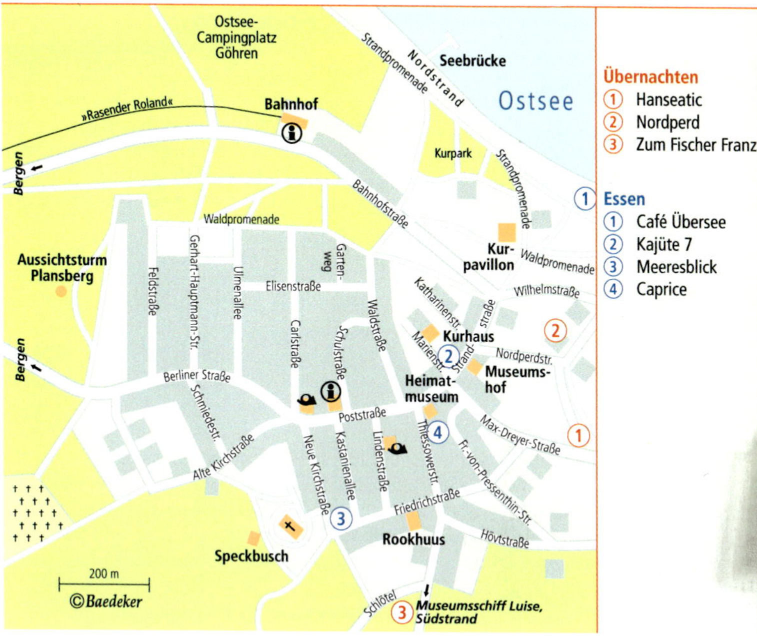

Sehenswertes in Göhren

Ortskern

Die Strand- bzw. Poststraße ist eine hübsche, ruhige, kopfsteingepflasterte Straße, die von etlichen Geschäften und Restaurants gesäumt wird. An ihr liegen auch das Heimatmuseum und der Museumshof. Herrlich herausgeputze Villen im Stil der Bäder-architektur mit ihren ornamentalen Holzfassaden und Balkonveranden, Erkern und Türmchen stehen neben einigen alten Fischerkaten und rohrgedeckten Häusern, die an Göhrens Vergangenheit als Fischerort erinnern.

Kirche

Die schlichte Backsteinkirche mit einer Doppelturmfront an der Neuen Kirchstraße stammt von 1930. Im Innern fallen eine Kreuzigungsgruppe mit einem geschnitzten Mönchguter Fischerpaar und ein Segelschiffmodell auf.

◄ Speckbusch

Hinter der Kirche befindet sich ein frühgeschichtliches **Hünengrab**, der 3000 Jahre alte »Speckbusch«, von dem aus man einen Panoramablick über das Mönchgut hat.

✶ Nordstrand

Der breite, feinsandige Nordstrand erstreckt sich über 3 km in Richtung Baabe, nach Osten wird er von der Steilküste am Nordperd begrenzt. Hier, am **Hauptstrand Göhrens**, finden u. a. Konzerte in der asymmetrischen **Konzertmuschel** im **Kurpark** statt, an der **Seebrücke** legen die Ausflugsschiffe zur Kreideküste und zur Insel Usedom an, und entlang der Strandpromenade sorgen Strandkorbverleih, Restaurants, Imbissstuben und kleine Läden für die Bedürfnisse der Sonnenhungrigen. Eine Surfschule fehlt hier ebenso wenig wie ein Volleyball- und ein Tennisplatz.

Geht man auf der Strandpromenade bzw. dem Nordstrand in östlicher Richtung, trifft man auf halbem Weg zur Spitze des bewaldeten Nordperds auf den **größten Findling der deutschen Ostseeküste**, den so genannten **Buskam**, der 200 m vor der Küste aus dem Wasser ragt.

i Hochzeitsstein

- Noch bis vor wenigen Jahrzehnten praktizierte man auf dem Buskam einen Hochzeitsbrauch: Nach der Trauung ruderte man zu dem Stein hinaus, kletterte mit bis zu 25 Personen darauf und tanzte auf dem Findling mit seinen 40 Metern Umfang einen Rundtanz. Sichtbar sind von dem Koloss allerdings meist nur 5 %, bisweilen ist er sogar gänzlich unter Wasser.

Südstrand

Der 4 km lange Südstrand ist für Urlauber geeignet, die die Ruhe abseits vom Touristenrummel genießen wollen. Hier und da stellen die Fischer ihre Gerätschaften ab; allerdings bieten einige Fischer hier auch Ausflugsfahrten auf ihren Booten an. Und Tang und Strandgut scheint an manchen Abschnitten niemand zu beseitigen.

★★ Mönchguter Museum

Insgesamt gehören **vier Einzelmuseen** zum Mönchguter Museum – das Heimatmuseum, der Museumshof, das Rookhuus (Rauchhaus) und das Museumsschiff »Luise«. Alle vier Museumsanlagen sind denkmalgeschützte Objekte, alte Fischerhäuser bzw. Bauernhöfe und ein Schiff. Präsentiert wird den Besuchern ein Überblick über die jahrhundertealte Kultur und Lebensweise der Bauern, Fischer, Lotsen und Schiffer der Halbinsel. Darüber hinaus informieren die Museen über die Geschichte, Geologie und Geografie des Mönchguts und über die Entwicklung Göhrens zum Seebad (Verwaltung: Strandstraße 4, Tel. 03 83 08 / 21 75) .

Heimatmuseum

1963 wurde in der Strandstraße in einem ca. 150 Jahre alten **Rohrdach-Bauernhaus** das Heimatmuseum eingerichtet.

Erdgeschoss ►

In den Erdgeschossräumen kann man sich über den einstigen Altag im Haus, die traditionelle Mönchguter Tracht sowie die Schifffahrt informieren. Der erste Raum rechts des Eingangs ist die sog. **Döns**, der durch ein Heizungsloch von der Küche aus beheizbare Wohn-, Schlaf- und Arbeitsraum. Hier sieht man u. a. ein Spinnrad, ein ausziehbares Bett, eine Schlafbank und ein Klappbett: insgesamt sehr Platz sparendes Mobiliar für eine große Familie, die sich in einem kleinen Raum zusammendrängen musste. Im Gang sind Feldarbeitskleidung und Trachten aus dem 19. Jh. untergebracht. Ein weiterer Raum beschäftigt sich mit der Seefahrt und zeigt u. a. Schiffsmodelle und Seemannsmitbringsel.

Die um 1600 errichtete Stallscheune zeigt die einstige Arbeitswelt der Mönchguter Bauern.

Im Obergeschoss geben **Ausgrabungsfunde** Aufschluss über die frühe Besiedlung des Mönchguts. Aus der Eisenzeit (600 v. Chr. – 30 v. Chr.) stammen z. B. Feuersteinrohlinge sowie Geräte und Waffen; aus der slawischen Zeit (600 – 1200 n. Chr.) haben sich neben anderem eine Kette und ein Schleifstein erhalten. ◄ Obergeschoss

Ein weiterer Raum befasst sich mit der **Geologie**. Anhand von Bohrkernen, die die übereinander liegenden Gesteinsschichten der Halbinsel zeigen, wurde ein geologisches Profil des Mönchgut erstellt.

Die Entwicklung Göhrens zum Ostseebad seit dem 19. Jh. lässt sich im dritten Raum nachvollziehen: Texte und Bilder informieren über die Bäderarchitektur und den Fremdenverkehr. Schließlich wird dem Besucher im letzten Raum ein traditionelles Arbeitsgerät fast eines jeden Mönchguter Haushalts vorgeführt: ein originaler **»Wäwerstell«**, ein Webstuhl (Öffnungszeiten: Mitte April – Mitte Okt. tgl. 10.00 bis 17.00, Juli u. Aug. bis 18.00, Mitte Okt. – Mitte April bis 16.00 Uhr).

Museumshof

Alltag und Arbeitswelt der Rügener Bauern und Handwerker sind die Themen der Ausstellung im Museumshof, der sich an der Ecke Strandstraße / Nordperdstraße befindet. Die Hofanlage aus dem 18. und 19. Jh. umfasst insgesamt vier Gebäude.

Die **Hauptausstellung** richtete man in der einstigen Stallscheune ein, die schon um 1600 gebaut wurde. In der Durchfahrtsdiele stehen Wagen und Gerätschaften für die Feldarbeit; zu sehen sind auch Mahl- und Mühlsteine sowie Geräte zur Milchverarbeitung und Butterherstellung. Hausbau, Rohrdachdecken und die Arbeitswelt der ◄ Stallscheune

◄ weiter auf S. 172

FLANIERSTEGE INS MEER

Geplant und gebaut wurden sie, um den Touristen die Anreise zu erleichtern – die Seebrücken. Doch schnell entwickelten sie sich zu einer allgemeinen Attraktion: Es galt als schick, auf der Brücke zu flanieren.

Bis Anfang des 20. Jahrhunderts war ein Urlaub auf Rügen mit gewissen Startschwierigkeiten verbunden, denn bis zum Bau des Rügendamms 1936 war die Insel nur mit dem Schiff zu erreichen.

Nun besaßen die begehrten Ostseebäder zwar Bootsstege, doch Schiffe mit größerem Tiefgang konnten dort nicht anlegen. Die Urlauber mussten daher mit Sack und Pack bei Wind und Wellen in kleine, bisweilen gefährlich schwankende Boote umsteigen, um an Land zu gelangen. Da man die Touristen aber nicht durch derlei Strapazen vergraulen wollte, baute Binz im Jahr 1902 eine Seebrücke von über einem halben Kilometer Länge.

Brückengeld und DLRG

Hier konnte man dann flanieren und in aller Ruhe das Strandleben beobachten. Allerdings mussten die Spaziergänger damals Brückengeld bezahlen, wenn sie den Steg betreten wollten.

Aber auch Fischer- und Segelboote legten nun hier an, um Ausflugsfahrten zu den Kreidefelsen oder zu einer anderen Insel anzubieten. Mit einem Restaurant am Brückenkopf schuf man einen weiteren Anziehungspunkt. In der Silvesternacht 1903/04 zerstörte ein Orkan Rügens erste Seebrücke, 1906 wurde sie neu errichtet. 1912 brach ein Querbalken der Brücke während des Anlegemanövers des Dampfers »Kronprinz Wil-

Sellins »historische« Seebrücke, das Wahrzeichen des Ostseebades, wurde 1992 neu eröffnet; links das Original im Jahr 1929.

helm« und zog 14 Menschen, die auf der Brücke gewartet hatten, mit sich in den Tod. Aufgrund dieser Katastrophe wurde im Jahr darauf, am 19. Oktober 1913, in Leipzig die Deutsche Lebensrettungsgesellschaft (DLRG) gegründet. Im harten Winter 1942/1943 zerstörten gewaltige Eisschollen den Binzer Landungssteg endgültig, ebenso die Seebrücken in Baabe und Thiessow. An den Wiederaufbau dieser Touristenattraktion machte man sich erst 1994; es entstand eine allerdings nur noch 370 m lange Seebrücke.

Natürlich wollte das Ostseebad Sellin Binz in nichts nachstehen: So entstand 1906 eine Seebrücke von 508 m Länge, die ebenfalls über ein Restaurant verfügte. Doch auch sie ereilte das Schicksal, das die Binzer Seebrücke getroffen hatte: 1924 riss Treibeis die Pfeiler der Brücke weg, im Winter 1941/1942 zerstörte es den wieder aufgebauten Steg erneut. Erst 1992 rang man sich dazu durch, die Kosten für einen Nachbau auf sich zu nehmen. Auf der 393 m langen Seebrücke, der längsten Rügens, steht auch das rekonstruierte zweistöckige, T-förmige Seebrückengebäude mit Restaurants und Geschäften.

Noch immer müssen Göhrens Fischer ihren Fang von ihren Kuttern auf kleine Boote umladen.

Am Südstrand Göhrens gab es bis zum Winter 1924 eine 1078 m lange hölzerne Landungsbrücke; auch sie wurde von Eisschollen zermalmt. Seitdem sind die Fischer dort gezwungen, ihren Fang weit vor dem Ufer von ihren Fischkuttern mit größerem Tiefgang auf kleine Motorboote umzuladen. Und die 1993 am Nordstrand errichtete Seebrücke ist mit ihren 280 m Länge zu kurz, als dass dort größere Schiffe anlegen könnten.

Schmiede und Zimmermänner werden dem Besucher ebenfalls durch entsprechende Werkzeuge vor Augen geführt. Da auf vielen Mönchguter Höfen auch Imkerei betrieben wurde, findet man in der Scheune zudem einige Exemplare alter Bienenkörbe aus gedrehten Strohseilen.

Eine große Gefahr drohte den Bauern stets durch das Feuer, dem die rohrgedeckten Fachwerkhäuser leicht zum Opfer fielen. Die Abteilung »Feuerwehr« in der Scheune demonstriert, wie man sich Feuerlöscharbeiten in der zweiten Hälfte des 19. Jh.s vorzustellen hat.

Geräteschuppen und Kräutergarten ►

Das zweite zugängliche Gebäude beherbergt vor allem alte Wagen, Kutschen und Deichseln. Neben dem Schuppen wurde ein kleiner Kräutergarten angelegt.

Die beiden anderen Häuser auf der Hofanlage sind für die Öffentlichkeit nicht zugänglich. Im ehemaligen Wohnhaus befindet sich heute die Museumsverwaltung, den Schweinestall hat man in eine Werkstatt verwandelt (Öffnungszeiten: siehe Heimatmuseum).

Rookhuus

Etwas versteckt steht das hübsche Rookhuus an der Ecke Thiessower Straße / Friedrichstraße in einem malerischen Gärtchen. 1977 ist das alte, liebevoll restaurierte Bauern- und Fischerhaus als Museum eingerichtet worden.

Im Rookhuus zog der Kaminqualm durch die Ritzen des Rohrdaches ab.

Das beinahe quadratische Rauchhaus im rügentypischen **Zuckerhutstil** (► Kunst und Kultur S. 50) ist das älteste erhaltene Gebäude Göhrens, das dort seit Anfang des 18. Jh.s steht und bis 1911 bewohnt war. Der Rauch aus dem offenen Herd zog bei diesem schornsteinlosen Haustyp durch Ritzen und Luken im Rohrdach ab. Tief herabgezogen, aber hoch und spitz ist das schmalfirstige Manteldach des Hauses, das den Bewohnern relativ viel Platz zum Wohnen und Arbeiten, für das Vieh und die Ernte bot. Der schwellenlose Fußboden ist lehmgestampft. Die acht Räume des Hallenhauses, dessen Wände aus Lehmfachwerk bestehen, sind mit originalen Einrichtungsgegenständen und Arbeitswerkzeugen seiner früheren Bewohner angefüllt (Öffnungszeiten: Mitte April – Mitte Okt. tgl. 14.00 bis 17.00 Uhr).

Museumsschiff

Das Museumsschiff, der **Motorsegler »Luise«**, steht etwa 800 m vom Rookhuus entfernt auf einer Wiese hinter den Dünen am Südstrand.

Das restaurierte Plattbodenschiff, 1982 zum Museum umfunktioniert, war eines der letzten Küstenfrachtschiffe Rügens. Im Schiffsbauch der »Luise«, die 1906 in den Niederlanden gebaut wurde, kann man sich einen Eindruck über das Leben an Bord sowie die rügensche Frachtschifffahrt verschaffen. Gezeigt werden Kompasse, Seekarten, Sextanten, Oktanten, Lote und die Werkzeuge, mit denen die Schiffer Takelage, Tauwerk, Holzteile und Metallbeschläge des Frachters reparieren bzw. in Stand halten mussten (Öffnungszeiten: April – Okt. tgl. 10.00 – 13.00, Juli u. Aug. bis 17.00 Uhr).

Spaziergang zum östlichsten Punkt der Insel, dem Nordperd

Umgebung von Göhren

Bei der Nordperdstraße im Osten von Göhren beginnt der schöne, ca. 3,5 km lange **Nordperd-Rundwanderweg**, der über die Landzunge bis an den **östlichsten Punkt Rügens**, den Nordperd, zu einem Aussichtspunkt führt. Von hier, der mit 61 m höchsten Erhebung Göhrens, hat man eine phantastische Sicht bis zum Kreidefelsen im Norden, zu den kleinen Inseln Oie im Südosten und Ruden im Süden sowie nach Putbus im Westen. Unterwegs kann man einen Blick auf den **Buskam** werfen.

◂ Wanderung nach Baabe und Sellin

Auf der Strandpromenade des Nordstrands kann man bis Baabe (ca. 4 km) und von dort aus weiter ins 3 km entfernte Sellin spazieren. Zunächst wandert man etwa zwei Kilometer am Wasser entlang und biegt dann kurz vor Sellin auf den Hochuferweg ein. Zurück nach Göhren fährt man bequem mit dem »Rasenden Roland«.

Herzogsgrab

Etwa sechs Kilometer südwestlich von Göhren liegt das über 4000 Jahre alte »Herzogsgrab«, ein **Hünengrab aus der Jungsteinzeit**, dessen Kammer neun Findlinge umgeben und in dem man bei seiner Entdeckung im Jahr 1920 viele wertvolle Grabbeigaben wie Bernsteinschmuck, Pfeilspitzen, Tongefäße und Feuersteingeräte und die Reste von 40 Skeletten fand. Um dorthin zu gelangen, geht man entlang der B 196 in Richtung Middelhagen. Von der Abzweigung Baabe / Middelhagen aus sind es wenige Hundert Meter bis zu einem Feldweg, der rechts an einem Steilhang durch einen Wald zu dem Grab führt.

★★ Hiddensee

B 2/3

Höhe: 0 – 72 m ü. d. M. **Einwohnerzahl:** 1300

Die kleine, lang gestreckte Insel Hiddensee, die »Perle der Ostsee«, manchmal auch »Capri von Pommern« genannt, ist der Westküste der »großen Schwester« Rügen vorgelagert. Bekannt ist die fast autofreie Insel für ihre reizvolle naturgeschützte Landschaft mit einzigartiger Flora und Fauna, für ihre schönen Strände entlang der Westküste und für ihre hübschen Dörfer.

»Rügens kleine Schwester«

Zum Reiz des Eilands trägt auch das Fehlen großer Touristenzentren und Hotelkomplexe bei, was den Eindruck der Naturbelassenheit und Unberührtheit der Insel verstärkt.

Autofreie Insel ►

Die rund 1300 Einwohner der an manchen Stellen nur 300 m breiten Insel leben in den vier Orten Kloster, Grieben, Vitte und Neuendorf. Wer sich hier nicht zu Fuß fortbewegen will, muss sich aufs Fahrrad schwingen oder eine Kutsche als Taxi benutzen – Autos haben auf Hiddensee nichts zu suchen, nur der Schulbus und einige Versorgungsfahrzeuge dürfen die wenigen befestigten Straßen auf Hiddensee befahren. Wer einige Tage auf der Insel verbringen möchte, sollte sich recht frühzeitig um eine Unterkunft bemühen, da die Zahl der Übernachtungsmöglichkeiten sehr begrenzt ist.

! *Baedeker* TIPP

Hiddensee mit dem Rad

Für diejenigen, die mit dem Fahrrad die Insel erkunden wollen, gibt es ein interessantes Angebot: Mit der Fahrkarte, die man z.B. in Schaprode für die Fähre löst, kann man von jeder Fähranlegestelle auf Hiddensee die Rückfahrt antreten und muss nicht zum Ankunftshafen zurückradeln.

»Dat söte Länneken«, das süße Ländchen, wie Hiddensee von seinen Bewohnern liebevoll genannt wird, hat eine ganze Palette landschaftlicher Schönheiten zu bieten: die sanften Hügel des nördlichen **Dornbuschs** mit ihrem Bewuchs von Ginster, Holunder-, Brombeer- und Sanddornbüschen, die bis zu 70 m hohe, schroffe **Steilküste** im Nordwesten, die **Dünenheide** im Mittelteil der Insel und den **feinsandigen Strand** entlang der Westküste, der wie geschaffen ist zum Baden und Sonnen.

Die Umrisse Hiddensees erinnern an die Gestalt eines Seepferdchens, das sich mit Blick auf Rügen auf die große Insel zuzubewegen scheint. Sicher ist jedenfalls, dass das Seepferdchen die große Insel Rügen auf der Höhe des Wittower Bugs mit der Nase anstupsen möchte; und das würde auch geschehen, wenn der Mensch es zuließe. Da der **Bessin**, der Kopf des Seepferdchens, aus angeschwemmtem Land besteht, das sich ständig in Form und Größe verändert, wird durch wiederholtes Ausbaggern einer Fahrrinne das Zusammenwachsen der beiden Inseln verhindert.

Hiddensee *Orientierung*

Übernachten
1. Pension Zum Klausner
2. Hotelanlage Heiderose

Essen
1. Zum kleinen Inselblick
2. Haus Hiddensee
3. Inselreif
4. Stranddistel

HIDDENSEE ERLEBEN

AUSKUNFT

Insel-Information Hiddensee
Norderende 162
18565 Vitte
Tel. 03 83 00 / 642 26
www.seebad-hiddensee.de

Nationalparkhaus
Norderende 2
18565 Vitte
Tel. 03 83 00 / 680 41
E-Mail: np-haus-hidd@nlp-vbl.de
Öffnungszeiten: April – Okt. tgl. 10.00 – 16.00 Uhr, Nov. – März eingeschränkte Öffnungszeiten (Aushang)
Der Eintritt zu der im Informationszentrum des Nationalparks Vorpommersche Boddenlandschaft gezeigten Ausstellung und zu den Videovorführungen ist frei.
Auch werden von Mai bis Oktober von den Mitarbeitern des Nationalparks regelmäßig naturkundliche Führungen zum Alten Bessin, über den Dornbusch und in die Dünenheide angeboten.

ESSEN

► Erschwinglich

③ ***Inselreif***
Süderende 9
18565 Vitte
Tel. 03 83 00 / 263
Sehr empfehlenswerte norddeutsche Küche. Das Restaurant wurde mit dem Logo »Regionale Esskultur« ausgezeichnet.

④ ***Stranddistel***
Plogshagen 15
18565 Neuendorf
Tel. 03 83 00 / 393
Das Lokal befindet sich südlich des Hafens. Serviert wird regionale Küche.

① ***Zum kleinen Inselblick***
Klosterbirkenweg 2
18565 Kloster
Tel. 03 83 00 / 234
Nach einer Inselerkundung genießt man hier eine deftige, aber sehr schmackhafte Küche. Spezialität des Hauses: Hiddenseer Aalsuppe.

► Preiswert

② ***Haus Hiddensee***
Kirchweg 29
18565 Kloster
03 83 00 / 335
Gemütliches Lokal mit sehr guter regionaler Küche zu angenehmen Preisen.

ÜBERNACHTEN

► Komfortabel

② ***Hotelanlage Heiderose***
In den Dünen 127
18565 Vitte
Tel. 03 83 00 / 630
www.heiderose-hiddensee.de
34 Z.
Die Hotelanlage, die zusätzlich einige Ferienwohnungen bietet, befindet sich zwischen Neuendorf und Vitte. Mit Gartenterrasse, Restaurant, Sauna und Solarium. Auf die Gäste warten vielfältige Sport- und Fitnessmöglichkeiten.

① ***Pension Zum Klausner***
Im Dornbuschwald 1
18565 Kloster
Tel. 03 83 00 / 66 10
www.klausner-hiddensee.de
7 Z.
Die nahe der Steilküste und dem Leuchtturm gelegene kleine Pension bietet in ihrem Restaurant gutbürgerliche Küche mit Fischspezialitäten. Pferdenarren können sich hier Reitstunden vermitteln lassen.

Das autofreie Hiddensee genießt man am schönsten bei einer gemütlichen Kutschfahrt.

Nationalpark Vorpommersche Boddenlandschaft

Mit Ausnahme der Ortschaften wurde die Insel Hiddensee 1990 zu einem Teil des »Nationalparks Vorpommersche Boddenlandschaft« erklärt, der mit einer Fläche von 805 km² der größte Nationalpark Ostdeutschlands ist und sich außer über Hiddensee auch über die Halbinseln Darß, Zingst und die Westküste Rügens erstreckt. Er zeichnet sich durch seinen Reichtum an Zug- und Brutvögeln sowie eine vielfältige Pflanzenwelt aus.
Zur sog. **Schutzzone 1** des Nationalparks gehören der Südteil des Neubessins im Norden und die Südspitze des Gellens im Süden der Insel. Diese Bereiche sind für Besucher unzugänglich, da sich dort Brut- und Rastgebiete von zum Teil vom Aussterben bedrohten Vogelarten befinden.

Geschichte

Feuersteinklingen aus der Jüngeren Steinzeit und andere Funde belegen, dass die Insel bereits im **Mesolithikum** und in der **Bronzezeit** besiedelt war. Von den Hügelgräbern der letztgenannten Epoche ist allerdings nur noch eines erhalten.
Nach der Völkerwanderung ließen sich **Slawen** auf Hiddensee nieder, bevor die Insel im 12. Jh. ebenso wie das benachbarte Rügen in dänischen Besitz geriet.
1296 gründete das Zisterzienserkloster Neuenkamp, dem die Insel von dem rügenschen Fürsten **Witzlaw II.** geschenkt wurde, im Norden der Insel eine Filiation, die zur Keimzelle des Ortes Kloster wurde. Bis ins 16. Jh. beherrschten die meist etwa zwölf Mönche zusammen mit den Laienbrüdern das Eiland. Das Kloster verfiel nach der

Insel des Hithin

- Die frühesten Belege für den Namen Hiddensee finden sich im 12./13. Jh. in den Götter- und Heldensagen der sog. »Prosaedda«des Isländers Snorri Sturlusson (»Hidensey«) und in den Schriften des Saxo Grammaticus (»Hithinsö«), der auch eine etymologische Erklärung für den Namen liefert: Die Insel soll einst dem nordischen König Hithin (oder Hedin) gehört haben. Da das Wörtchen »ey« bzw. »ö« für »Insel« steht, bedeutet also Hithinsö Insel des Hithin. Auch in der jüngeren isländischen »Knytlinga-Saga« taucht der Name »Hedinsö« auf, der sich dann im Laufe der Zeit zu Hiddensee gewandelt hat.

Säkularisation von 1536 und wurde endgültig während des Dreißigjährigen Krieges zerstört.

Fischerei und **Landwirtschaft** bildeten die einzige Lebensgrundlage der Bevölkerung, bis gegen Ende des 19. Jh.s der **Fremdenverkehr** einsetzte. Zunächst waren es vor allem Prominente aus Kultur und Wissenschaft, die hier Erholung suchten, unter ihnen Albert Einstein, George Grosz, Käthe Kruse, Thomas Mann, Billy Wilder und natürlich Gerhart Hauptmann (► Berühmte Persönlichkeiten), der auf ganz besondere Weise mit der Insel verbunden war.

Doch trotz stetig steigender Gästezahlen blieb Hiddensee ein stilles, geruhsames Fleckchen, das auch zu Zeiten der DDR vom Ausbau zur touristischen Hochburg verschont blieb.

Hausmarken

Eine Hiddenseer Besonderheit sind die so genannten Hausmarken. Man findet sie heute noch auf dem Friedhof von Kloster als Grabinschriften und an manchen Hauswänden vor allem in Vitte und Neuendorf neben den Hausnummern, wo sie allerdings ihrer ursprünglichen Funktion beraubt nur noch als Schmuck gelten.

Hausmarken dienten früher unterschiedlichen Zwecken: hier als **Kennzeichnung einer Person bzw. Familie**, dort eines Hauses, da des Besitzes – so markierte man z. B. das Vieh, die Gerätschaften, die Boote, Grundstücke und die hauseigenen Produkte, die man eintauschen wollte. Im Rügenschen Landrecht von 1530 wurde die Zuordnung und Benutzung der Marken für Rügen und Hiddensee sogar schriftlich festgelegt.

Als Hausmarken waren die Symbole stärker dem Haus als dessen Besitzer zugeordnet: Zog jemand um, blieb die Marke beim Hof und ging auf den neuen Besitzer über. Errichteten allerdings enge Familienmitglieder ein weiteres Haus, ergänzte man die Marke für dieses Gebäude um einen oder mehrere **»Afmarken«** (Beistriche).

★★ Kloster

»Inselmittelpunkt« im Norden

Der nördlichste Ort der Insel ist Kloster, der aus der 1296 gegründeten **Abtei der Zisterzienser** hervorging. Von den Gebäuden des 1536 im Zuge der Reformation säkularisierten Klosters, das in der Nähe des Hafens beim heutigen »Hotel Hitthim« stand, blieb nichts erhalten. Mit der einzigen Kirche der Insel und seinen zwei Museen ist Kloster auch das **kulturelle Zentrum** Hiddensees.

Der Blick schweift weit über den Dornbusch bis nach Kloster...

Mit seinen ungepflasterten Straßen und den kleinen schilfgedeckten Häusern am bewaldeten Hang des Dornbuschs ist Kloster der wohl urtümlichste, hübscheste, aber leider auch oft sehr überlaufene Ort auf Hiddensee. Vom Hafen aus geht man ein Stück nordwärts, bis man auf die Inselkirche am Kirchweg stößt. Nun befindet man sich bereits auf der **»Hauptstraße«** von Kloster, die von der Kirche, der Gerhart-Hauptmann-Gedenkstätte, dem Heimatmuseum und etlichen Gaststätten und Souvenirläden gesäumt wird. Pferdekutschen rollen über die sandige Straße, Fahrradfahrer strampeln vorbei – alles in allem ein romantisches Bild eines Dorfes, in dem man sich in ein früheres Jahrhundert versetzt fühlen kann.

◄ Kirchweg

Inselkirche

Das einzige aus der Zeit des Hiddenseer Zisterzienserklosters erhaltene Gebäude ist die Inselkirche, die 1332 als **»Kirche vor dem Klostertor«** geweiht wurde. Zwar überstand der schlichte Bau die Zeit der Säkularisierung des Klosters und auch die Wirren des Dreißigjährigen Krieges, doch war er im Laufe des 18. Jh. s in seiner Substanz so hinfällig geworden, dass von 1780 bis 1789 eine gründliche Sanierung anstand. Diese war mit Geldern der Stralsunder Familie Giese, die die ganze Insel gekauft hatte, möglich geworden. Ein hölzernes Tonnengewölbe, eine Empore an der Westseite und ein spätbarocker Bauernaltar schmückten nun den Innenraum.

◄ Ausstattung

Erst 1922/1923 erhielt das Tonnengewölbe durch den Berliner **Nikolaus Niemeier** sein freundliches Rosendekor. Die Orgel der Kirche, 1943 eingebaut, ist ein kleines Meisterwerk aus der Werkstatt des Potsdamer Orgelbaumeisters **Alexander Schuke**. Ein Originalmodell eines einheimischen Zeesenbootes und das Modell eines Oseberg-Wikingerschiffes erinnern an wichtige Abschnitte der Geschichte Hiddensees.

Friedhof ► Auf dem die Kirche umgebenden Friedhof stehen etliche alte **Grabwangen** mit verwitterten Inschriften und Bildern. Oft sind auch nur so genannte **Hausmarken** letzte Hinweise auf die Familie der Verstorbenen. Auf dem Inselfriedhof liegt auch das Grab **Gerhart Hauptmanns** (s. unten).

Gerhart-Hauptmann-Gedenkstätte

Rund 300 Meter weiter westlich liegt am Kirchweg, hinter einem prächtigen Garten vor neugierigen Blicken versteckt, das **»Haus Seedorn«**, der ehemalige Sommersitz Gerhart Hauptmanns (►Berühmte Persönlichkeiten), der sich von 1885 bis 1943 regelmäßig auf Hiddensee aufhielt. »Erst nach einem halben Jahrhundert gegenseitiger Treue kam der Augenblick, auf dem Eiland ein kleines Anwesen zu erwerben«, bemerkte einmal der Schriftsteller und Nobelpreisträger, nachdem er 1930 das erst einige Jahre zuvor gebaute Wohnhaus gekauft hatte. Hauptmann ließ einen Trakt mit Arbeits- und Abendzimmer sowie einen Kreuzgang anbauen, der den alten mit dem neuen Bau verbindet. Die Räume mit ihrer originalen Einrichtung wurden 1956 als Gedenkstätte hergerichtet

Erdgeschoss ► Im Eingangsbereich des Hauses liegen einige seiner Bücher, z. T. Erstausgaben, aus. Schautafeln mit Fotos und Texten erläutern Hauptmanns Werk und dokumentieren sein Leben auf der Insel.

Durch die Diele gelangt man zum Kreuzgang, wo sich u. a. Porträts

Haus Sanddorn: der zur viel besuchten Gedenkstätte umgewandelte Sommersitz des Literaturnobelpreisträgers Gerhart Hauptmann.

von Hauptmann und seiner Frau befinden; daran schließt das sog. **Abendzimmer** an. Der von hier aus zugängliche Weinkeller ist ebenfalls zu besichtigen.
Zurück im Erdgeschoss, betritt man als nächstes das beeindruckende **Arbeitszimmer** des Schriftstellers mit seinem großen Schreibtisch, einem Stehpult und einem kleinen Teil seiner Bibliothek. Weitere 11 000 Bände befinden sich in der Staatsbibliothek in Berlin.

◂ Obergeschoss

Durch einen blau gestrichenen Treppenaufgang gelangt man von der Diele in das erste Stockwerk, in dem sich die beiden komplett eingerichteten **Schlafzimmer** von Gerhart und Margarete Hauptmann befinden. An der Wand über dem Bett des Schriftstellers sind handschriftliche Notizen erkennbar, die sich Hauptmann des Nachts machte (Öffnungszeiten: Mai – Okt. tgl. 10.00 – 17.00, Nov. – April tgl. 10.00 – 16.00 Uhr).

Heimatmuseum von Hiddensee

Das kleine Heimatmuseum am westlichen Ortsrand von Kloster, am Ende des Kirchwegs, lockt vor allem mit einer Kopie des legendären Hiddenseer Goldschatzes. Darüber hinaus wird in der Ausstellung die Geschichte der Insel dokumentiert sowie ihre Entwicklung von einer Fischerinsel zum Badeort. Das Inselmuseum wurde in der **ehemaligen Seenotrettungsstation** eingerichtet.

◂ Erdgeschoss

Das Erdgeschoss birgt eine kleine Bernsteinsammlung und informiert, u. a. anhand präparierter Wasservögel und Schautafeln, über die schützenswerte heimische Fauna und Flora.

◂ Obergeschoss

Der große offene Raum in der oberen Etage ist der **Geschichte Hiddensees** und der Seefahrt gewidmet. Schautafeln und Exponate dokumentieren die Entwicklung Hiddensees zum heutigen Urlaubs- und Badeparadies und geben Einblicke in das Leben auf der Insel von ihrer ersten Besiedelung im 4. Jtsd. v. Chr. an.

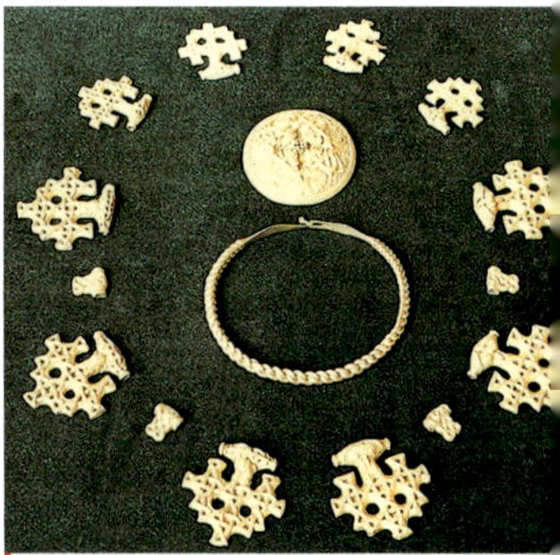
Kostbarer Wikingerschmuck

Die **Hauptattraktion** des Museums ist die Nachbildung des wertvollen **Hiddenseer Goldschatzes**, des Wikingerschmucks, dessen Original im Tresor einer Stralsunder Bank liegt.
Die kostbare Goldschmiedearbeit aus dem 10. Jh. setzt sich zusammen aus einem Halsring, 14 Kettenanhängern und einer Buckelscheibenfibel mit reichen, in Granulations-Technik ausgeführten Verzierungen, wie sie für die Kunst der späten Völkerwanderungszeit typisch war. Die Anhänger sind in ihrer Form eine Art Kompromiss zwischen einem christlichen Kreuz und einem heidnischen Thorshammer. Wem dieser Schatz einst gehörte, wird wohl immer ein Geheimnis bleiben. Gefunden wurde der Schmuck an der Westküste Hiddensees bei Neuendorf, wo er 1872 nach einer heftigen Sturmflut angeschwemmt wurde (Öffnungszeiten: Mai – Okt. tgl. 10.00 – 16.00, Nov. – April Fr. u. Sa. 11.00 bis 15.00 Uhr).

In den Zwanzigerjahren des letzten Jahrhunderts etablierte sich die »Lietzenburg« des Malers Oskar Kruse als Treffpunkt für Künstler und Intellektuelle.

Lietzenburg Oberhalb des Ortes, ca. 400 m nördlich der Gerhart-Hauptmann-Gedenkstätte, thront die fast schlossähnliche Lietzenburg. In dem mit Jugendstilelementen verschönerten Backsteinbau trafen sich vor allem in den 1920er-Jahren Künstler, Schriftsteller und Wissenschaftler. Erbauen ließ das herrschaftliche Haus 1904 der Maler **Oskar Kruse** , später zog dessen Bruder mit seiner Frau, der berühmten Puppenmacherin Käthe Kruse , in die Lietzenburg.

✶ Dornbusch und Grieben

Dornbusch Im Norden des Ortes Kloster steigt die Insel zum sanft-hügeligen Dornbusch an, der im Nordwesten von bis zu 70 Metern Höhe steil zum Meer abfällt. Herrlich blühender Besenginster sowie Holunder-, Brombeer- und Sanddornbüsche verleihen der Landschaft ihren besonderen Reiz. Der im 19. Jahrhundert wieder aufgeforstete Dornbuschwald besteht zum großen Teil aus Kiefern. Direkt an der Westküste müssen sich die Kiefern unter den kräftigen Westwinden ducken, sodass sie zu sog. **Windflüchtern** werden, deren Kronen nach Osten weisen.

Grieben Östlich der Inselkirche von Kloster zweigt eine Straße nach Grieben ab, einem kleinen, 1297 erstmals urkundlich erwähnten Dörfchen mit einer Hand voll z. T. schilfgedeckter Häuser. Hier steht das wahrscheinlich älteste Haus von Hiddensee.

Ganz im Norden Hiddensees – die Steilküste am Enddorn

Auf dem **höchsten Punkt der Insel**, dem 72 m hohen Schluckswiekberg, steht der 1887/1888 errichtete 28 m hohe **Leuchtturm**, der als Wahrzeichen von Hiddensee gilt. Gut 100 Stufen winden sich in dem technischen Denkmal hinauf auf die Galerie, von der aus man einen herrlich weiten Rundblick bis nach Rügen und Stralsund genießt. (Öffnungszeiten: April Di. – Sa. 10.30 – 16.00, Mai – Okt. tgl. 10.30 – 16.00 Uhr).

Schluckswiekberg

✶ Vitte

Vitte, zwischen Kloster und Neuendorf gelegen, ist der größte Ort der Insel und Sitz der Insel-Verwaltung. Der Name des Ortes ist von **»Vitten«**, der mittelalterlichen Bezeichnung für Heringsfang- und Fischhandelsplätze, abgeleitet.

»Inselhauptstadt«

Der ehemalige Fischerort am Nordrand der naturgeschützten Dünenheide ist weitläufiger als das kleinere Dorf Kloster. Einzelne Häuser am südlichen Ortsausgang reichen bis in die Heide hinein. Entlang der Hauptstraße des Dorfes und in der Nähe des langen, gepflegten Sandstrandes haben sich kleine Läden und Gaststätten niedergelassen. Auch sieht man in Vitte an vielen Häusern noch die traditionellen Hausmarken neben den modernen Hausnummern.

Im Nordosten des Ortes fallen Gebäude mit eigentümlicher Form auf. Zum einen befindet sich hier die ehemalige, wegen ihrer eigenwilligen Form **»Karusel«** getaufte Villa der dänischen Stummfilmdiva

Asta-Nielsen-Haus

Asta Nielsen (►Berühmte Persönlichkeiten), die wie Gerhart Hauptmann zu den Stammgästen auf Hiddensee zählte. Östlich davon steht ein ebenfalls in Privatbesitz befindliches Haus mit einem merkwürdig schief sitzenden Dach, das der Bauhausarchitekt **Max Taut** entworfen hat.

Einst Refugium für Künstlerinnen: die Blaue Scheune

Ein Stück weiter südlich liegt nahe der Hauptstraße die ihrer Flügel beraubte alte **Windmühle** von Vitte. Gleich nebenan ist die Touristen-Information von Hiddensee untergebracht.

An der großen Weggabelung im Norden des Ortes fällt jedem sogleich die schöne **Blaue Scheune** ins Auge, ein über 200 Jahre altes Gebäude, das ursprünglich zur Windmühle gegenüber gehörte. Die Blaue Scheune wurde von der Malerin **Henni Lehmann** erworben, die 1907 die daneben liegende Sommervilla errichtet hatte, und diente anfangs dem Hiddenseer Künstlerinnenbund, später auch anderen Künstlern als Galerie. Bis zu seinem Tod im Januar 2000 wohnte der Maler **Günter Fink** in der Blauen Scheune.

✶ Dünenheide

Naturschutzgebiet

Eine Wanderung durch die Dünenheide – im nördlichen Teil Naturschutzgebiet, im Süden Nationalpark – zwischen Vitte und Neuendorf ist eines der Erlebnisse, die man sich auf Hiddensee nicht entgehen lassen sollte. Die meterhohen Dünen sind vor allem mit Besenheide, Kriechweide und Krähenbeere bewachsen, aber auch Wacholder sowie Ginster- und Vogelbeerbäume sind anzutreffen. In den feuchten Dünentälern gibt es verschiedene Arten des geschützten Sonnentaus. Vereinzelt ragen Kiefern und Birken aus der Heidelandschaft heraus. Ihr schönstes Gesicht zeigt die Heide im August und September, wenn sie in voller Blüte steht und in violetten Farben erstrahlt.

i Vorsicht: Kreuzottern

- Beim Durchstreifen der Dünenheide ist Vorsicht geboten, denn man kann auf Kreuzottern treffen, die hier heimisch sind. Die weltweit in ihrem Bestand gefährdeten, auch für den Menschen giftigen Schlangen sind geschützt. Man erkennt sie an ihrem Zickzackband längs des Rückens.

Hafenidylle in der Hiddenseer »Hauptstadt« Vitte →

VIT43
RAMBO
VITTE
VIT 41

Ein schmaler, sandiger Wanderweg führt von Kloster entlang der Westküste nach Vitte und Neuendorf.

Fährinsel

Vor der Ostküste Hiddensees liegt zwischen Vitte und Neuendorf die Fährinsel, die ebenfalls zum **Nationalpark Vorpommersche Boddenlandschaft** gehört und zum Schutz der dort nistenden Vögel für Besucher nicht zugänglich ist.
Der Name der Insel erklärt sich aus ihrer jahrhundertelangen Funktion als Verbindungsglied zwischen Hiddensee und Rügen, denn hier wohnte der Fährmann mit seiner Familie, der auf Zuruf oder Winken sein Boot in Richtung des nahe gelegenen Hiddensee oder nach Seehof auf Rügen in Bewegung setzte.

Neuendorf

Denkmalgeschütztes Doppeldorf

Der südlichste Ort auf Hiddensee ist eigentlich ein Doppeldorf: Neuendorf-Plogshagen. Plogshagen besteht nur aus wenigen Häusern, ist aber viel älter als Neuendorf, das kurz vor 1700 entstand.
Die zum Teil schilfgedeckten, weiß getünchten Häuser des unter Denkmalschutz stehenden Fischerdorfs, scheinen wahllos auf eine große, grüne Wiese gebaut worden zu sein. Tatsächlich haben die Häuser eine sog. **Solarausrichtung**: Sie stehen mit ihrer Längsrichtung von Ost nach West, die Wohnräume sind dem Süden zugewandt. Erbaut wurden die Häuser auf west-östlich verlaufenden ehemaligen Strandwällen, die die Gebäude vor Überschwemmungen schützen sollen. Die einzige befestigte Straße des Ortes führt zum Hafen, wo man den Fischern bei ihrer Arbeit zusehen kann.

Ein schöner, etwa 8 km langer Wanderweg verläuft ab Neuendorf parallel zum lang gezogenen, feinsandigen Strand und am Leuchtturm vorbei bis hinunter zur Grenze der Schutzzone 1 des Nationalparks, die nicht betreten werden darf. Zurück führt ein Weg weiter östlich entlang von Heidelandschaft und Wiesen. Man gelangt über den im 19. Jh. errichteten Steinwall und weiter auf dem befestigten Deich zurück zum Hafen von Neuendorf.

Wanderung zum Gellen

Gellen

Der südlichste Zipfel Hiddensees, die Südspitze des Gellen, darf nicht betreten werden. In dem **Feuchtgebiet** leben viele z. T. vom Aussterben bedrohte Vogelarten, in den Dünentälern wachsen geschütze Pflanzen wie Wollgras und Sonnentau.

Südspitze Hiddensees

Der Gellen besteht wie der Bessin im Norden Hiddensees aus Schwemmland, das seine Form ständig verändert und sich vor allem vergrößert: Pro Jahr wächst die Südspitze Hiddensees um etwa fünf Meter. Auf halbem Weg zwischen Neuendorf und der abgegrenzten so genannten Schutzzone 1 des Nationalparks warnt der 10 m hohe **Süder-Leuchtturm** an der Westküste die Schiffe.

★★ Jagdschloss Granitz

E 3

Höhe: 107 m ü. d. M.

Öffnungszeiten: Mai – Sept. tgl. 9.00 bis 17.30, Okt. – April Di. – So. 9.00 bis 16.00 Uhr

Einer der touristischen Höhepunkte der Insel ist ein Besuch des klassizistischen Jagdschlosses Granitz mit seinen historischen Ausstellungsräumen, die einen Einblick in den fürstlichen Lebensstil und das Repräsentationsbedürfnis des 19. Jahrhunderts geben.

Das mittelalterlich anmutende Schloss liegt auf dem Tempelberg, der mit 106 m höchsten Erhebung inmitten des ca. 1000 ha großen Waldgebietes der Granitz. Jährlich strömen etwa 200 000 Besucher aus aller Welt in die Ausstellungsräume des Fürstensitzes, der auch als Veranstaltungsort der »Musikfestspiele Mecklenburg-Vorpommern« genutzt wird.

Fürstensitz auf dem Tempelberg

An der Entstehung des Schlosses waren zwei für das Rügen des 19. Jahrhunderts bedeutende Persönlichkeiten beteiligt: **Fürst Wilhelm Malte I. von Putbus** (1783 – 1854) als Auftraggeber, der mit seinen bauherrlichen Tätigkeiten auch für einen wirtschaftlichen Aufschwung auf der Insel sorgte, und **Karl Friedrich Schinkel** (► Berühmte Persönlichkeiten) als Architekt, der dem Entwurf des Jagdschlosses von **J. G. Steinmeyer** seinen Stempel aufdrückte.

Geschichte

Wuchtig erhebt sich das mittelalterlich anmutende Jagdschloss auf dem 106 m hohen Tempelberg.

Vorgängerbau ▶ Auf dem Tempelberg stand bereits 120 Jahre vor der Errichtung des Jagdschlosses ein als Aussichtsturm genutztes Gebäude, ein sechseckiges **Belvedere** aus Fachwerk mit drei Etagen, das 1810, baufällig geworden, abgerissen wurde. Am Fuß des Berges hatte man außerdem ein **Jagdhaus mit zwei Pavillons** eingerichtet, das dann zu Fürst Maltes Zeiten als Fest- und Gasthaus genutzt wurde.

Nachdem die Arbeiten am Bau des Jagdschlosses nach Plänen des Baumeisters **J. G. Steinmeyer** 1837 begonnen hatten, änderte ein Jahr später der vom Fürsten zu Rate gezogene Professor der Baukunst und Oberlandesbaudirektor **Karl Friedrich Schinkel** die Entwürfe ab und setzte statt eines geplanten Lichthofes einen 38 m hohen Aussichtsturm in die Mitte des Schlosses. Zudem veranlasste er die Erhöhung der Ecktürme.

Gästehaus für den Adel ▶ Nach Fertigstellung des wehrhaft wirkenden Backsteinbaus 1852 diente es der Fürstenfamilie – Fürst Malte von Putbus starb schon zwei Jahre darauf – zu Repräsentationszwecken und als Gästehaus für den Adel. Nur sieben Jahre, von 1865 bis 1872, residierte die Familie selbst in dem Schloss; im Jahr 1900 öffnete sie aus finanziellen Gründen die Gemächer für Besucher. Das unter Denkmalschutz stehende Gebäude wird seit 1982 Schritt für Schritt restauriert; 1994 wurden die Räume im Erdgeschoss erstmals seit 1945 wieder der Öffentlichkeit zugänglich gemacht.

Architektur Der von J. G. Steinmeyer geplante und von K. F. Schinkel veränderte **klassizistische Bau** wurde über einem fast quadratischen Grundriss errichtet.

Gemächliche Kutschfahrt durch die Granitz hinauf zum Jagdschloss

Das Schloss, in das man durch ein **Eingangsportal mit Freitreppe** gelangt, umfasst zwei Stockwerke, auf die ein flaches Dach aufgesetzt wurde. Darüber erheben sich vier runde Ecktürme, ein halbrunder Erker an der Südwand und ein Mittelturm. Alle Türme sind von Zinnen bekrönt, was der Anlage einen burgähnlichen Charakter verleiht, und mit rundbogigen Fenstern und Blendbögen ausgestattet. Die gequaderten Außenwände, ein umlaufender Zahnfries und die schmalen Gesimse verstärken den Eindruck einer strengen Gliederung des Komplexes.

Der **Aussichtsturm** schraubt sich in der Mitte des Schlosses in die Höhe. Mit seinen 38 m überragt er den Hauptbau um vier Geschosse und ist von kleinen rundbogigen Fenstern durchbrochen.

Alle Räume sind um den Mittelturm gruppiert und von einem den Turm umlaufenden Korridor aus zugänglich. Das Erdgeschoss war den Wohnräumen der Fürstenfamilie vorbehalten, das erste Obergeschoss diente der Repräsentation. Von der hohen Eingangshalle aus führt eine breite kreuzförmige Treppe durch drei Arkadenbögen hindurch zur Beletage. Hier wird diese Treppe abgelöst von der 1844 hergestellten wertvollen **gusseisernen Wendeltreppe**, die zur Aussichtsplattform führt.

! *Baedeker* TIPP

Jagdschloss-Express

Am bequemsten ist das Schloss mit einem der Jagdschloss-Express-Kleinbahnen zu erreichen; für den Autoverkehr ist das Waldgebiet der Granitz gesperrt. Eine der Bahnen fährt bei der Seebrücke in Binz los, eine andere von einem gebührenpflichtigen Parkplatz etwa einen Kilometer südlich des Binzer Ortsausgangs.

Jagdschloss Granitz Orientierung

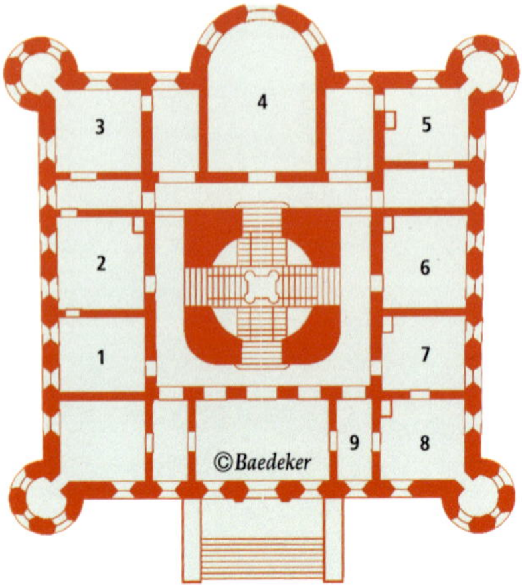

1 1.OG: Speisezimmer
2 1.OG: Empfangszimmer
3 1.OG: Damensalon
4 EG: Rittersaal
1.OG: Marmorsaal
5 1.OG: Billardzimmer
6 1.OG: Bibliothekszimmer
7 1.OG: Ankleidezimmer
8 1.OG: Schlafzimmer
9 1.OG: Dienerzimmer

Ausstattung Bei dem Mobiliar, den Gemälden und sonstigen Ausstattungsgegenständen, die heute in den Räumen zu sehen sind, handelt es sich bis auf sehr wenige Ausnahmen nicht um die originale Einrichtung, die 1945 / 1946 verschwand. Ursprünglich hatte man das Schloss dezent eingerichtet, nach 1860 begann man jedoch dem Zeitgeist entsprechend, die Salons mit prunkvollen und pompösen Möbeln, mit Nippes, Plüsch und gewienerten Ritterrüstungen zu überladen. Erhalten haben sich in mehreren Räumen die repräsentativen Marmor- und Parkettböden, Wandtäfelungen und Stuckdecken.

Rundgang durch die Ausstellungsräume

Erdgeschoss

Vestibül ► In der über zwei Stockwerke reichenden Vorhalle weisen drei **Arkadenbögen** den Weg über eine Treppe zum ersten Obergeschoss. Im Vestibül selbst fallen die Rot- und Damwildtrophäen ins Auge, die – entsprechend dem historischen Vorbild – an den imitierten Marmorwänden angebracht wurden.

In vielen Räumen wird man übrigens von **Illusionsmalerei** und Imitaten getäuscht und überrascht werden – ein Gestaltungsprinzip der Baumeister, die dem Schloss mit der damals modernsten Technik ein mittelalterliches Aussehen geben wollten.

Rittersaal ► Der Rittersaal ist über die Mitteltreppe oder den Korridor zugänglich. Original sind hier der **Fußboden aus Carrara-Marmor** und die Stuckdecke. Hinzudenken muss man sich eine raumfüllende Sammlung von Möbeln und Waffen verschiedenster Herkunft und aus unterschiedlichen Epochen, mit denen man die adeligen Gäste zu beeindrucken verstand.

Kleine fürstliche Tafel aus Meißner Porzellan im eleganten Speisezimmer

Erstes Obergeschoss

Der Korridor in der ersten Etage gibt den Blick in das darunter liegende Vestibül frei. Unter den Ölgemälden, die die Wände des Umgangs schmücken, ist eine Darstellung des Grafen Friedrich Malte von Putbus und ein **Wappenbild des Hauses Putbus** beachtenswert.

◀ Empfangssalon

Im ersten Raum, den man beim Rundgang betritt, wurden einst die Gäste empfangen. Vom ursprünglichen Aussehen dieses Salons zeugen nur noch das original erhaltene Parkett, die Wandtäfelung und die klassizistische Stuckdecke. Auch die drei gemalten Jagdszenen, um 1680 entstanden, entstammen der ursprünglichen Ausstattung. Eine Büste des Bauherrn Fürst Malte von Putbus aus dem Jahr 1830 steht auf dem marmornen Kamin.

◀ Speisezimmer

Auch das repräsentative Speisezimmer war ursprünglich völlig anders eingerichtet als heute, wohingegen das schachbrettartige Parkett, die Holztäfelung, die handbemalten Fliesen im oberen Teil der Wände und die Stuckdecke authentisch sind. Die Statue **»Venus Kalipygos«** im Erker stand einst im Putbusser Schlosspark.

◀ Damensalon

Durch den Empfangssaal gelangt man in den Salon, in dem sich im 19. Jh. die adeligen Damen zum abendlichen Plausch trafen. Auch hier sind Parkett, Dekordecke und Wandverkleidung original, der schöne Kamin wurde aus Carrara-Marmor gefertigt. Ein Sofa ist das einzige erhaltene Möbelstück aus der Erbauungszeit. Aus der Biedermeierzeit stammt der Konzertflügel, ebenso die Kommode mit der barocken Kaminuhr und die Sitzgruppe im Erker.

◀ Marmorsaal

Der durch eine halbrunde Apsis verlängerte Marmorsaal ist der größte Raum des Schlosses. Einst wurden hier große Empfänge gegeben und Feste nach Jagden ausgerichtet, heute finden hier mitunter Konzerte statt. Geprägt wird der Saal von dem wertvollen dreistöckigen **Marmorkamin** (um 1850), der dem Raum den Namen gab. Über der Kaminöffnung ist eine »Sauhatz« dargestellt. Im Erker steht das **»Seilsofa«** (um 1860), das noch der Originalausstattung angehört. Neben einer Artemis-Plastik ist im Erker auch eine Büste des Architekten **Karl Friedrich Schinkel** aufgestellt (um 1838).

Mobiliar aus Hirschgeweihen in der Jägernische

Das Gegenstück zum Damensalon liegt auf der anderen Seite des Marmorsaals. In das ehemalige **Herrenzimmer** zog man sich – ohne weibliche Begleitung – zur Unterhaltung oder auf eine Partie Billard zurück. An die ehemalige Ausstaffierung des Raumes mit Jagdutensilien und -trophäen erinnert heute u. a. die Sitzgruppe aus Hirschgeweihen in der sog. **Jägernische**.

Im ehemaligen **Bibliothekszimmer** wird eine Jagd-Ausstellung mit Trophäen, Bildern und Texten gezeigt. An die ursprüngliche Nutzung als Fachbibliothek mit Jagd-, Forst- und Wirtschaftsliteratur in hohen Wandregalen erinnert heute nichts mehr.

Ankleidezimmer ► Ölbilder des Zingster Malers **Max Hünten** sind heute der einzige Schmuck des ehemaligen Ankleidezimmers der Dame des Hauses. Einst zierte hier eine rote Velourtapete die Wände.

Schlafzimmer ► Auch von der Einrichtung des vorletzten Raums des Rundgangs blieb nach dem Zweiten Weltkrieg nicht viel übrig. Heute zeigt man dort die ständige Ausstellung **»Hirsche der Welt«**. Ursprünglich stand in dem Raum ein prunkvolles Himmelbett, das nach 1945 für den Bau eines Kaninchenstalls herhalten musste.

Dienerzimmer ► Im ehemaligen Dienerzimmer am Ende des Flurs sind heute historische Stiche von **J. E. Ridinger** ausgestellt.

Wendeltreppe

Ein **Meisterwerk der Eisenverarbeitung** ist die gusseiserne Wendeltreppe im Mittelturm des Schlosses, die man vom ersten Stockwerk aus betreten kann. Die bis auf wenige rekonstruierte Teile original erhaltene Treppe von 1844 schraubt sich mit 154 Stufen und 12 Podesten 33 m in die Höhe bis zu einer Aussichtsterrasse. Die selbsttragende Treppe ruht auf Konsolen, deren Halterungen im Turmmauerwerk verankert sind. Die Eisenstufen täuschen durch ihre Farbe Mahagoniholz vor, die Wände ihrerseits erscheinen gequadert, was aber lediglich ein Resultat ihrer Bemalung ist.

Für Schwindelfreie ist's ein Vergnügen auf der gusseisernen Wendeltreppe zur Aussichtsplattform zu steigen.

◂ Aussichtsplattform

Wenn auch der Aufstieg über die schmale Treppenkonstruktion für nicht Schwindelfreie ein wahrscheinlich weniger großes Vergnügen darstellen dürfte, so belohnt doch der Ausblick von der Plattform für diese Strapaze. Bei gutem Wetter reicht die Sicht bis hinüber zum Kap Arkona an der Nordspitze Rügens, bis Greifswald auf dem Festland im Süden und Stralsund im Westen.

! Baedeker TIPP

Des Ritters Brot

Gruppen ab zwölf Personen dürfen in der »Alten Brennerei«, nachdem sie vorbestellt haben, beim weithin berühmten »Schlemmerspektakel« die Tafelfreuden des Mittelalters kennen lernen und sich bei »Warmen Bärentatzen«, »Rügener Dampflümmeln« und »Ritterbrot« von Gauklern und Spielleuten unterhalten lassen.

Bevor man sich nach der Besichtigung des klassizistischen Schlösschens an den Abstieg vom Tempelberg macht, lässt man sich's am besten in der **»Alten Brennerei«** gut gehen.
Das urige Wirtshaus wurde im Kellergeschoss des Jagdschlosses eingerichtet und mit mittelalterlich anmutenden Wandmalereien und altertümlichen Einrichtungsgegenständen ausgestattet – inklusive eines Prangers. Die Gäste sitzen auf grob gezimmerten Holzstühlen an ebenso groben Holztischen, während das »Küchengesinde« deftige Speisen wie »Weltumseglers Schlemmertopf« und den Wein in Tonkrügen serviert (Tel. 03 83 93 / 328 72; Öffnungszeiten: Mai – Sept. tgl. 11.00 – 18.00, Okt. – April Di. – So. 11.00 – 17.00 Uhr).

✶ Jasmund

E/F 2/3

Höhe: 0 – 161 m ü. d. M.

Die im Nordosten gelegene Halbinsel ist die bergigste Region Rügens, und mit ihren berühmten Kreidefelsen am Steilufer der Ostküste – das »Herzstück« des »Nationalparks Jasmund« – ist sie zugleich die meistbesuchte Gegend auf Rügen.

Touristenmagnet

Innerhalb des **»Nationalparks Jasmund«**, der sich über schöne Pfade entlang des Hochufers und durch die dichten Buchenwälder, die die ►Stubnitz überziehen, erwandern lässt, liegt auch die höchste Erhebung Rügens: der Piekberg mit 161 Metern. Nach Westen hin wird die Gegend flacher, auch der Wald beschränkt sich auf das Gebiet der Stubnitz beziehungsweise des Nationalparks.
Von der jahrhundertelangen Besiedlung der Halbinsel zeugen viele jungsteinzeitliche **Hünengräber** (►Kunst und Kultur S. 47) und einige **slawische Burgwälle**. Die hübschen kleinen Orte und Sehenswürdigkeiten, die im Folgenden beschrieben werden, liegen im nordwestlichen Teil Jasmunds: Lohme und Glowe an der Nordküste, Bobbin und das Schloss Spyker etwas südlicher im Landesinneren.

JASMUND ERLEBEN

AUSKUNFT

Tourismusbüro Glowe
Hauptstr. 37
18551 Glowe
Tel. 03 83 02 / 52 21
Fax 52 52

Tourismusverein Gemeinde Lohme e.V.
Dorfstr. 23
18551 Lohme
Tel. 03 83 02 / 888 38
Fax 901 09

ESSEN

► Erschwinglich

Fischerhus
Hauptstr. 53
18551 Glowe
Tel. 03 83 02 / 52 35
Im »Fischerhus« genießt man regionale Fischgerichte in recht angenehme Atmosphäre.

Panorama-Restaurant
An der Steilküste 8
18551 Lohme
Tel. 03 83 02 / 92 21
Auf der windgeschützten Terrasse kann man erstklassige Fisch- und Wildspezialitäten genießen. Als Beilage gibt's einen phantastischen Blick hinaus aufs Meer.

ÜBERNACHTEN

► Luxus

Schlosshotel Spyker
Schlossallee 1
18551 Sagard
Tel. 03 83 02 / 770
www.Schlosshotel-Spyker.de
35 Z.

Das in einem 750 Jahre alten Schloss untergebrachte Luxushotel liegt inmitten eines Parks am Spykerschen See. Die Zimmer sind mit italienischen Stilmöbeln ausgestattet. Das exklusive Restaurant »Vier Jahreszeiten« serviert internationale Spezialitäten; das Lokal »Zum alten Wrangel« im Gewölbekeller bietet im Ambiente des 17. Jh.s regionale und schwedische Küche.

Urlaub im geschichtsträchtigen Schlösschen am Spykerschen See

Steigenberger Resort Hotel
18551 Neddesitz
Tel. 03 83 02 / 95
www.steigenberger.de
131 Z., 14 Suiten
Das in einem detailgetreu renovierten Gutshaus aus dem Jahr 1901 und in modernen Backsteinanbauten untergebrachte Hotel verwöhnt seine Gäste mit im modernen Landhausstil eingerichteten Zimmern, einer exquisiten Küche und zahlreichen Beauty- und Wellnessangeboten.

► Komfortabel

Hotel Baumhaus
18551 Hagen
Tel. 03 83 92 / 2 23 10
www.wild-east.de/firmen/tv-katalog/baumhaus
5 Z. u. 5 App.
Das idyllisch gelegene, rohrgedeckte »Baumhaus« ist die einzige Unterkunftsmöglichkeit im Nationalpark Jasmund. Die exklusiv eingerichteten Zimmer verfügen über eine Terrasse oder einen Balkon. Das Restaurant »Baumhaus-Stuben« serviert Fisch- und Wildspezialitäten. Wer mag, unternimmt einen Törn mit der hoteleigenen Motoryacht.

Panoramahotel Lohme
An der Steilküste 8
18551 Lohme
Tel. 03 83 02 / 92 21
www.lohme.com
48 Z., App. u. Suiten
Direkt am Jasmunder Nationalpark gelegenes Hotel mit mehreren Häusern. Die Zimmer sind klassisch-elegant eingerichtet. Herrlicher Blick auf die Bucht der Tromper Wiek bis Kap Arkona. Eigener Strandzugang.

► Günstig

Hotel-Pension Alt Glowe
Hauptstr. 37 a
18551 Glowe
Tel. 03 83 02 / 5 30 59
www.wild-east.de/firmen/alt_glowe
17 Z.
Nettes, kleines Hotel mit individuell eingerichteten Zimmern. Etwa 100 m vom Strand der Schaabe entfernt.

Hotel Meeresblick
Waldsiedlung 129 a
18551 Glowe
Tel. 03 83 02 / 74 40
www.glowe.de/Hotel-Meeresblick
31 Z.
In unmittelbarer Meeresnähe gelegen mit Blick auf die Troper Wiek. Geräumige Zimmer, einige mit Balkon. Zwei hotel-eigene Restaurants, Wintergarten, Terrasse, Solarium.

Abendstimmung am Großen Jasmunder Bodden

Sehenswertes auf der Halbinsel Jasmund

Den Hauptattraktionen und größeren Orten auf Jasmund sind eigene Hauptstichworte gewidmet, so dem Wahrzeichen Rügens, den Kreidefelsen der Stubbenkammer, darunter der berühmte »Königsstuhl« (►Stubnitz), den Sehenswürdigkeiten der Städte ►Sassnitz und ►Sagard sowie einer weiteren landschaftlichen Besonderheit: den großen Feuersteinfeldern von ►Neu Mukran.

Lohme Am nördlichen Ende des Nationalparks Jasmund liegt das ehemalige Fischerdorf Lohme an der hier 70 m hohen Steilküste. Vom Parkplatz in der Ortsmitte führt ein ausgeschilderter Wanderweg in den Wald und über eine lange Treppe hinunter zum Steinstrand, der allerdings nicht zum Baden einlädt.

Schwanenstein ► Östlich des Abstiegs liegt der Schwanenstein im flachen Uferwasser, ein gewaltiger, rötlicher Granitfindling in Form einer Pyramide, 4 Meter hoch und etwa 162 Tonnen schwer. Am Hochufer entlang verläuft ein schöner, 6 km langer Wanderweg zum Königsstuhl in der Stubbenkammer (►Stubnitz).

Glowe Am südlichen Ende der **Schaabe** (►Wittow), einer etwa 8 km langen Nehrung, die die Halbinseln Jasmund und Wittow verbindet, liegt Glowe, 1314 erstmals urkundlich erwähnt. Der kleine Badeort besitzt einen wunderbaren Sandstrand, der sich fast über die gesamte Schaabe bis nach Juliusruh zieht, was die Gegend zu einem wahren **Badeparadies** macht.

Das kleine Fischerdorf an der Küste entwickelte sich mit dem Anfang des 20. Jahrhunderts aufkommenden Tourismus zum Ferienort. Eine Kurklinik, ein kleiner Hafen, ein paar Geschäfte und Läden sowie einige Hotels, Cafés und Fischrestaurants entlang der Hauptstraße machen das malerisch zwischen dem Großen Jasmunder Bodden und der Ostsee gelegene Glowe zu einem erholsamen Urlaubsort.

◄ Erholsamer Ferienort

Vier Meter hoch, über 160 Tonnen schwer: der Schwanenstein bei Lohme

Das zu Glowe gehörende, etwas weiter nördlich gelegene kleine **Ruschvitz**, einst ein Hof der Herrschaft Spyker, erhebt Anspruch auf den Titel des Geburtsorts des berühmt-berüchtigten Seeräubers **Klaus Störtebeker** (► Berühmte Persönlichkeiten und Baedeker Special S. 240).

Bobbin, ebenfalls zur Gemeinde Glowe gehörig und 4 km nördlich von Sagard an der B 96 gelegen, erkennt man schon von weitem an seiner hübschen gotischen Feldsteinkirche **St. Paul**, die in leicht erhöhter Lage über die Häuser des Ortes blickt. Die älteste Feldsteinkirche Rügens entstand an Stelle eines Vorgängerbaus um 1400, der Westturm wurde rund hundert Jahre später angefügt. Ihr ältestes Ausstattungsstück ist ein Taufstein aus der Zeit um 1300. Die Orgel wurde von dem Berliner **Karl August Buchholz** 1842 gebaut. Die Kirche umgibt ein kleiner Friedhof mit mehr als 50 verwitterten Grabwangen aus dem 18. und 19. Jahrhundert.

★ Schloss Spyker

Nur wenige Hundert Meter hinter Bobbin zweigt links eine schmale Straße zum Schloss Spyker ab, einem der wenigen erhaltenen Herrenhäuser aus der Renaissancezeit auf Rügen (►Kunst und Kultur, S. 52). Mit seiner dunkelrot getünchten Fassade sticht das dreigeschossige Gebäude deutlich aus seiner Umgebung hervor. Schon im 14. Jahrhundert stand hier in einer Niederung am Spyker See ein Adelshof mit den dazugehörigen Wirtschaftsgebäuden. Das Gebäude entstand im Auftrag der Familie Jasmund, in deren Besitz sich das Gut seit 1435 befand. Mitte des 17. Jahrhunderts baute der damalige Besitzer, der schwedische Feldmarschall und Generalgouverneur von Pommern **Carl Gustav Wrangel**, das Herrenhaus um und fügte u. a. die runden Ecktürme und einen barocken Park hinzu.

Seit 1992 beherbergt das auffällige Gebäude das noble **»Schlosshotel«**. Im ersten Obergeschoss ist ein exklusives Restaurant untergebracht und in dem schönen kreuzgratgewölbten Kellergeschoss ein rustikales Lokal.

VERMÄCHTNIS AUS DER KREIDEZEIT

Die Kreidefelsen von Rügen, das Wahrzeichen der Insel, sind zwar das spektakulärste, keinesfalls aber das einzige Vermächtnis aus einer Zeit, als die Insel noch von Meerwasser überflutet war.

Kilometerweit leuchtet das Weiß der berühmten Rügener Kreidefelsen, die schon Caspar David Friedrich vor mehr als anderthalb Jahrhunderten im Bild festhielt und die heute noch die Menschen in Scharen anlocken.

Nur mit viel Glück findet man Bernsteinstücke mit solchen Einschlüssen.

Wie aber entstand der strahlend weiße Fels? Des Rätsels Lösung liegt etwa 70 Millionen Jahre zurück, als Rügen, wie weite Teile Europas, von einem warmen Flachmeer überflutet war.

An der Wasseroberfläche herrschten Temperaturen, wie man sie heute z. B. von der Mittelmeerküste her kennt, etwa 20° bis 24° C. In dem nordeuropäischen Kreidemeer lebten u. a. Coccolithophoriden, kleine Einzeller mit gallertartigen Körpern. Aus den winzigen, Coccolithen genannten Kalkplättchen, die sie auf ihren Körperchen trugen, bildete sich in der Meeresstraße, die sich zwischen dem heutigen Südschweden und dem Harz hinzog, im Lauf von Jahrmillionen eine mächtige, bis zu 500 m dicke Schicht aus feinkörnigem, mürbem Kalk, der seit langem als Rügener Schreibkreide bekannt ist. **Ihre heutige Form** als Steilküste erhielt sie durch Bewegungen der Erdkruste, durch die die Kreideschichten angehoben wurden und wie riesige Eisschollen aufbrachen.

Mit der vom Selliner Goldschmied Jürgen Kintzel aus 35 Millionen Jahre altem Bernstein angefertigtem Krone wird jedes Jahr beim Bernsteinfest in Göhren die Bernsteinkönigin gekürt.

Donnerkeile und Teufelsfinger

Auf den Stränden Rügens, vor allem an der Steilküste Jasmunds, findet man häufig versteinerte Skelettteile von urweltlichen tintenfischähnlichen Tieren, den Belemniten. Diese walzenförmigen, fingerartigen Steine werden »Donnerkeile« oder auch »Teufelsfinger« genannt.

In der Mythologie der Germanen betrachtete man diese Gebilde als Keile beziehungsweise Pfeile des Gottes Donar. Auch versteinerte Kiesel- und Kalkschwämme, Armfüßer und Seeigel oder deren Reste sind in den kreidezeitlichen Sedimenten keine Seltenheit.

Vom Feuerstein zur Flinte

Dass die Insel Rügen schon relativ früh von Menschen besiedelt wurde, ist in erster Linie den Kieselschwämmen zu verdanken, die im Kreidemeer gelebt haben. Sie lieferten jene Säure, aus der sich einzelne Knollen und auch ganze Bänder bzw. Lagen von Feuerstein bilden konnten, der heute noch in großer Zahl im Ufergeröll zu finden ist. Schon die Jäger und Sammler der Steinzeit erkannten, dass man durch Aneinanderschlagen von Feuersteinen Funken erzeugen und somit Feuer entfachen konnte. Übrigens wurde dieses Material (»Flint«) später zum Funkenschlagen in Gewehre eingesetzt, was zur Bezeichnung »Flinte« führte.

Auch als Material zur Herstellung einfacher Werkzeuge fand der Feuerstein häufig Verwendung. Die beim Absterben von Kieselschwämmen und Kieselalgen durch Lösen des Skeletts freigesetzte Kieselsäure führte in einem komplizierten pysikalisch-chemischen Prozess über Zwischenstufen zum glasig-spröden Knollenfeuerstein. Die meisten Feuersteinknollen haben kalkige Fossilien eingeschlossen und sind von einer kalkigen Kruste umhüllt. Das besondere Charakteristikum des Feuersteins ist jedoch sein muscheliger Bruch.

Hühnergötter und Sassnitzer Blumentöpfe

Am Rügener Kreideufer findet man Feuersteine in allen Variationen, darunter auch die sog. Hühnergötter, jene durchlöcherten Feuersteine, die man früher dem Federvieh in die Nester legte. Man glaubte, die Hühner blieben auf diese Weise gesund und

Ein gewaltiges Exemplar eines »Sassnitzer Blumentopfs« liegt an der Jasmunder Kreideküste.

legten mehr Eier. Als »Sassnitzer Blumentöpfe« werden besonders große durchlöcherte Feuersteine bezeichnet, die man hauptsächlich an der Jasmunder Kreideküste entdeckt.

Zu den schönsten Fossilien, die man an der Steilküste von Rügen finden kann, zählen die Seeigel. Diese Stachelhäuter kamen in der Kreidezeit in großer Vielfalt vor; sie unterschieden sich sowohl im Körperbau (kugelig, kegel- oder auch herzförmig) als auch in ihrem Stachelkleid (lang, kurz, spitz oder keulenförmig). Als Versteinerungen findet man die schön gezeichneten Kalzitgehäuse, Stacheln und einzelne Platten.

Gold des Meeres

Nicht alle Gerölle, die am Strand herumliegen, sind versteinerte Seeigel. Gelegentlich hebt man ein schmutzigbraunes Stück auf, das leichter ist als ein normaler Stein: Bernstein, jenes fossile Harz von Nadelbäumen, die vor Jahrmillionen im heutigen Ostseeraum wuchsen. Bernstein ist relativ leicht und verbrennt schnell und mit einem hocharomatischen Geruch. Ebendiese Eigenschaft hat dem Harz zu seinem Namen verholfen: »Bern« kommt vom niederdeutschen Wort »börnen«, das »brennen« bedeutet.

Die verhältnismäßig einfache Bearbeitung sowie die unterschiedliche Färbung machten den Bernstein seit jeher zu einem beliebten Material, aus dem bereits in der Bronzezeit Halsbänder, Ohranhänger oder Ringe, später sogar Möbel und Wandverkleidungen hergestellt wurden.

Manchmal zeigen sich in den Bernsteinstücken auch sog. Inklusen (Einschlüsse) – Luftbläschen, Sandkörner oder auch Reste von Pflanzen und Tieren aus der Tertiärzeit –, die bei der Verfestigung des Harzes eingeschlossen und konserviert wurden. Im Lauf der Zeit geht die organische Substanz weit gehend verloren; dann bleiben Hohlräume mit kohligen Resten zurück, die detailgetreu die Gestalt des Einschlusses nachzeichnen.

Aufgrund seines geringen spezifischen Gewichts wurde der Bernstein von Eis und Schmelzwasser mitgerissen und entlang der Küste am Meeresboden abgelagert. Bei heftigen Stürmen wird er aufgewirbelt und von den Wellen an den Strand gespült. Mit etwas Glück und Geduld entdeckt man einen davon im Strandgut.

★★ Kap Arkona

D 1

Höhe: 0 – 46 m ü. d. M.

Einwohnerzahl: 300 (Putgarten) und 30 (Vitt)

Das Kap auf der Halbinsel Wittow wird üblicherweise als nördlichster Punkt Rügens bezeichnet, obwohl dieses Attribut eigentlich dem 600 m weiter nordwestlich gelegenen Gellort zukommt. Auf dem Kap stand mit der Jaromarsburg die letzte bedeutende Festung der Slawen, die 1168 von den Dänen eingenommen wurde.

Rügens hoher Norden

Ruhe, Wind und Weite sind die prägenden Eindrücke, die man von diesem naturgeschützten Gebiet mitnimmt: Weite Wiesen und Felder umgeben das Dörfchen **Putgarten** und ziehen sich bis zu den **Leuchttürmen**, den Wahrzeichen des Kaps, und nach Vitt, einem Bilderbuchdorf in einer windgeschützten Schlucht an der Küste.
Bis zu 46 m stürzen die Wände der Steilküste, die das Kap umgeben, in die Tiefe. Oberhalb verläuft ein Hochuferweg, auf dem man die gesamte Nord- und Ostküste der Halbinsel Wittow erwandern kann, am Fuß der Steilküste breitet sich ein Steinstrand aus.
Das Kap selbst wird von einem Leuchtturmensemble beherrscht, das aus dem 1826/1827 erbauten sog. **Schinkelturm** besteht, in dem heute neben einem kleinen Museum auch das nördlichste Standesamt Mecklenburg-Vorpommerns untergebracht ist, und dem 1902 gebauten 39 m hohen Rundturm rechts daneben. Östlich der beiden Leuchttürme steht ein weiterer Turm – ein ehemaliger **Marinepeilturm**, der heute ebenfalls für Besucher zugänglich ist. Daneben erhebt sich ein künstlich angelegter Hügel: der 13 m hohe Burgwall der **Jaromarsburg**, das einzige Überbleibsel der slawischen Festung.

! *Baedeker* TIPP

»Alles Wurst«?

Bevor es zum Kap und auf die Leuchttürme geht, spätestens aber danach, muss man sich stärken. Hat man Glück und ergattert einen der nicht gerade üppigen Plätze in dem Imbisslokal am Parkplatz, von dem nicht ganz klar wird, ob es nun »Ostseeperle« oder »Alles Wurst« heißt, kann man für einen bescheidenen Obolus die besten Kohlrouladen Rügens, wenn nicht gar Mecklenburg-Vorpommerns, »erleben«.

★ Putgarten

Nördlichste Gemeinde Rügens

Putgarten, zwischen Altenkirchen und Kap Arkona gelegen, ist die nördlichste Gemeinde Rügens, hat etwa 300 Einwohner und besitzt einige rohrgedeckte Bauernhäuser entlang der Durchgangsstraße. Übersetzt heißt Putgarten so viel wie »unterhalb der Burg«, denn die Siedlung entstand unterhalb der slawischen Jaromarsburg, die den Bewohnern u. a. als Zufluchtsort diente. Im heutigen Feuerwehrgebäude war ursprünglich die erste Seenotrettungsstation der Deut-

KAP ARKONA ERLEBEN

AUSKUNFT

Tourismusgesellschaft mbH Kap Arkona Informationsamt
Am Parkplatz
18556 Putgarten
Tel. 03 83 91 / 41 90
Fax 41 91 17
www.kap-arkona.de

UNTERWEGS AM KAP ARKONA

Der unter Naturschutz gestellte Landstrich um das Kap Arkona ist für Privatautos gesperrt. Man muss daher sein Fahrzeug auf dem großzügig dimensionierten Parkplatz am Ortseingang von Putgarten abstellen. Dort beginnt der etwa 2,5 km lange Fußweg zum Kap. Alternativ bietet sich eine Fahrt mit der putzigen Arkona-Bahn oder in einer Pferdekutsche an, die vom Parkplatz aus zu den Leuchttürmen und nach Vitt starten.

Wohlverdiente Rast im denkmalgeschützten Kap-Dörfchen Vitt

ESSEN

▸ **Preiswert**

Zum Goldenen Anker
18556 Vitt
Tel. 03 83 91 / 1 21 34
Urige Kneipe mit deftiger Hausmannskost in rustikalem Ambiente am Eingang des denkmalgeschützen Fischerdörfchens beim Kap Arkona.

ÜBERNACHTEN

▸ **Komfortabel**

Rügenhof
Dorfstr. 22
18556 Putgarten
Tel. 03 83 91 / 40 00
www.kap-arkona.de
Zum Rügenhof gehören einige modern eingerichtete, großzügige Ferienwohnungen, darunter zwei Wohnungen im Leuchtturmwärterhaus direkt am Kap.

schen Gesellschaft zur Rettung Schiffbrüchiger (DGzRS) untergebracht. Über deren Geschichte und Ziele kann man im **Museum im Schinkelturm** Näheres erfahren.

★ **Rügenhof**

Auf dem Weg zu Kap und Leuchttürmen führt die gepflasterte Dorfstraße an einem restaurierten **ehemaligen Gutshof** vorbei mit geradezu einer Vielzahl an touristischen und kulturellen Angeboten: dem Rügenhof. Neben Ferienwohnungen, Galerien, Streichelzoo, einem Spielplatz, einer Schau landwirtschaftlicher Geräte aus der ersten

Werkstätten von Kunsthandwerkern, Spielplatz und Streichelzoo, Läden, Cafés und vieles mehr machen den »Rügenhof« zu einem Ferienerlebnis.

Hälfte des 20. Jahrhunderts und dem **»Rügenladen«**, der in erster Linie rügentypische Produkte verkauft und versendet, sind es vor allem die kunsthandwerklichen Werkstätten, die den Besucherstrom hierher locken.

Im **Töpferhof** hat sich zum Beispiel eine Keramikwerkstatt angesiedelt, in der die traditionelle Rügenkeramik hergestellt wird. Hinzu kam eine **Kerzenmanufaktur** und eine **Steinschleiferei**, in der aus Bernstein und Halbedelsteinen wunderschöne, kunstvolle Schmuckstücke entstehen. Die Kunsthandwerker lassen sich von den Besuchern gern über die Schulter schauen und fertigen ihre Produkte auch ganz nach individuellen Wünschen. ◄ Kunsthandwerk

Im Gebäude von »Rügen-direkt« befinden sich der »Rügenladen», in dem man sich mit Rügen-Souvenirs eindecken kann, ein Café, eine **Historische Druckwerkstatt**, die sich ganz dem altehrwürdigen Buchdruck widmet, sowie die »Klabauterkiste«, ein Laden speziell für die Kleinen und Kleinsten. ◄ »Rügen-direkt«

Auch als Veranstaltungsort hat sich der Rügenhof etabliert. Das ganze Jahr über ist hier etwas los: Handwerker- und Bauernmärkte, Ernte-, Kohl- und Fischerfeste, Straßen- und Gartenpartys, Kinderfeste und Reitturniere. Während der Saison hat der »Theatersommer am Kap« in der Kulturscheune eine seiner Spielstätten. ◄ Veranstaltungen

Öffnungszeiten: tgl. Jan. – März 10.00 – 16.00, April/Mai, Sept./Okt. 10.00 – 18.00, Juni – Aug. 9.00 – 21.00, Nov./Dez. 11.00 – 15.00 Uhr

Leuchtturmensemble am Kap mit dem fast 200 Jahre alten, quadratischen Schinkelturm.

Bei den Leuchttürmen am Kap

Bei den Leuchttürmen an der Steilküste angelangt, kann man seinen Blick vom 43 m hohen **Aussichtspunkt** über die Ostsee schweifen lassen. Bei gutem Wetter erspäht man im Nordwesten die Küstenlinie der ca. 60 km entfernten dänischen Insel Møn.

Schinkelturm Der kleinere und ältere der zwei dicht nebeneinander stehenden Leuchttürme ist der Schinkelturm, benannt nach Karl Friedrich Schinkel (► Berühmte Persönlichkeiten), nach dessen Plänen der viereckige, 19 m hohe Backsteinturm 1826/1827 erbaut wurde und in dem heute ein Museum untergebracht ist. Das denkmalgeschützte dreigeschossige Bauwerk ist der älteste Leuchtturm Mecklenburg-Vorpommerns.

Erdgeschoss ► In dem Raum im Erdgeschoss wurde Mecklenburg-Vorpommerns nördlichstes **Standesamt** eingerichtet; das Informationsamt Kap Arkona bietet spezielle Arrangements für Heiratswillige an.

Erstes Obergeschoss ► Über eine schöne schmiedeeiserne Treppe gelangt man in das erste Obergeschoss, das der Mecklenburger Geschichte der **»Küstenbeleuchtung«** gewidmet ist, von der Kerzenlaterne vom Anfang des 16. Jahrhunderts über den Parabolspiegel bis zur Lichtkanone vom ausgehenden 20. Jahrhundert.

Zweites Obergeschoss ► Auf der letzten Ausstellungsebene ist schließlich die Entwicklung und Struktur der **Deutschen Gesellschaft zur Rettung Schiffbrüchiger** (DGzRS) dokumentiert. Die Methoden der Seenotrettung im Wandel der Zeiten werden ebenso dargestellt wie der Aufbau und die Struktur der Stationen und Einheiten der DGzRS.

Über eine schmale Wendeltreppe kann man sodann zur Aussichtsplattform vorstoßen, von der aus der Blick weit über die Halbinsel Wittow bis zum Großen Jasmunder Bodden im Süden und zur Stubbenkammer im Osten reicht (Öffnungszeiten: April – Okt. tgl. 10.00 bis 19.00, Nov. – März 11.00 – 16.00 Uhr).

★ ◄ Aussichtsplattform

Neuer Leuchtturm

Den Schinkelturm überragt der danebenstehende 1902 gebaute Leuchtturm, der damals die Funktion des kleineren Turms übernahm, dessen Warnsignal nur etwa 15 km weit reichte. Das Leuchtsignal des 36 m hohen, runden Turmes blitzt alle 16 Sekunden 22 Seemeilen (ca. 41 km) weit über das Meer (Öffnungszeiten: April bis Okt. tgl. 10.00 – 19.00 Uhr).

Leutturmwärterhaus

Neben den beiden Leuchttürmen steht das Leuchtturmwärterhaus, das heute neben zwei Ferienwohnungen, die vom »Rügenhof« vermietet werden, Raum für einen Souvenir- und Keramikladen, ein Informationsbüro und einen Vortragsraum bietet.
Im Sommer dient der Garten des Leuchtturmwärterhauses als Bühne für Veranstaltungen des »Theatersommers am Kap« (► Praktische Informationen, Theater).

Etwas abseits des Leuchtturmensembles erhebt sich am Burgwall der slawischen Jaromarsburg ein weiterer Turm, auf dem früher viele Antennen angebracht waren. Dieses runde Backsteingebäude ist der ehemalige **Marinepeilturm**, der 1927 für Funkpeilungen der Kriegsmarine errichtet wurde.
1996 wurde der Turm komplett renoviert; er wird seither als Ausstellungszentrum mit Werken europäischer Künstler genutzt. Von November bis April werden in dem Peilturm Künstlern Ateliers zur Verfügung gestellt. Interessierte können die Ateliers besuchen oder einfach nur den weiten Blick von der Aussichtsplattform genießen. (Öffnungszeiten: April – Okt. tgl. 10.00 – 16.00 Uhr).

◄ Kunstzentrum

! *Baedeker* TIPP

Störtebekers Beute

Auf Arkonafeuer, Wittower Nussschinken oder Sanddorn-Brotaufstrich möchte man zu Hause nicht verzichten. Aber soll man seine ganzen Einkäufe dauernd mit sich herumschleppen? Natürlich nicht, meint »Rügen-direkt« und versendet See- und Klabauterkisten – für ganz Hungrige auch ein Kistchen mit Störtebekers Beute –, voll gepackt mit Rügener Spezialitäten und Köstlichkeiten. Wer will, kann sich im »Rügenladen« eine Störtebeker-Kiste ganz nach seinen Wünschen füllen lassen (Tel. 03 83 91 / 400 30, www.ruegen-direkt.de).

Skulpturenpark

Das Gelände zwischen den beiden Leuchttürmen und dem ehemaligen Marinepeilturm gibt sich ebenfalls ganz künstlerisch: Hier wurde ein Skulpturenpark mit Werken osteuropäischer Künstler installiert.

Gellort

Der tatsächlich **nördlichste Punkt Rügens** ist der Gellort, der etwa 600 m von den Leuchttürmen entfernt ist. Am Strand der Steilküste des Gellorts liegt ein gewaltiger Findling, der »Söbenschniedersteen«

Beim Marinepeilturm erhebt sich der Wall der einstigen slawischen Jaromarsburg. Im Hintergrund erstreckt sich die Küste der Halbinsel Jasmund.

(Siebenschneiderstein) – auf dem sieben Schneider Platz zum Arbeiten haben sollen –, mit einem Gewicht von etwa 165 t und einem Volumen von über 60 m³, was ihn zum viertgrößten Findling Rügens macht. Eine Treppe führt zum Ufer hinab.

Jaromarsburg

Mittelalterliche Festung

Ein breiter, 13 m hoher Hügel hinter dem Marinepeilturm kennzeichnet die Lage der 1168 von den Dänen geschleiften Jaromarsburg bzw. ihres ehemaligen Burgwalls. Allerdings zerstörte im Januar 2008 ein Kreideabbruch einen großen Teil der Wallanlage. Die hölzerne Festung war von den **Slawen** für ihr größtes Heiligtum – ein riesiges, hölzernes, bunt bemaltes Standbild ihres Hauptgottes **Svantevit** – errichtet worden. Eine Nachbildung der vierköpfigen Götterskulptur steht direkt am Burgwall.

Der ursprünglich 200 m lange Wall im Westen der Burg bestand im unteren Teil aus Erde, worauf sich eine hölzerne Schutzmauer erhob, die mit Erdschollen verstärkt war. Gegen Feinde war die Festung nach Süden, Norden und Osten durch das Meer bzw. die Steilküste abgesichert, die mit den Worten des dänischen Geschichtsschreibers **Saxo Grammaticus** (12. / 13. Jh.) so hoch war, dass »auch ein mit einer Schleudermaschine abgeschossener Pfeil den oberen Rand nicht erreichen könnte«. Mit der Schleifung der wichtigsten Tempelburg der Slawen und der Vernichtung von Svantevits Standbild durch die dänischen Truppen unter König **Waldemar I.** und Bischof **Asalon von Roskilde** begann die Christianisierung Rügens.

Oberhalb der Steilküste führt ein 1,5 km langer Wanderweg von der ehemaligen Slawenburg zu dem romantischen Fischerdörfchen Vitt. Leider ist die Sicht auf die See bei diesem Spaziergang durch den dichten Bewuchs rechts und links des Weges meist versperrt. Wer den Seeblick nicht entbehren will, benutzt die **»Veilchentreppe«** kurz nach der Jaromarsburg, die zum Strand hinunterführt. Die Wanderung nach Vitt über den steinigen Strand ist allerdings recht beschwerlich.

Wanderung von der Jaromarsburg nach Vitt

Auf dem Hochuferweg erreicht man eine kleine achteckige, weiß getünchte Kapelle, die sog. Kosegarten-Kapelle (Abb. S. 62), an der vorbei ein Weg links und einer rechts hinunter in das versteckt liegende Dörfchen führt. Idyllischer ist der steil abfallende Pfad links des Kirchleins, über den man direkt in den Dorfkern vorstößt, während der Weg rechts an den südlichen Ortsausgang führt.

◂ Kosegarten-Kapelle

★★ Vitt

Wie ein **verwunschenes Märchendorf** liegt das denkmalgeschützte 30-Seelen-Dorf Vitt in einer dicht von Bäumen bewachsenen Schlucht; für den herannahenden Wanderer erst sichtbar, wenn er unmittelbar davor steht. Unter Eschen, Pappeln und Holunderbüschen hindurch schlängelt sich ein Weg an den rohrgedeckten Fischerkaten vorbei bis zu dem kleinen Hafen.

Der Räucherfisch aus Vitt – spricht für sich selbst.

Der kleine **Hafen** mit einem Steg für die Fischerboote blickt auf eine lange Geschichte zurück – ihm hat der Ort sogar seine Existenz zu verdanken, denn hier befand sich schon im 12. / 13. Jh. ein großer Fischfang- und Fischhandelsplatz, eine **»Vitte«**, wie man die Heringsfangplätze im Mittelalter nannte. Da vor der Küste Rügens große Heringsschwärme vorkamen, entstanden an den Ufern der Halbinsel Wittow vier dieser Vitten, wo der Heringsfang auch gleich gesäubert und gesalzen wurde.

Noch heute wird in der Saison am Hafen auf traditionelle Weise Fisch in großen fassförmigen **Tonnenöfen** geräuchert und zum Verkauf angeboten. Am Hafen hat man zudem einen schönen Blick auf die Steilküste des Kap Arkona.

Kosegarten-Kapelle

Oberhalb des Örtchens liegt am Hochuferweg die schlichte, weiß getünchte achteckige Kapelle Vitts. In Auftrag gegeben wurde sie von dem Altenkirchener Pfarrer und Dichter **Gotthard Ludwig Theobul Kosegarten** (►Berühmte Persönlichkeiten).

◄ Uferpredigten

Zuvor hatte er in Vitt jahrelang während der Heringssaison Sonntagsgottesdienste im Freien gehalten – die so genannten Uferpredigten, die auch heute noch ein- bis zweimal im Jahr stattfinden –, die allerdings immer dann jäh unterbrochen wurden, wenn der **»Utkieker«** einen Heringsschwarm erspähte und die Fischer mit dem Ausruf »De Hierung kümmt!« von ihren Plätzen in die Boote trieb. Das und der mangelnde Schutz bei schlechtem Wetter veranlassten Kosegarten 1806 zum Bau der Kapelle, die allerdings erst 1816 fertig gestellt wurde.

Das Altarbild ist eine Kopie von **Philipp Otto Runges** Werk »Petrus auf dem Meer« – das Original befindet sich in der Kunsthalle Hamburg. Das Fresko »Menschen im Sturm« (1990) an der Wand des Eingangs stammt von dem Italiener **Gabriele Mucchi**.

★ Lancken-Granitz

E 3

Höhe: 10 – 15 m ü. d. M. **Einwohnerzahl:** 300

Der beschauliche Ort Lancken-Granitz liegt an der Deutschen Alleenstraße in der Granitz, einem großen Waldgebiet im Südosten Rügens. Etwas nördlich des Dorfes erhebt sich der Tempelberg, auf dem sich das Jagdschloss Granitz befindet. Spektakulär sind die Hünengräber aus der Jungsteinzeit im Süden des Dorfes.

Die auf einem Hügel thronende Dorfkirche von Lancken-Granitz wurde im 15. Jahrhundert aus Backsteinen über einem Sockel aus Findlingen erbaut. Ein Kreuzrippengewölbe überspannt das Langhaus, das – wie auch die Wandmalereien, das hölzerne Kruzifix und das Chorgestühl – aus dem frühen 16. Jahrhundert stammt. 1598 wurde die bemalte Kanzel hinzugefügt, 1818 der Altaraufsatz mit der Kopie eines Madonnengemäldes nach Correggio.

Steinzeitliches Grab bei Lancken-Granitz

Auf Rügen sind etwa 50 Hünengräber erhalten, fünf der eindrucksvollsten liegen wie an einer Kette aufgereiht südlich von Lancken-Granitz auf einer

← Blick über das »Museumsdörfchen« Vitt auf Kap Arkona

LANCKEN-GRANITZ ERLEBEN

AUSKUNFT

Tourist-Info
Dorfstr. 8
18586 Lancken-Granitz
Tel. / Fax 03 83 03 / 872 15

ESSEN

► **Preiswert**

Wildes altes Gasthaus
Dorfstr. 7
Tel. 03 83 03 / 877 01
Das nur im Sommer geöffnete Lokal serviert gute regionale Küche.

ÜBERNACHTEN

► **Günstig**

Pension Jägerhof
Dorfstr. 37
Tel. 03 83 03 / 859 63
www.jaegerhof-ruegen.de
24 Z.

Preisgünstige Pension mit Blick auf den Neuensiener See beim Biosphärenreservat Südost-Rügen. Acht der 14 geräumige Ferienwohnungen, die ebenfalls angeboten werden, sind in einem wunderschönen Reetdachhaus untergebracht.

Wiese. Die steinzeitlichen, etwa 5000 Jahre alten Begräbnisstätten zählen zu den ältesten noch existierenden Grabanlagen Mitteleuropas (►Kunst und Kultur S. 47).

✶ Hünengräber von Lancken-Granitz ►

Von Putbus oder Bergen über die Deutsche Alleenstraße kommend, biegt man kurz vor dem Ortsschild von Lancken-Granitz ab Richtung Dummertevitz. Nach etwa einem Kilometer führt rechts ein ausgeschilderter Feldweg durch eine große Wiese. An diesem Weg liegen im Abstand von etwa 50 Metern fünf Hünengräber. Man erkennt sie schon von weitem, da alle Gräber von Baumgruppen umstanden sind.

✶ Mönchgut

F 3/4

Höhe: 0 – 66 m ü. d. M.

Zu den schönsten und abwechslungsreichsten Landstrichen Rügens gehört das Mönchgut, eine Halbinsel im äußersten Südosten Rügens, die an die bewaldete Granitz anschließt. Sie zeichnet sich durch eine stark zerlappte Küste mit langen, feinsandigen Stränden und Buchten aus; sanfte Hügel, kleine Seen und weite Wiesen und Kornfelder prägen das Landschaftsbild.

Sanfte Hügel, kleine Seen, Wiesen, Kornfelder, und alte Bauerndörfchen prägen die Landschaft der Halbinsel Mönchgut.

Ehemaliger Klosterbesitz

Der Name Mönchgut weist die Halbinsel als ehemaligen Besitz der Zisterzienser des **Klosters Eldena** bei Greifswald aus, die das Gebiet im 13./14. Jh. u. a. von Fürst Jaromar II. kauften. Durch die intensive Beziehung zu Eldena bildete sich eine ganz eigene, durch Landwirtschaft und Fischerei geprägte Kultur heraus, um deren Erhalt sich die Museen auf Mönchgut verdient machen.

◄ Mönchgraben

Die Grenze zwischen Zentralrügen und der Halbinsel Mönchgut wird durch den Mönchgraben markiert, einen Wassergraben, der vom Selliner See gespeist wird und ursprünglich bis zur Steilküste zwischen ►Sellin und ►Baabe reichte. Vielleicht war der Graben einmal Teil einer slawischen Befestigungsanlage, doch endet er heute schon kurz vor dem Bahnhof am Ortseingang von Baabe. Der bedeutendste Ort auf der Halbinsel ist das Ostseebad ►Göhren, das auf der östlichsten Spitze Rügens, einer weit ins Meer vorspringenden Landzunge sitzt.

✶ Middelhagen

✶ **Schulmuseum**

Im historischen Ortskern des an der Hagenschen Wiek gelegenen Dörfchens liegt direkt neben der mittelalterlichen Kirche das hübsche rohrgedeckte Schulmuseum, ein 1825 erbauter Lehmfachwerk- und Backsteinbau. In dem früheren **Küster- und Schulhaus** sind sechs Zimmer liebevoll als Museum hergerichtet, in dem die Entwicklung des Schulwesens vor 1945 anschaulich präsentiert wird. Bis

MÖNCHGUT ERLEBEN

AUSKUNFT

Kurverwaltung
Zum Hövt 15 a
18586 Gager
Tel. 03 83 08 / 82 10
www.gager.de

Kurverwaltung
Dorfstr. 4
18586 Middelhagen
Tel. 03 83 08 / 21 53
Fax 21 54
www.wild-east.de/meckpom/ruegen/middelhgn

Kurverwaltung
Hauptstr. 36
18586 Thiessow
Tel. 03 83 08 / 82 80
www.ostseebad-thiessow.de

ESSEN

► **Erschwinglich**
Kliesow's Reuse
Dorfstr. 23a
18586 Alt Reddevitz
Tel. 03 83 08 / 21 71
In den beiden rustikalen Gasträume in einer etwas abseits gelegenen,

1962 wurden hier die vier Grundschulklassen gemeinsam in einem Raum unterrichtet, und noch bis 1945 brachte man hier sogar bis zu vierzig Kinder aus acht Altersstufen zusammen.

Küsterwohnung ► Zu sehen ist auch die Wohnung des in früheren Zeiten im Dienste der Kirche stehenden Dorfschullehrers und Küsters, in der u. a. historische Schulbücher und Schreibmaterialien gezeigt werden.

Hallenhaus ► Direkt neben dem Schulmuseum steht mit tief heruntergezogenem Rohrdach ein **Hallenhaus** (►Kunst und Kultur, S. 50) aus der zweiten Hälfte des 17. Jahrhunderts mit einer Sammlung alter landwirtschaftlicher Geräte (Öffnungszeiten: Juni – Aug. tgl. 10.00 – 18.00, Mai und Sept. tgl. 10 – 17.00, Febr. bis April und Okt. Di. – So. 10.00 bis 16.00 Uhr).

! Baedeker TIPP

Hefte raus ...

... Klassenarbeit! – Wer davon nicht genug bekommen kann, sollte sich die von den Museumsmitarbeitern angebotene »Historische Schulstunde« nicht entgehen lassen und darf hinterher sogar mit einem Zeugnis nach Hause gehen. Allerdings muss man sich für diese spaßige »Urlaubsqual« anmelden (Tel. 03 83 08 / 24 78 oder direkt im Schulmuseum).

Nur wenige Meter oberhalb des Schulmuseums steht die **Katharinenkirche**, ein um 1430 überwiegend aus Backsteinen errichteter Bau, dessen Chorraum, ehemals eine eigenständige Kapelle, aber wesentlich älter ist. Treppenturm und hölzerner Dachturm wurden im 17. Jahrhundert angefügt.

Ausstattung ► Von der Ausstattung fällt der um 1480 geschnitzte Flügelaltar mit der hl. Katharina im Schrein auf. Der obere Teil des Taufsteins ist älter als die Kirche selbst und stammt vermutlich aus einer heute nicht mehr existierenden Kirche in Reddevitz.

rohrgedeckten Scheune gibt es neben dem selbstgebrauten Bier vor allem regionale Fischgerichte nach alten Rezepten.

Mönchguter Fischerklause
Hauptstr. 48
18586 Thiessow
Tel. 03 83 03 / 3 03 97
In dem kleinen, gemütlichen Lokal gibt es typische Regionalküche, z. B. Rügener Sülzfleisch.

Zur Linde
Dorfstr. 20
18586 Middelhagen
Tel. 03 83 08 / 55 40
Im ehemaligen Dorfkrug der Zisterziensermönche von 1450 wird preisgekrönte Mönchguter Küche serviert, vor allem Heringspezialitäten. Dazu gibt es das selbst gebraute, süffige »Bio-Landbier«.

▸ Preiswert

Zum trauten Fischerheim
Dörpstrat 15
18586 Klein Zicker
Tel. 03 83 08 / 3 01 52
Im »Fischerheim« gibt es deftige Mönchguter Fischgerichte. Samstags und sonntags werden von 10.00 bis 22.00 Uhr Fische geräuchert.

ÜBERNACHTEN

▸ Komfortabel

Aparthotel Eldena
Göhrener Weg 40
18586 Lobbe
Tel. 03 83 08 / 500
www.wild-east/firmen/tv-katalog/eldena
30 Z.
Das direkt am Strand gelegene Haus bietet neben modernen Zimmern auch 25 Apartments. Mit Restaurant, Terrasse und Sauna; Fahrrad- und Strandkorbverleih.

Wohlverdiente Rast im Biergarten des Middelhagener »Dorfkrugs« Zur Linde

▸ Günstig

Deichgraf
Deichweg
18586 Middelhagen
Tel. 03 83 08 / 54 40
www.deichgraf-ruegen.de
13 Z., 2 App.
Ruhige, familiär geführte Pension direkt an der Hagenschen Wiek mit modern eingerichteten Zimmern, Grill- und Sonnenterrasse, Gästeküche sowie Hallenbad mit Sauna.

Pension Wahnfried
Hauptstr. 9
18586 Thiessow
Tel. 03 83 08 / 82 16
www.wild-east.de/firmen/wahnfried
8 Z.

Gemütliche, familiär geführte Pension an der Südspitze des Mönchguts. Die Zimmer sind liebevoll eingerichtet. Rund 150 m bis zum Strand.

Rapsfelder verwandeln die sanft hügelige Landzunge bei Alt Reddevitz in ein leuchtend gelbes Meer.

Umgebung von Middelhagen

Südlich von Middelhagen steht direkt an der Straße in Richtung Lobbe das **letzte erhaltene Windrad** eines Windschöpfwerks. Man benutzte das Schöpfwerk bei der Trockenlegung von Sumpfgebieten, deren Wasser es mittels Windkraft herauspumpte.

? WUSSTEN SIE SCHON ...?

- ... dass zwischen Middelhagen und dem Ortsteil Lobbe jene Schilfbinsen wachsen, die zum Decken der Rohrdächer verwendet werden. Das Rohr wird im November geerntet, zu »Schoofen« gebunden und bis zum Sommer getrocknet, bevor es verarbeitet werden kann.

Auf einer schmalen Landzunge an der Binnenküste der Halbinsel, etwa 2,5 km westlich von Middelhagen, liegt **Alt Reddevitz**. Hier stehen noch einige alte **niederdeutsche Hallenhäuser**; außerdem besitzt der Ort einen kleinen Badestrand und einen Hafen. Im Sommer legt ein historisches **Zeesboot** dreimal täglich zu Ausflugsfahrten ab.

Lobbe Das ehemalige Fischerdörfchen Lobbe besteht nur aus einer Hand voll Wohnhäuser und Gaststätten, attraktiv ist der kilometerlange weiße **Strand**, zu dem südlich des Ortsausgangs etliche Zugänge durch den Kiefernwald führen. Der Strand zieht sich von dem Sandkliff Lobber Ort über 5 km weit bis hinunter nach Thiessow.

Rügens schönster »Zuckerhut«, das 1720 gebaute Pfarrwitwenhaus in Groß Zicker, ist heute Museum und Kunstgalerie.

✶ Groß Zicker

Malerisches Dörfchen

Wer Ruhe und Abgeschiedenheit in einer kleinen Idylle sucht, sollte das zur Gemeinde Gager gehörige Groß Zicker besuchen. Eine holperige, gepflasterte Straße führt durch das unter Denkmalschutz stehende Dörfchen, vorbei an kleinen, rohrgedeckten, ziegelsteinroten Häusern. Typisch sind hier die sog. **Dreiseitgehöfte**, bei denen das quergestellte Wohnhaus Stall und Scheune verbindet, die mit dem Giebel zur Straße stehen.

◀ Mittelalterliche Dorfkirche

In der Ortsmitte ragt das älteste erhaltene Gebäude Groß Zickers auf, die um 1400 gebaute kleine Backsteinkirche. Sie liegt inmitten eines Friedhofs, auf dem rund 60 verwitterte Grabwangen aus dem 19. Jahrhundert stehen.

✶ Pfarrwitwenhaus

Mitten im Ort stößt man auf das Pfarrwitwenhaus, eines der besterhaltenen niederdeutschen Hallenhäuser Rügens (► Kunst und Kultur S. 50) und zugleich eines der ältesten Gebäude auf dem Mönchgut, das heute als **Heimatmuseum** und **Galerie** mit wechselnden Kunstausstellungen zugänglich ist. Um 1720 aus Holz und Lehm erbaut, wurde das Haus bis 1810 zur Unterbringung der Pfarrwitwen und ihrer Kinder genutzt. Danach diente es als Schule und Wohnhaus (Öffnungszeiten: Ostern – Okt. Mo. – Sa. 10.00 – 17.00, So. 13.00 – 17.00, Juni u. Sept. bis 18.00, Juli u. Aug. bis 19.00 Uhr).

Umgebung von Groß Zicker

Gager Nordwestlich von Groß Zicker liegt das einstige Fischerdörfchen Gager. Der Ort an der **Hagenschen Wiek** mit seinen Fischkuttern und Segelyachten ist ein geeigneter Ausgangspunkt für verschiedene Schiffsausflüge oder Wanderungen über die sanft geschwungenen Höhenrücken des Mönchgut.

Das ehemalige **Lotsendorf** Thiessow, an drei Seiten von Wasser umgeben, wirkt auf den ersten Blick wenig anheimelnd: Wohnhäuser säumen die Durchgangsstraße, nur noch zwei Fachwerkhäuser mit Walmdach stammen aus der Zeit um 1800, doch gilt Thiessows Luft als die gesündeste Rügens, da hier beinahe ununterbrochen eine leicht salzhaltige Brise weht.
Am 38 m hohen Lotsenberg auf dem östlich in die See ragenden **Südperd** am Thiessower Haken kann man mit gutem Willen noch die Reste der von den Schweden 1712 angelegten Schanzen erkennen. Bis in die Zwanzigerjahre des letzten Jahrhunderts war es eine der Hauptaufgaben der Dorfbewohner, ortsfremde Schiffe an den Sandbänken vorbei nach Stralsund zu lotsen.

! *Baedeker* TIPP

Durch Wiesen und Heide

Eine schöne, knapp 9 km weite Wanderung über die Zickerschen Berge zum 66 m hohen Bakenberg bietet sich vom westlichen Ortsausgang von Groß Zicker an, wo ein Ausflugslokal zu einer verfrühten Rast verführt. Vom Bakenberg aus genießt man eine herrliche Aussicht auf die sanft geschwungene Landschaft des Mönchguts mit seinen Kornfeldern, Wiesen und der Heide.

★ Neu Mukran · Feuersteinfelder

E 3

Höhe: 10 – 20 m ü. d. M. **Einwohnerzahl:** 200

Neu Mukran, im Norden der Schmalen Heide zwischen Binz und Sassnitz bzw. am südlichen Rand der Halbinsel Jasmund gelegen, besteht neben einer Handvoll Häusern entlang der Durchgangsstraße im Wesentlichen aus einem riesigen Fährhafen.

Tor zu Skandinavien Fährt man von Binz nach Neu Mukran, dominiert zunächst der große Fährhafen, der mit den vielen Gleisen und grauen Mauern und Gebäuden die Gegend nicht gerade verschönert. Über Neu Mukran läuft seit Mitte der 1980er-Jahre der Eisenbahngüterverkehr nach Skandinavien, Russland und in die baltischen Staaten.
Im Westen des kleinen Ortes dehnen sich Sümpfe um den Kleinen und Großen Wostevitzer Teich aus, südlich von Neu Mukran beginnt der kilometerlange Sandstrand, der sich bis Binz erstreckt. Hier, nahe des Fährhafens, ist das Baden allerdings nicht empfehlenswert.

Beim Spaziergang durch die etwa 4000 Jahre alten Feuersteinfelder findet man vielleicht auch einen der einst begehrten »Hühnergötter«.

Im Südwesten Neu Mukrans führt ein Wanderweg durch einen lichten Kiefernwald zu den Feuersteinfeldern. Allerdings steht der größte Teil davon unter Naturschutz und ist nicht zugänglich.

★ **Feuersteinfelder**

Feuerstein, auch **Flint** genannt, ist ein grauschwarzes Gestein aus Chalzedon und eingeschlossenen Opalresten und diente in der Steinzeit zur Herstellung von Waffen und Werkzeugen und zum Feuermachen. Vor etwa 4000 Jahren wurde das Gestein durch starke Sturmfluten von der Küste Jasmunds losgerissen und hier zu mehrere Meter mächtigen, ca. 2 km langen und insgesamt rund 350 m breiten **Steinwällen** aufgeworfen. Ein großer Teil der Wälle ist allerdings mit Sand bedeckt und von Kiefern bewachsen; nur in dem heute geschützten Gebiet liegen die Wälle frei.

◄ Wanderung zu den Feuersteinfeldern

Von Binz kommend, beginnt man den knapp 4 km langen Hin- und Rückweg zu den Feuersteinfeldern bei einem Parkplatz kurz vor Neu Mukran. Der ausgeschilderte Weg verläuft durch den Kiefernwald. Über eine Brücke überquert man die Bahngleise, und plötzlich steht man in dem **»Steinernen Meer«**. Da der größte Teil des Gebietes eingezäunt ist, begibt man sich am besten am Gatter entlang zum Hochsitz, von dem aus man einen Teil der Felder überblicken kann. Zwischen den Bändern aus schwarzweißem Feuerstein wachsen Wacholder, Heidekraut, Heckenrosen und Obstbäume. Wer geduldig im Geröll sucht, wird hier auch einige der sogenannten Hühnergötter finden (► Baedeker Special S. 198). Allerdings sollte man bei der Hühnergott-Suche beachten, dass hier Kreuzottern und Schlingnattern leben.

Poseritz · Gustow

C 4

Höhe: 20 – 31 m ü. d. M. **Einwohnerzahl:** 1250 (Poseritz) und 650 (Gustow)

Die beiden an der Deutschen Alleenstraße im Südwesten Rügens gelegenen kleinen Orte Poseritz und Gustow sind recht unscheinbare Dörfchen, haben aber sehenswerte Kirchen aus dem 13. bzw. 14. Jahrhundert.

Poseritz
St. Marienkirche ►

In dem Dörfchen Poseritz staunt man über Größe und Ausstattung der schönen **gotischen Backsteinkirche**. Aufgrund ihrer Lage auf einem Hügel wirkt sie inmitten des Ortes noch imposanter. Schriftlich erwähnt wurde Poseritz erstmals im Jahr 1313. Mit der Errichtung des gewölbten Langhauses der St. Marienkirche wurde bereits um 1300 begonnen. Um 1400 wurden der Chor und die Sakristei, um 1450 der Westturm angefügt. Der Fußboden des Chors besteht zum Teil aus Grabplatten aus dem 14. bis 19. Jahrhundert. Der barocke Hauptaltar wurde im Jahr 1703 gefertigt, die Rokokokanzel mit Schalldeckel 1755 von dem Stralsunder **N. J. Freese**.

Ca. 4,5 km westlich von Poseritz liegt das Dörfchen **Gustow**, das seit 1314 urkundlich bezeugt ist. Die im 13. / 14. Jh. errichtete einschiffige Kirche Gustows erhielt Mitte des 19. Jh.s einen hölzernen Glockenstuhl. Der gewölbte Innenraum weist Wandmalereien vom Beginn des 15. Jh.s auf, die erst während der Renovierung der Kirche im Jahr 1935 freigelegt wurden. Aus der Zeit um 1420 haben sich die Triumphkreuzgruppe, eine Pietà und eine Anna Selbdritt erhalten. Barock sind der Altar von 1720 und der Taufständer aus dem Jahr 1768, dem Klassizismus zuzurechnen ist die 1784 geschaffene hölzerne Kanzel. Das alte Uhrwerk von 1868 steht als Museumsstück in der Kirche.

POSERITZ

AUSKUNFT

Fremdenverkehrsverein
Dorfstr. 13
18574 Gustow
Tel. 03 83 07 / 401 04

Süd-Rügen Touristik
Puddemin 10 – 14
18574 Poseritz
Tel. 03 83 07 / 418 57

ÜBERNACHTEN

► **Günstig**
Hotel Lindenkrug
Lindenstr. 27/28
18574 Poseritz
Tel. 03 83 07 / 251
www.lindenkrug-poseritz.de
36 Z.
Verkehrsgünstig gelegenes Hotel, das sich gut als Ausgangspunkt eignet, um Stralsund und Rügen zu erkunden. Das Restaurant des Hotels serviert regionale Küche.

»Mordwange«

Eine Besonderheit Rügens sind die »Mordwangen« genannten Sühnesteine. Nordöstlich der Pfarrkirche ist eine solche spätmittelalterliche Mordwange zur Erinnerung an den Gustower Prediger **Thomas Norenberg** aufgestellt, der am 19. September 1510 von betrunkenen Bauern erschlagen worden sein soll.

Prosnitzer Schanzen

Eine schöne, neun Kilometer lange Wanderung führt von Gustow aus zur Küste des Strelasund, wo man einige einsame Badestellen finden kann. Man folgt ca. 500 m der Straße nach Drigge, bis ein Weg links nach Prosnitz abzweigt, und spaziert auf einem Feldweg durch den Ferienkomplex Seeheim hindurch zum schilfbewachsenen Ufer des Strelasunds. Wandert man entlang der Küste in östlicher Richtung, trifft man auf die Prosnitzer Schanzen, die im **Dreißigjährigen Krieg** von den Schweden angelegt wurden, um die Meerenge zwischen Rügen und dem Festland zu überwachen. **Napoleon** ließ die Schanzen ausbauen, 1812 errichtete man sogar ein Fort. Der Weg führt an den kleinen bewachsenen Schanzen-Hügeln vorbei zu einem Teich. Hält man sich nun links, erreicht man das Landhaus Prosnitz, ein gutes Ausflugslokal. Von hier aus geht es zurück zum Ferienkomplex Seeheim und von dort wieder nach Gustow.

★★ Prora

E 3

Höhe: 5 m ü. d. M.

Prora war eigentlich nur die Bezeichnung für die bewaldete Anhöhe auf der Schmalen Heide zwischen Binz und Neu Mukran. Nachdem von 1936 bis 1939 an einer von den Nationalsozialisten geplanten gigantischen Ferienanlage mit einer Gesamtlänge von rund 4,5 Kilometern gebaut wurde, ging der Name Prora auf diesen Gebäudekomplex über.

Gigantische Betonruine

Zwar wurde Prora nie fertig gestellt, aber bis heute ragen fünf der ursprünglich acht geplanten, sechsgeschossigen Blöcke der Anlage mit insgesamt 11 463 Zimmern am Strand der **Schmalen Heide** – im weiten Kreisbogen dem Verlauf der Bucht folgend – in die Landschaft. Jeder Trakt hat eine Länge von 500 m, dazwischen sind Durchgänge zum langen, wunderbaren Sandstrand der **Prorer Wiek**. Nach Ende des Zweiten Weltkriegs nutzte die Nationale Volksarmee der DDR das riesige Gebäude. Nach der Wiedervereinigung übernahm die Bundeswehr den Gebäudekomplex, gab aber schon bald diesen Standort wieder auf.

? WUSSTEN SIE SCHON ...?

- ... dass »prora« ursprünglich die griechisch-römische Bezeichnung für den Bug eines Schiffes war?

◄ weiter auf S. 223

STEIN GEWORDENE GESCHICHTE

An einem der schönsten Strände auf Rügen liegt ein Koloss: alt, grau und unansehnlich, zum Teil zerstört, zum Teil verrottet und lange Zeit von der Öffentlichkeit fast vergessen – Prora, das längste Gebäude Europas, ein schier unverwüstliches Zeugnis nationalsozialistischer Gigantomanie.

Das »größte Strandbad der Welt« sollte es nach Hitlers Vorstellungen werden, die größte Ruine Rügens ist daraus hervorgegangen. Einem gigantischen Wurm gleich, liegt der sechsgeschossige Klotz aus Stahl und Beton in der Bucht zwischen Binz und Neu Mukran, den weiten, sanft geschwungenen Bogen der Küste nachzeichnend. Wegen seiner unglaublichen Länge von 4,5 Kilometern kann man den wuchtigen Koloss in Gänze nur aus der Luft sehen.

»Seebäder der 20 000«

Zwanzigtausend »Volksgenossen« sollten sich hier am Strand tummeln und »Kraft durch Freude« tanken – so hatte sich das Robert Ley, Leiter der nationalsozialistischen Ferienorganisation KdF, vorgestellt.

Von seinem Hausarchitekten Clemens Klotz 1935 entworfen, fand schon am 2. Mai 1936 die Grundsteinlegung des »Seebades Prora« statt. Es sollte das Erste von insgesamt fünf an der Nord- und Ostsee geplanten »Seebädern der 20 000« sein.

Die Anlage sollte die ersten Wellenschwimmbäder Europas, einen Aussichtsturm und mehrere Seebrücken erhalten; auch sollten auf der Seeseite alle 500 m schiffsbugartige Gemeinschaftshäuser mit Restaurants und Kegelbahnen entstehen. Drei Jahre später stand der Rohbau des Betonkolosses: acht sog. Bettenhäuser von jeweils 500 m Länge, jedes unterteilt durch zehn hervorstehende Treppenhausblöcke. Die Krönung dieser architektonischen Schöpfung aber sollte – exakt in der Mittelachse der symmetrischen Betonburg – eine gigantische Festhalle für 20 000 Personen und ein 400 m breiter Fest- und Aufmarschplatz werden.

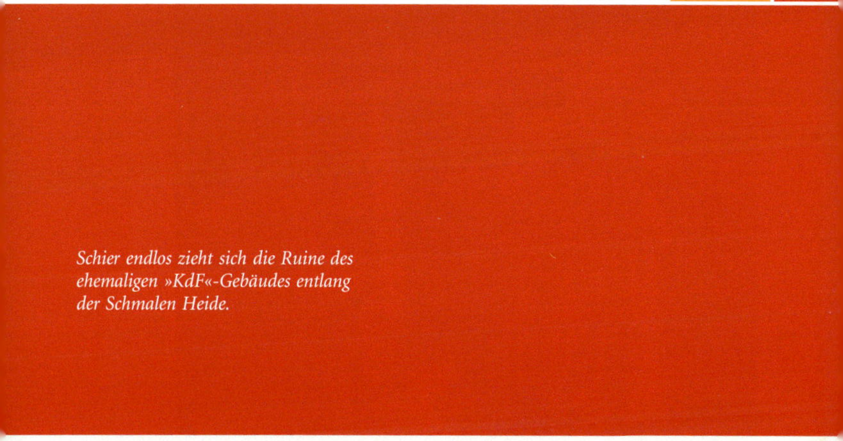

Schier endlos zieht sich die Ruine des ehemaligen »KdF«-Gebäudes entlang der Schmalen Heide.

Monument der Macht

Die monumentale Anlage und die Menschenmassen, die durch Hitlers Willen hier versammelt worden wären, sollten eine Demonstration der Macht sein und sind Ausdruck des nationalsozialistischen Willens zur Uniformität.

Doch der Ausbruch des Zweiten Weltkriegs verhinderte die Fertigstellung der Bettenburg – die zeitweilig über 5000 Arbeitskräfte wurden eilig abgezogen und in der Kriegswirtschaft eingesetzt. Statt Waschbecken zu montieren und Wände zu verputzen, bauten die Arbeiter nun die Raketenabschussrampen in Peenemünde.

Vom Urlaubshotel zur Kaserne

Während des Krieges wurden in den zum Teil behelfsmäßig ausgebauten Bettenhäusern Hamburger Bombenopfer und Flüchtlinge aus Ostpreußen einquartiert.

Mit der Roten Armee kamen dann von 1945 bis 1949 Demontage und Plünderung, schließlich der Versuch, dieses Symbol der Naziherrschaft zu sprengen. Doch Stahl und Beton hielten stand, nur einige Decken und Treppenhäuser brachen ein. Schließlich erkannte man, dass die abgeschiedene Lage des Gebäudes sowie dessen architektonischen Gegebenheiten – tausende gleichförmige, jeweils 12 m^2 große Zimmer, breite Treppenhäuser, lange Korridore – die besten Voraussetzungen für eine Nutzung als Kaserne boten.

So zog im Jahr 1950 die Kasernierte Volkspolizei, die Vorläuferin der Nationalen Volksarmee (NVA), in das Gebäude ein. Die Straße zwischen Binz und Sassnitz wurde für die Öffentlichkeit gesperrt und das Gelände zum militärischen Sperrgebiet erklärt. Statt Touristen trabten nun Soldaten über den weißen Sandstrand, Geschützdonner hallte durch die Bucht und Kettenfahrzeuge rollten über die Dünen.

NVA-Schule

Mit der Abschottung gegen die Zivilbevölkerung war nun aber auch der Legendenbildung Tür und Tor geöffnet: Man munkelte beispielsweise, im Keller von Prora befinde sich ein U-Boot-Standort. 1956 übernahm die NVA das Gelände und stationierte hier zwischenzeitlich bis zu 15000 Soldaten. In den 1960er-Jahren kam

Die ehemaligen Kasernenstuben der Nationalen Volksarmee bilden heute das Proraer NVA-Museum.

dann der Wandel vom Kampftruppenstandort zum Schulungsort für Soldaten, Offiziere und seit den 1980er-Jahren auch für ausländisches Militär. Nach der Wende übernahm für kurze Zeit die Bundeswehr das ganze Gelände.

Streit ums »Erbe«

Nach der Wiedervereinigung stellte sich die Frage, was man nun anfangen

4,5 km lang ist der »Koloss von Rügen«

sollte mit dieser Stein gewordenen deutschen Geschichte: Verkaufen, vermieten, umbauen, alles zuwuchern und verrotten lassen? Oder Prora teilweise oder gleich ganz abreißen – und sich damit nicht nur ein unliebsames Erbe des »Dritten Reiches«, sondern zugleich auch ein Denkmal der DDR vom Hals schaffen? Schließlich kostete der Unterhalt Proras jährlich knapp drei Millionen Euro.

So fochten Behörden, Parteien, Privatinvestoren, Binzer Bürger und Denkmal- und Naturschützer jahrelang einen heftigen Kampf um den Betonklotz, der 1994 durch die Erklärung Proras zum Denkmalschutzobjekt unterbrochen wurde, wobei nicht ganz klar ist, was es denn nun bei einem unvollendet gebliebenen Bauwerk zu bewahren gilt und wem oder was man denn gedenken soll. Abgelehnt wurde immerhin der Vorschlag einer dänischen Architekturfirma, Prora in ein »Spaßbad« mit Hotels und Kongresszentrum umzubauen, ebenso der Plan, den Komplex entsprechend der Ursprungsidee in eine billige Bettenburg zu verwandeln. Vor allem die Binzer fürchten den Massentourismus, der ihnen »ihre« Urlauber abspenstig machen könnte.

Museumsmeile Prora

Wie Prora zukünftig aussehen soll, ist noch nicht endgültig entschieden, doch hat sich in den letzten Jahren in Block III eine Museumsmeile mit Galerien und interessanten Ausstellungen etabliert. Die mittlerweile verkauften Blöcke I und II sollen in Ferienwohnungen und ein Drei-Sterne-Hotel umgewandelt werden. In Block V entsteht eine Jugendherberge, Block IV steht zum Verkauf.

Im Jahr 1994 wurde Prora zwar unter Denkmalschutz gestellt, doch obwohl mittlerweile vier der fünf nutzbaren Blöcke verkauft sind, ist die Zukunft der Anlage noch immer nicht endgültig geklärt. ◄ Prora heute

Die Blöcke I und II sollen in ein Urlaubsresort mit Hotel, Ferienwohnungen, Wellnessbereich und Shoppingcenter umgewandelt werden. In dem – ebenfalls verkauften – Block III, in dem zzt. verschiedene Museen untergebracht sind, soll ein Jugend-Sporthotel mit bis zu 1800 Betten untergebracht werden. Block V gehört dem Landkreis, der dort bis zum Jahr 2010 eine Jugendherberge mit 700 Betten einrichten will; ein Zeltplatz für bis zu 1500 Camper wurde direkt beim Block V bereits eröffnet. Verwaltungstechnisch gehört Prora zur Gemeinde Binz.

PRORA

AUSKUNFT

Dokumentationszentrum Prora
Objektstraße
Gebäude 1
18609 Prora
Tel. 03 83 93 / 139 91
www.proradok.de
Öffnungszeiten:
März – Mai, Sept. und Okt.
tgl. 10.00 bis 17.00,
Juni – Aug. tgl. 9.30 – 19.00,
Nov. – Febr. tgl. 11.00 – 16.00 Uhr

Sehenswertes in Prora

Das **Dokumentationszentrum** in der Objektstraße, nahe des ehemaligen Theaterbaus eingerichtet, befasst sich mit der wissenschaftlichen Aufarbeitung der Geschichte des »Kolosses von Rügen«. In der Dauerausstellung »MachtUrlaub« sowie in Wechsel- und Sonderausstellungen werden v.a. die sozialhistorischen Hintergründe des »KdF-Seebades« erläutert.

In der Nähe des Dokumentationszentrums haben sich die Gaststätte »Fischerklause« und die Diskothek »M3« niedergelassen.

Museumsmeile

In den letzten Jahren hat sich **Block III** in Prora als Museumsmeile etabliert, zu der neben einigen interessanten Museen auch etliche Galerien gehören.

◄ KulturKunststatt Prora

In Trakt 3 dieses Blockes zeigen die in der »KulturKunststatt Prora« zusammengefassten Museen auf insgesamt 5000 m² Ausstellungsfläche ihre Exponate. Zum dem als **»All-in-one-Museum«** postulierten Zusammenschluss verschiedener Ausstelllungen gehören u.a. das NVA-, das KdF- und das Rügen-Museum, eine Bildergalerie, Sonderausstellungen und ein Wiener Kaffeehaus.

◄ Bilder-Galerie

In der »Bilder-Galerie« im Erdgeschoss sind in einer ständigen Verkaufsausstellung Landschaftsgemälde mit Ansichten von Rügen von mehr als einem Dutzend zumeist Rügener Maler und Malerinnen zu sehen sowie einige Vitrinen mit Rügenkeramik, Töpferwaren und Plastiken.

◄ KdF-Museum

Im Raum nebenan befindet sich das KdF-Museum, das sich der Geschichte Proras widmet. Das Highlight der Ausstellung, ein 18 m lan-

Jedes Jahr besuchen 250 000 Menschen die Museen im »Koloss von Rügen«.

ges und 2 m breites **Modell des KdF-Seebades** Prora im Maßstab 1 : 250, zeigt, wie der Bau nach den Plänen des Architekten Clemens Klotz einmal aussehen sollte. Mit Texten, Fotos und einigen Exponaten ist die Geschichte des Monumentalbaus von 1936 bis heute dokumentiert.

Ein dreißigminütiger Dokumentarfilm über die Entstehung des »KdF«-Komplexes, der mehrmals am Tag gezeigt wird, ergänzt diese Ausstellung.

Motorradwelt DDR ▶ Ebenfalls im Erdgeschoss untergebracht ist die »Motorradwelt DDR«. Zu sehen sind fast 60 Motorräder aus den einstigen Motorradschmieden in Eisenach, Ludwigsfelde, Suhl und Zschopau.

Museum Freundschaften ▶ Sonderausstellungen mit z. B. »Kamera-Raritäten«aus DDR-Produktion oder mit historischen Nähmaschinen sind im Erdgeschoss sowie in der ersten, vierten und fünften Etage zu sehen. Im ersten Stockwerk ist auch das »Museum Freundschaften« untergebracht und informiert mit Exponaten, Bildern und Dokumenten über Partnerschaften mit den Ländern Schweden, Österreich und Polen.

NVA-Museum ▶ In der zweiten und dritten Etage ist das NVA-Museum eingerichtet. Hier kann man etliche original erhaltene Stuben begutachten, wie sie von der Nationalen Volksarmee seit den 1950er-Jahren bis 1990 genutzt wurden: Offiziers- und Mannschaftsunterkünfte, Dienstzimmer, Waffenkammer, Bibliotheks-, Schulungs- und Aufenthaltsräume. Aufschlussreich ist eine Dokumentation zur Offiziershochschule **»Otto Winzer«**, in der zu DDR-Zeiten Militärs befreundeter Staaten ausgebildet wurden.

Rügen-Museum ▶ Das Rügen-Museum in der vierten und fünften Etage beschäftigt sich mit der Insel und seiner Geschichte. Vier Modelle zeigen, wie Rügen

★★ Putbus

D 3

Höhe: 20 – 30 m ü. d. M. **Einwohnerzahl:** 4900

Putbus wurde Anfang des 19. Jahrhunderts als fürstliche Residenzstadt mit Schloss und Schlosspark angelegt, zugleich sollte die Stadt aber auch als eleganter Badeort Sommergäste anziehen. Die See war schließlich nur drei Kilometer entfernt, und ein repräsentatives Badehaus im südlich gelegenen Lauterbach sollte das Angebot für Badegäste abrunden.

»Weiße Stadt«

Die »weiße Stadt«, so genannt wegen des ursprünglich strahlend weißen Anstrichs sämtlicher Gebäude, liegt, eingebettet im Biosphärenreservat Südost-Rügen, etwa 8 km südwestlich von Bergen nahe der Südküste Rügens. Der auf dem Reißbrett entstandene Ort hat etwas Faszinierendes und zugleich etwas Ernüchterndes. Diesen Eindruck gewinnt man besonders auf dem sog. **Circus**, dem als kreisrunden Platz angelegten Mittelpunkt der Stadt mit den ihn umgebenden klassizistischen Gebäuden: ein reizvolles Ensemble, das jedoch gleichwohl die Atmosphäre eines Stadtzentrums vermissen lässt, da es hier weder gemütliche Ecken zum Verweilen noch Geschäfte oder Restaurants gibt, was dem Platz Leben einhauchen würde. Überhaupt fehlen Einkaufsmöglichkeiten in Putbus, nur einige wenige Läden sind um den Marktplatz gruppiert, die Einwohner fahren zum Shopping meist nach Bergen.

Ihren unverwechselbaren Charme erhält die Stadt allerdings durch den wunderschönen **Schlosspark** mit seinen vielen Spazierwegen, dem großen Teich, dem Wildgehege und dem ehemaligen Affenhaus, in dem heute ein Puppen- und Spielzeugmuseum untergebracht ist.

! *Baedeker* TIPP

HILs Tusculum

Seinem Ruf als Rügens »Kulturhauptstadt« wird Putbus mit seinen Galerien in der Orangerie mehr als gerecht. Neben wechselnden Ausstellungen mit Werken einheimischer Künstler kommen Kunstliebhaber auch in den Genuss der Wiesbadener »Tusculum-Galerie« aus der Sammlung von Barbara und Heinz Nied. Präsentiert werden Arbeiten des 1999 verstorbenen letzten aktiven Bauhäuslers Wolf Hildebrandt (HIL).

Geschichte

Der Name Putbus ist slawischen Ursprungs und bedeutet so viel wie »hinter dem Fliederbusch«. Bereits im 14. Jh. erschienen in den Urkunden die Grafen von Putbus als Herren des Ortes. Ein Steinhaus, das später auch als Schloss bezeichnet wird, ist erstmals 1371 bezeugt. Im 18. Jahrhundert wurde es umgebaut und ein barocker Park angelegt.

1808 beschloss Fürst **Wilhelm Malte I.**, Putbus zur Residenzstadt auszubauen. Als Vorbild diente Bad Doberan, eine Mischung aus herzoglichem Sommerwohnsitz und Badeort. Der Barockgarten wurde

Putbus Orientierung

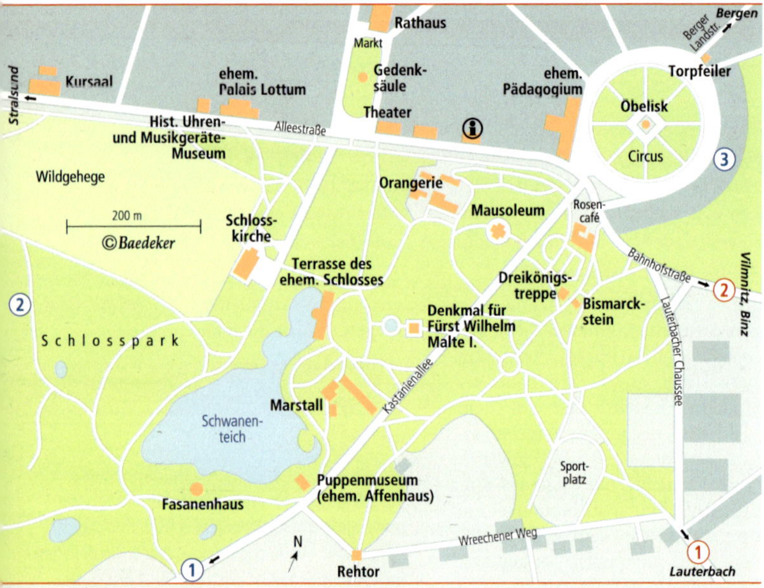

Übernachten
① Hotel Clemens
② Landhotel Ulmenhof

Essen
① Wreecher Hof
② Jägerhütte
③ Galerie-Café

bereits ab 1804 nach und nach in einen Landschaftspark verwandelt und mit verschiedenen Gebäuden bestückt, er reichte jetzt bis an die Landstraße nach Garz. Jenseits der Landstraße begann die Bürgerstadt, in der sich auf Fürst Maltes Aufruf hin Handwerker und Tagelöhner niederließen. 1823 erhielt Putbus das **Stadtrecht**, zwei Jahre später entstand der Marktplatz.

»Badeort« Putbus ►

Für die Badegäste wurde u. a. ein Theater und ein Kursalon gebaut. In dem am **Rügischen Bodden** gelegenen Fischerdorf **Lauterbach**, 3 km von Putbus entfernt, ließ Fürst Malte ein klassizistisches Badehaus errichten. Um die Jahrhundertmitte standen alle wichtigen Bauten des städtischen Ensembles, doch die Karriere von Putbus als Badeort war bereits in den 80er-Jahren des 19. Jh.s zu Ende (►Baedeker Special S. 72).

20. Jahrhundert ►

Zu DDR-Zeiten versperrte die Staatsideologie den wertschätzenden Blick auf die klassizistische Residenz – nichts brachte diese Haltung deutlicher zum Ausdruck als der Abbruch des Schlosses im Jahr 1960. Seit den 1990er-Jahren wird in Putbus nicht mehr abgerissen, sondern renoviert; doch die Schäden einer jahrzehntelangen Vernachlässigung zu beseitigen, wird noch einige Zeit dauern.

PUTBUS ERLEBEN

AUSKUNFT

Putbus-Information
Alleestr. 35
(Orangerie)
18581 Putbus
Tel. 03 83 01 / 431
Fax 609 63
www.putbus.de

ESSEN

► Fein & teuer

① *Wreecher Hof*
Wreechen
Kastanienallee
Tel. 03 83 01 / 850
www.wreecher-hof.de
Elegantes, in hellen Farben gehaltenes Hotel-Restaurant im Stadtteil Wreechen. Sehr gute regionale Gerichte, umfangreiche Weinkarte. Schöner Wintergarten und mehrere Terrassen.

► Erschwinglich

② *Jägerhütte*
Alleestraße 33
Tel. 03 83 01 / 510
Mit seinem rustikalen, waidmännischen Ambiente wird das Lokal seinem Namen mehr als gerecht. Neben Fischgerichten gibt's hier – natürlich – auch ausgezeichnete Wildgerichte.

► Preiswert

③ *Galerie-Café*
Haus des Gastes
Circus 8
Tel. 03 83 01 / 6 20 64
Nach einem Spaziergang durch den Schlosspark kann man sich hier bei Kaffee und Kuchen stärken und den Blick auf das klassizistische Häuserensemble genießen.

ÜBERNACHTEN

► Komfortabel

① *Hotel Clemens*
Dorfstr. 14
Lauterbach
Tel. 03 83 01 / 8 20
www.wild-east.de/firmen/hotel-clemens
18 Z.
In der Nähe des Yachthafens von Lauterbach gelegenes Hotel, von dessen Wintergarten und Terrasse sich ein herrlicher Blick über den Bodden auf die Insel Vilm eröffnet.

② *Landhotel Ulmenhof*
Chausseestr. 5
Vilmnitz
Tel. 03 83 01 / 882 80
www.landhotel-ulmenhof.de
Schön gelegenes Haus mit modern eingerichteten Zimmern.

Sehenswertes in Putbus

★★ Circus

Das Herzstück der Stadtanlage bildet der Circus, ein kreisrunder, leicht abfallender Platz, umsäumt von freistehenden, zwei- bis dreigeschossigen Häusern. Das strahlende Weiß ihrer klassizistischen Fassaden trug Putbus einst den Beinamen »weiße Stadt« ein. Heute ist der Glanz zwar etwas verblasst, aber immer noch spürbar, da inzwischen die meisten Gebäude des 16 Häuser umfassenden Ensembles renoviert und frisch gestrichen wurden.

Der Circus mit dem leuchtend weißen, klassizistischen Häuserensemble ist das Herzstück des einstigen Residenzstädtchens.

Obelisk ▶ Acht eichengesäumte Wege führen auf den seit 1845 in der Platzmitte stehenden Obelisken zu, der an **Fürst Malte** erinnert, dessen Fürstenkrone die Spitze des Steins ziert.

»Haus des Gastes« ▶ In dem heute als »Haus des Gastes« genutzen Gebäude Circus 8, im Jahr 1845 als letztes der um den Platz gebauten Häuser errichtet, befindet sich ein Café und eine Galerie, die wechselnde Kunstausstellungen zeigt sowie eine ständige Ausstellung von DDR-Spielzeug.

Putbus-Museum ▶ Im umfassend sanierten Haus Circus 1, dem sog. **Kronprinzenpalais**, ist 2002 das Putbus-Museum eröffnet worden, das über die Entwicklung der Stadt in der ersten Hälfte des 19. Jh.s sowie über den Stadtgründer Fürst Wilhelm Malte I. und über das einstige Schloss informiert (Öffnungszeiten: tgl. 10.00 – 17.00).

Ehemaliges Pädagogium Das große Gebäude am Beginn der Alleestraße war als Pädagogium für adelige Sprösslinge geplant, doch das Konzept für diese »Eliteschule« wurde vom preußischen König nur in abgeschwächter Form gebilligt. Während des Nationalsozialismus wurde das Pädagogium als »Nationalpolitische Erziehungsanstalt« genutzt. Heute ist darin ein IT-College untergebracht.

Orangerie Etwas von der Alleestraße zurückversetzt liegt die ehemalige, 1816 bis 1818 erbaute Orangerie am Rande des Schlossparks. Orangerien baute man ursprünglich als Überwinterungsstätten für Pflanzen. 1853 gestaltete man sie nach Plänen des Berliner Architekten **Friedrich August Stüler** um. Heute werden hier die Werke vornehmlich

Rügener Künstler und Kunsthandwerker ausgestellt (Alleestr. 35, Öffnungszeiten: Jan. – April Di. – So. 11.00 – 16.00, Mai – Sept. tgl. 11.00 – 17.00, Okt. – Dez. Di. – So. 11.00 – 16.00 Uhr).

Theater

Dort, wo sich die Alleestraße zum rechteckigen Marktplatz öffnet, steht das einzige Theater Rügens, 1819 bis 1821 nach Plänen von **Wilhelm Steinbach** erbaut. Die drei Eingänge in der Mitte der Hauptfassade sind durch einen giebelbekrönten Säulenportikus akzentuiert. Der farbig unterlegte Stuckfries über den Eingängen zeigt Apoll im Kreis der Musen. In dem umfassend renovierten klassizistischen Bau finden regelmäßig Vorstellungen statt.

Klassizistischer Kulturtempel: das Theater in Putbus

Geht man die Alleestraße weiter stadtauswärts, kommt man zum ehemaligen **Palais Lottum**. Ursprünglich als einstöckiges Bedienstetenhaus geplant, wurde das 1819 errichtete Palais um 1820 aufgestockt und als Wohnhaus für die Baronin von Lauterbach hergerichtet. Heute ist hier die **»Galerie des Landkreises Rügen«** untergebracht (Alleestr. 14; Öffnungszeiten: Di. – So. 10.00 – 17.00 Uhr).

★ Historisches Uhren- und Musikgeräte-Museum

Wie schnell doch die Zeit vergeht! Im Historischen Uhren- und Musikgeräte-Museum, unmittelbar neben dem Palais Lottum, erlebt man dieses Phänomen auf besondere Art, denn die mit Geschichten und Anekdoten gespickte Führung des ehemaligen Berufsschullehrers **Franz Sklorz** durch seine Uhrensammlung lässt einen das unaufhörliche Kreisen der Uhrzeiger vergessen. Im Erdgeschoss des renovierten klassizistischen Hauses von 1815 präsentiert der gebürtige Schlesier neben funktionstüchtigen alten Spieluhren und betagten Grammophonen rund 600 Zeitmesser aus dem 15. bis 20. Jahrhundert. Auf 130 m² Ausstellungsfläche, verteilt auf sieben Räume, gibt's alle möglichen – und scheinbar auch unmöglichen – Uhren zu sehen: Taschen-, Wand- und Standuhren, Sonnen- und Bilderuhren ... Wer möchte, darf auch die Werkstatt besichtigen, in der Franz Sklorz mit filigranem Werkzeug seine Schätze repariert und auf Hochglanz poliert (Öffnungszeiten: Mai – Okt. tgl. 10.00 – 18.00, Nov. – April tgl. 11.00 – 17.00 Uhr).

Herbstliche Schlosspark-Idylle beim Denkmal für den Stadtgründer Wilhelm Malte I.

Kursaal Gegenüber dem Wildgehege liegt der monumentale Kursaal, der 1907 nach einem Brand an Stelle eines eleganten Holzbaus von 1889 errichtet wurde. Wie das heute leer stehende Gebäude genutzt werden soll, ist noch nicht entschieden.

Die Hauptattraktion von Putbus ist der 7,5 Quadratkilometer große Schlosspark, den Fürst Wilhelm Malte I. zwischen 1804 und 1830 an Stelle eines Barockgartens anlegen ließ. Mehrere Teiche, in die Landschaft eingebettete, teils fast versteckt liegende Gebäude und ein 7,5 ha großes Wildgehege mit Rot- und Damwild verweisen auf das Vorbild der englischen Landschaftsgärten. Von den ursprünglichen Parkbauten, nach Plänen der Berliner Architekten **August Stüler** und **Johann Gottfried Steinmeyer** in der ersten Hälfte des 19. Jh.s entstanden, sind die Orangerie, das Mausoleum, die Schlosskirche, der Marstall, das Affenhaus sowie die ehemalige Villa Löwenstein, das heutige Rosencafé, erhalten. Das achteckige Fasanenhaus beim Schwanenteich ist mittlerweile nur noch eine Ruine.

Wildgehege ►

Ehemaliges Schloss ►

Vom Herzstück des Parks, dem Schloss der Fürsten zu Putbus, existiert nur noch die Schlossterrasse am Schwanenteich. Den aus einer Renaissanceanlage hervorgegangenen Barockbau hatte **Johann Gottfried Steinmeyer** von 1827 bis 1833 klassizistisch erneuert und erweitert. 1865 durch ein Brand fast völlig zerstört, wurde das Gebäude in den 1870er-Jahren wieder aufgebaut und diente bis 1945 der fürstlichen Familie als Wohnsitz. Als 1960 das Dach des nur knapp 100 Jahre alten Bauwerks undicht wurde, sprengte man Rügens größten und bedeutendsten Profanbau kurzerhand in die Luft.

Der Schlossterrasse gegenüber liegt die 1844 bis 1846 nach Plänen von August Stüler und Johann Gottfried Steinmeyer erbaute Schlosskirche. Der **spätklassizistische Backsteinbau** entspricht so gar nicht unserer Vorstellung von einem Sakralbau, da das Gebäude ursprünglich als Kursalon mit Tanzsaal geplant war. In der Tat wurde der Bau zunächst als Speise-, Spiel- und Tanzsalon für die Badegäste genutzt. Erst 1891 entschloss man sich, das Gebäude als Kirche zu nutzen, zu diesem Zweck entfernte man u. a. die seitlichen Obergeschosse, wodurch das Gebäude einen basilikalen Querschnitt erhielt. ◄ Schlosskirche

Nicht weit von der Terrasse des ehemaligen Schlosses entfernt trifft man auf den rekonstruierten lang gestreckten Marstall, der bis an die Kastanienallee heranreicht. Das Gebäude wurde 1821 bis 1824 an der Stelle eines alten Reitstalls errichtet und wird heute für kulturelle Veranstaltungen genutzt. ◄ Marstall

Gut 100 m weiter südlich befindet sich das ehemalige Affenhaus, ein 1846 errichtetes eingeschossiges Gebäude mit einem halbkreisförmigen Eingangsbereich, der jetzt als Museumscafé dient. ★ ◄ Spielzeug- und Puppenmuseum

Nachdem die Ära als Affenhaus vorbei war, zog die Verwaltung der Grafschaft Putbus und später die Stadtverwaltung in die Räume. Heute ist dort ein Puppen- und Spielzeugmuseum untergebracht, das über 400 Puppen, Teddys, Puppenstuben und anderes vornehmlich deutsches und französisches Spielzeug des 19. und frühen 20. Jahrhunderts unter seinem Dach versammelt (Öffnungszeiten: tgl. 10.00 – 17.00 Uhr).

Das Spielzeugmuseum steckt voller Kinderträume aus längst vergangenen Zeiten.

Auf der Achse des ehemaligen Schlosses nahe der Kastanienallee erinnert ein 1859 von **Friedrich Drake** geschaffenes **Denkmal** an den Gründer der Stadt Putbus und Erbauer der Residenz, Fürst Wilhelm Malte I. (1783 – 1854).

Geht man auf der Lindenallee vom Schloss in Richtung »Circus«, kommt man zum 1868 errichteten **Mausoleum**, einem kleinen neogotischen Zentralbau, in dem sich sechs Sarkophage der Fürstenfamilie befinden.

Dort, wo die Lindenallee auf den »Circus« trifft, ließ Fürst Malte 1828/1829 ein Wohnhaus für den Gärtner des Schlossparks errichten. Später waren in dem Haus auch prominente Gäste untergebracht, wie **Otto von Bismarck**, der hier den Entwurf der Verfassung des Deutschen Reichs ausarbeitete. Nachdem hier zwischen 1913 und 1926 die Fürstin Löwenstein wohnte, bürgerte sich der Name **»Villa Löwenstein«** für das Gebäude ein. Nach 1926 existierte dann dort lange Zeit das »Rosencafé«, dessen Name dann auf das – seit Jahren leerstehende – Gebäude überging. ◄ Rosencafé

Blick auf die Urwaldinsel Vilm beim Abendspaziergang am Rügischen Bodden.

»Windmesser« ▶ Gleich hinter der »Villa Löwenstein« steht die Skulpturengruppe »Windmesser« des Rügener Bildhauers **Bernhard Misgajski**, das erste Werk eines künftigen Skulpturenparks. Südlich davon schließt der **Rosengarten** an, der älteste Teil des Schlossparks.

Bismarckstein ▶ Unweit des einstigen »Rosencafés« sieht man den sog enannten Bismarckstein auf einem kleinen Hügel thronen. Der gewaltige Monolith ist der Deckstein eines steinzeitlichen Hünengrabes, den der Fürst von Putbus 1901 aus Binz hierher bringen ließ. Eine Inschrift erinnert an die »großen Männer« des Deutsch-Französischen Krieges von 1870 / 1871, darunter auch Otto von Bismarck.

! *Baedeker* TIPP

Urlaub auf dem Hausboot

Im Yachthafen von Lauterbach bietet sich Rügenurlaubern ein ganz besonderes Vergnügen, denn dort kann man sich in einem der Ferienhäuschen des einzigen schwimmenden Dörfchens Deutschlands nach dem abendlichen Blick über den Rügischen Bodden von sanften Wellen in den Schlaf wiegen lassen (Im Jaich, Marina Lauterbach, 18581 Putbus, Tel. 03 83 01 / 80 90, Fax 809 10).

Umgebung von Putbus

Was Heiligendamm für Bad Doberan war, sollte **Lauterbach** für Putbus werden: das Seebad am Meer bzw. am Rügischen Bodden.

Eine Lindenallee verbindet die fürstliche Residenz mit dem knapp drei Kilometer entfernten ehemaligen Fischerort. Am Ende der Allee, am östlichen Ortsrand von Lauterbach, wurde im Auftrag von Fürst Wilhelm Malte I. 1817 / 1818 das Badehaus , das **»Haus Goor«**, errichtet, das wegen seiner 18 Säulen an einen griechischen Tempel erinnert. Geradezu majestätisch wirkt der klassizistische Zweckbau durch die monumentale Säulenvorhalle, die 1830 angefügt wurde. Neben den zehn Badezellen mit Wannen aus italienischem Marmor verfügte das Badehaus auch über Salons, Gästezimmer und einen riesigen Speisesaal. Nach umfassender Sanierung wird das »Badehaus Goor« heute aus **First-Class-Hotel** genutzt.

◄ Badehaus

! Baedeker TIPP

Käptns-Dinner

Es ist, als befinde man sich tatsächlich »20 000 Meilen unter dem Meer« in Käptn Nemos U-Boot: Die hervorragend zubereiteten Fischgerichte geraten in dem nach Jules Vernes Roman gestalteten Erlebnisrestaurant Nautilus in Neukamp, in der Nähe von Putbus am Rügischen Bodden gelegen, fast zur Nebensache. Überall gibt's etwas zu entdecken und zu bestaunen. Sogar Nemos Orgel steht da, denn manchmal bittet der Kapitän abends zum Tanz (Dorfstr. 17, Tel. 03 83 01 / 830).

Ein Abend in der Offiziersmesse der »Nautilus« ist nicht nur für Science-Fiction-Fans ein Erlebnis.

Der südwestlich an Lauterbach anschließende Nachbarort **Neuendorf** ist ein stilles, reizvolles Fleckchen am Rügischen Bodden. Die kopfsteingepflasterte Durchgangsstraße, an der rechts und links ein paar hübsche rohrgedeckte Häuser liegen, führt nach einigen Hundert Metern nah ans Wasser.

Etwa 2 km östlich von Putbus, an der Straße nach Sellin, liegt das malerische Dorf **Vilmnitz**, heute ein Ortsteil der »weißen Stadt«.
In der Pfarrkirche Maria Magdalena, 1249 erbaut, wurden vom 17. bis zum 19. Jahrhundert die Herren von Putbus beigesetzt. Unter den 27 Prunksärgen, die in der **Familiengruft** unter dem Chor stehen, ist auch der von Fürst Wilhelm Malte I. Die Gruft ist öffentlich nicht zugänglich, man kann nur von außen durch ein vergittertes Fenster hineinspähen.

Wreechensee

Eine schöne, etwa 10 km lange Wanderung führt von Putbus über Lauterbach an der Küste des **Rügischen Boddens** entlang zum Wreechensee. Vom »Circus« in Putbus geht's entlang der Lauterbacher Chaussee zum Hafen des kleinen Ortes und weiter in das verträumte Neuendorf. In der Nähe des Strandes zweigt in Neuendorf ein Weg (blaue Markierung) nach Wreechen ab. Vom Küstenweg eröffnet sich ein herrlicher Blick über den Bodden und auf die kleine Insel ►Vilm. An dem mit dem Bodden verbundenen Wreechensee – ein **Brutgebiet** zahlreicher Vogelarten – angekommen, geht's über die Brücke weiter am Boddenufer entlang bis **Neukamp**, einem Fischerdörfchen mit hübschen rohrgedeckten Häusern.

★ Ralswiek

D 3

Höhe: 0 – 51 m ü. d. M. **Einwohnerzahl:** 400

In dem Dörfchen in der tief eingeschnittenen Ralswieker Bucht des Großen Jasmunder Boddens geht es noch schön geruhsam zu, wenn nicht gerade – von Ende Juni bis Anfang September – die beliebten Störtebeker-Festspiele stattfinden.

Rügens »Festival-Stadt«

Der verträumte, von Wald umgebene Ort, ca. 7 km nördlich von Bergen, besteht nur aus wenigen Häusern entlang der Durchgangsstraße, die zu dem kleinen Bootshafen in der Ralswieker Bucht führt. Westlich des Hafens sind nahe des Ufers die Kulissen und Tribünen der **Störtebeker-Festspiele** aufgebaut. Oberhalb des eingezäunten Festspielterrains steigt das Gelände an. Hier liegt das Ralswieker Neorenaissance-Schloss mitten in einem großen Landschaftspark.

Geschichte

Am Ufer des Großen Jasmunder Boddens, in der Nähe des heutigen Ralswiek, befand sich einer der größten Seehandelsplätze der slawischen Ranen. Ralswiek selbst gilt als **älteste Siedlung Rügens**.
Im Jahr 1967 gelangen Archäologen hier an der Boddenküste viele Aufsehen erregende Funde, darunter aus dem 9. – 12. Jh. stammende Reste von Eichenschiffen sowie Schmuck und Münzen aus dem Orient des 5. – 9. Jh.s, die mittelalterliche Handelsverbindungen zwischen Rügen und Arabien belegen. Einige der insgesamt 100 000 Fundstücke sind im Kulturhistorischen Museum in ►Stralsund und im Museum für Unterwasserarchäologie in ►Sassnitz ausgestellt.

RALSWIEK ERLEBEN

AUSKUNFT

Störtebeker-Festspiele
Am Bodden 100
18528 Ralswiek
Tel. Tel. 0 38 38 / 311 00
www.stoertebeker.de

ESSEN

► **Erschwinglich**
Zum Likedeeler
Am Bodden 21
Tel. 0 38 38 / 311 30
Das zur gleichnamigen kleinen Pension gehörende Restaurant serviert regionale Küche und besitzt einen sehr schönen Wintergarten.

ÜBERNACHTEN

► **Luxus**
Schlosshotel Ralswiek
Parkstr. 35
Tel. 038 38 / 203 20
www.schlosshotel-ralswiek.de
65 Z.
Das 2001 im renovierten Neorenaissance-Schloss von Ralswiek eröffnete Hotel, am Großen Jasmunder Bodden oberhalb der Naturbühne in einem wunderschönen Park gelegen, bietet seinen Gästen neben indiviuell eingerichteten Zimmern und einem exquisiten Restaurant auch einen großen Wellnessbereich.

Idyllisches Reetdach-Häuschen im verträumten Boddendorf Ralswiek

Nach der Unterwerfung der Slawen im 12. Jahrhundert gehörte Ralswiek dem **Bischof von Roeskilde**; im 15. Jh. ging der Ort in den Besitz der Familie **Barnekow** über. 1891 kaufte **Hugo Sholto Graf Douglas** die Dörfer Ralswiek und Jarnitz mit den umliegenden Ländereien auf und ließ drei Jahre später das Schloss auf der Anhöhe und 1907 die kleine Schwedenkapelle am Ortseingang errichten. In dem renovierten Neorenaissance-Schloss residiert seit 2001 das noble »Schlosshotel«.

Sehenswertes in Ralswiek

Schwedenkapelle

Am Ortseingang passiert man die kleine, ganz aus Holz gebaute »Schwedenkapelle«, die Graf Douglas 1907 aus Schweden importieren und hier aufstellen ließ. Gelegentlich finden in der Kapelle Orgelkonzerte statt.

Herrenhaus

Zwischen dem malerisch in der Bucht des Boddengewässers liegenden Hafen und dem Gelände der Störtebeker-Festspiele fällt ein nahe am Ufer stehendes imposantes Herrenhaus auf. Das ursprünglich eingeschossige Gebäude wurde im 16. Jh. umgebaut. Was man heute dort sieht, ist das Resultat des Wiederaufbaus um 1900, nachdem man das Herrenhaus zehn Jahre zuvor abgerissen hatte. Man setzte ein zweites Stockwerk auf und fügte einen Renaissancegiebel an. Nur der Erweiterungstrakt stammt noch aus dem 17. Jahrhundert.

Störtebeker-Festspielplatz

Hinter dem Herrenhaus führt der Weg zur Bühne der Störtebeker-Festspiele, die seit 1993 wieder jeden Sommer Tausende von Menschen anlocken (► Baedeker Special S. 240). Einen Blick auf die Kulissen erhascht man am besten vom Schloss von Ralswiek aus.

Auch auf der Naturbühne in Ralswiek ist mit Klaus Störtebeker nicht zu spaßen.

LIKEDEELER IN RALSWIEK

Rote Flammen schlagen aus den Fischerkaten, Pferde galoppieren quer über den Platz, im Hintergrund donnern die Geschütze der Hansekoggen und Piratenschiffe – Klaus Störtebeker, der Pirat der Ostsee, naht!

Und zwar von Ende Juni bis Anfang September fast jeden Abend, wenn die Dämmerung hereinbricht und das Publikum auf den Tribünen der Freilichtbühne von Ralswiek versammelt ist. Mit großem Aufwand – 20 Schauspieler, über 120 Statisten, 30 Pferde, 4 Koggen und ein großes abschließendes Feuerwerk – werden die Abenteuer des legendären Piraten nachgespielt, die der Autor Kurt Barthel, genannt KuBa, von 1959 bis 1981 hier auf die Bühne brachte, eine Tradition, die 1993 wieder aufgegriffen wurde.

Robin Hood der Ostsee

Der angeblich in Ruschvitz auf Rügen geborene, trinkfeste Klaus Störtebeker (»Stürz-den-Becher«) soll zwischen 1390 und 1401 sein Unwesen auf der Nord- und Ostsee getrieben haben. Anfänglich kaperte der Seeräuber dänische Schiffe sozusagen im staatlichen Auftrag, ausgestattet mit einem Freibeuterbrief des schwedischen Königs und mecklenburgischen Herzogs, der im Kampf mit Dänemark lag. Nach dem Friedensschluss zwischen Mecklenburg und Dänemark setzten die nun von Staats wegen überflüssig gewordenen Piraten ihre Überfälle auf eigene Faust fort und plünderten alles, was ihnen vor den Bug kam, am liebsten die reich beladenen Koggen der Hansestädte.

Die Seeräuber, allen voran Störtebeker und sein Kumpan Goedeke Michels, galten als Freunde der Armen und nannten sich selbst »Likedeeler« (»Gleichteiler«), da sie ihre Beute untereinander gerecht teilten. Das beeindruckte die Hansestädte verständlicherweise wenig, die eine regelrechte Kriegsflotte auf die Piraten hetzten. Das brachte den erwünschten Erfolg: 1401 wurden Störtebeker und seine Getreuen in Ketten gelegt und enthauptet.

Zahlreiche Legenden ranken sich um den berühmtesten deutschen Seeräuber. Störtebeker soll kurz vor seiner Hinrichtung mit seinem Henker vereinbart haben, dass alle diejenigen seiner Mannen freigelassen werden sollten, an denen er nach seiner Enthauptung noch vorbeigehen konnte. So rettete der Pirat einige seiner Gefährten, bis ihm der Henker einen Klotz vor die Füße warf, über den der Kopflose schließlich stürzte.

Ein Tor in der Verlängerung der Hauptstraße markiert den Beginn des Schlossparks. Auf einer Anhöhe oberhalb der Freilichtbühne erhebt sich das Schloss, das Graf Douglas 1893/1894 im Stil der französischen **Loire-Schlösser** bauen ließ. Die dem Bodden zugewandte Ostfront des zweigeschossigen, rechteckigen Hauptbaus wird von zwei Rundtürmen mit Kegeldächern flankiert. Dazwischen lockert ein Altan die Fassade auf, die durch eine Gaube mit vorgesetztem **Schaugiebel** akzentuiert wird. Ein lang gezogener Trakt, der von den Bäumen des Parks verdeckt wird, schließt nördlich im rechten Winkel an den Hauptbau an.

Schloss Ralswiek

Das Neorenaissance-Schlösschen von Ralswiek liegt fast versteckt in einem Landschaftspark

Nachdem das Gebäude umfassend saniert wurde, konnte im Jahr 2001 das luxuriöse **»Schlosshotel«** seine Pforten öffnen. Lohnend ist ein Spaziergang durch den um 1800 angelegten, ausgedehnten **Landschaftspark** mit seinem uralten, seltenen Baumbestand.

Umgebung von Ralswiek

Lietzow

Lietzow liegt etwa 6 km nordöstlich von Ralswiek am Ende des 1868 gebauten Damms zwischen Großem und Kleinem Jasmunder Bodden. Für das **»Schlösschen«** von Lietzow, 1893 erbaut, das am Südhang der Semperheide aus dem Wald herausragt, diente das bei Reutlingen in Baden-Württemberg gelegene Schloss Lichtenstein als Vorbild.

◄ Lietzow-Kultur

Zwischen 1827 und 1939 wurden in Lietzow archäologische Grabungen durchgeführt, die über **20 000 steinzeitliche Funde** ans Tageslicht brachten. Die Entdeckungen geben Aufschluss über die Zeit vor etwa 5000 Jahren, als sich der Übergang von der Kultur der Jäger und Sammler zu der der sesshaften Bauern vollzog, und waren so sensationell, dass die Epoche, aus der sie stammten, »Lietzow-Kultur« genannt (►Kunst und Kultur S. 47) wurde.

Rappin

Durch Wiesen und Kornfelder führt die wenig befahrene Straße von Ralswiek über Gnies nach Rappin. Die hübsche **Dorfkirche**, um 1400 gebaut, ragt zwischen einem Dutzend rohrgedeckter Bauernhäuser auf. 1635 kam der frei stehende Glockenturm hinzu. Das älteste Ausstattungsstück der Kirche ist das Taufbecken von 1250, auf dem vier Gesichter zu erkennen sind. Altar und bemalte Kanzel wurden um 1700 geschaffen.

Geschichte Bereits Mitte des 18. Jahrhunderts setzte in Sagard aufgrund einer schwefel- und eisenhaltigen Quelle der Badetourismus auf Rügen ein; 1794 wurde eine **»Brunnen-, Bade- und Vergnügungsanstalt«** ins Leben gerufen. Das Quellwasser sollte unter anderem »eine vortreffliche Ausleerung eines zähen Schleims, durch die Brust, bewürken und dadurch gar große Erleichterung verschaffen«, wie es in einem zeitgenössischen Artikel heißt. Damit war **Rügens erster Badeort** geboren; allerdings war seine Zeit als Badekurort schon Anfang des 19. Jh.s vorbei, als das neue, attraktivere Putbus zum Anziehungspunkt der Badegäste wurde (►Baedeker Special S. 72). Einzig der Park **Brunnenaue** erinnert noch an Sagards große Zeit.

SAGARD

AUSKUNFT

Zimmervermittlung Meschkowski
Ernst-Thälmann-Str. 74
18551 Sagard
Tel. / Fax 03 83 02 / 25 13

ESSEN

► Erschwinglich

Der Wilde Schwan
Neuhof 8
Tel. 03 83 02 / 80 30
www.hotel-der-wilde-schwan.de
Das Hotel-Restaurant im Ortsteil Neuhof liegt direkt am Großen Jas-munder Bodden und bietet u. a. raffinierte Wildgerichte.

Sehenswertes in Sagard

Im Zentrum des Ortes ragt die **Dorfkirche** mit ihrem gedrungenen Turm auf: ein einschiffiger romanischer Bau aus dem 13. Jahrhundert. Der gotische Chor entstand um das Jahr 1400. Vom Anfang des 18. Jahrhunderts stammen der barocke Altaraufsatz und die zwei bemalten Beichtstühle im Chor. Sehenswert ist vor allem die im Jahr 1796 gebaute **zweigeschossige Orgel**. An der Südwand der Kirche halten die beiden »Wilden Männer«, die ehemals an der Orgelempore angebracht waren, das Wappen von Putbus. Die Kirche ist von einem kleinen Friedhof mit einigen Grabstelen aus dem 19. Jahrhundert umgeben.

Dobberworth Südlich von Sagard liegt an der B 96 ein bronzezeitliches Hügelgrab, der so genannte Dobberworth. Die von Sträuchern und Bäumen bewachsene Erhebung ist mit 14 m Höhe und einem Umfang von 50 m **Norddeutschlands größtes Hügelgrab**.

Um die Entstehung des gewaltigen Erdhügels rankt sich folgende Sage: Nachdem der Fürst von Rügen den Heiratsantrag einer Riesin abgelehnt hatte, zog diese mit ihrem Kriegsgefolge gegen den Heiratsunwilligen zu Felde. Zu diesem Zweck wollte sie die Landenge zwischen Großem und Kleinem Jasmunder Bodden mit Steinen und Erde auffüllen, um leichter von Jasmund nach Zentralrügen zu gelangen. Doch schon bei Sagard fielen ihr Erde und Steine aus der Schürze, und es entstand der Dobberworth.

Samtens

C 3

Höhe: 30 m ü. d. M. **Einwohnerzahl:** 2300

Der Ort Samtens im Südwesten Rügens wird 1318 erstmals als »Samtensze« erwähnt; der aus dem Slawischen stammende Name bedeutet »einsam«, denn das Dorf lag jahrhundertelang abseits der Landstraßen Rügens. Seit den Zeiten der DDR ist Samtens das agrarische Zentrum Westrügens.

Sehenswertes in Samtens

Dorfkirche

Über dem Westgiebel des Anfang des 15. Jahrhunderts entstandenen Backsteinbaus erhebt sich ein kleines Fachwerktürmchen aus dem Jahr 1703, die westliche Vorhalle wurde erst 1884 angebaut. Bemerkenswert sind die Ausmalungen der Kirche: Die **spätgotischen Malereien** an der Ostwand des Chors wurden im Jahr 1450 geschaffen, die übrigen wurden in der Barockzeit hinzugefügt und im Jahr 1935 restauriert.
Die drei großen Epitaphien vom Beginn des 17. Jahrhunderts erinnern an die **Familie von der Osten**. Die Grabplatte aus dem Jahr 1572, die in den Boden des Altarraumes eingelassen ist, bedeckt die Ruhestätte des ersten evangelischen Pfarrers des Ortes. Doch Samtens' wahre »Attraktion« ist das Sporthotel **»Tiet un Wiel«**, das seine Gäste mit mehreren Sporthallen, einer Kletterwand und einer Saunalandschaft empfängt (Adresse s. oben).

SAMTENS

ÜBERNACHTEN

▶ **Komfortabel**

Tiet un Wiel
Bergener Straße 1, 18573 Samtens
Tel. 03 83 06 / 22 20
www.tiet-un-wiel.de; 63 Z.

★ Sassnitz

E 2

Höhe: 0 – 110 m ü. d. M. **Einwohnerzahl:** 12 700

»Nach Rügen reisen heißt nach Sassnitz reisen«, ließ Theodor Fontane den Ehemann seiner Romanheldin Effi Briest bemerken. Das einst viel besuchte Seebad entwickelte sich zum wichtigsten Verkehrsknotenpunkt Rügens: Bereits 1906 legten hier erstmals die Fähren zum schwedischen Trelleborg ab; die sog. Königslinie ist noch immer die kürzeste Eisenbahnverbindung zwischen Deutschland und Schweden.

Sassnitz *Orientierung*

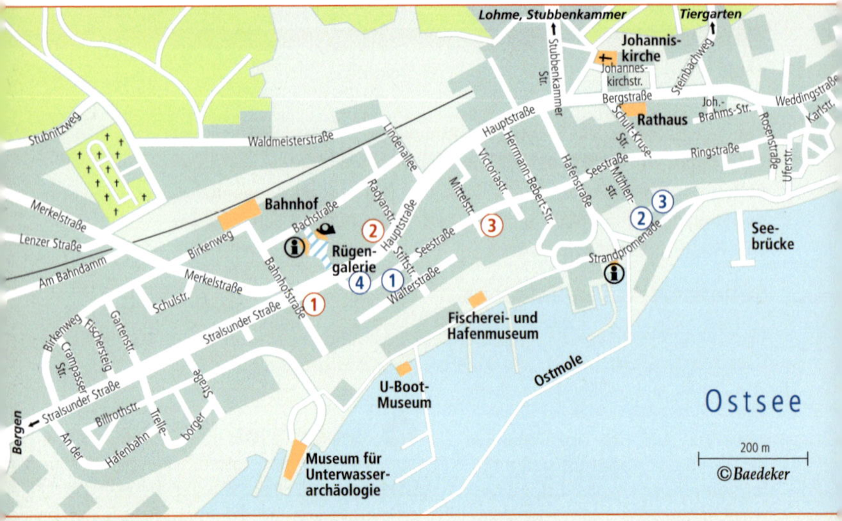

Übernachten
① Kurhotel
② Parkhotel
③ Villa Aegir

Essen
① Kapitänsmesse
② Zur Mole
③ Gastmahl des Meeres
④ Neptun's Restaurant

Zweitgrößte Stadt Rügens

Rügens zweitgrößter Ort liegt an der Küste im Nordosten der Insel. Vom neuen Fährhafen in Sassnitz-Neu Mukran aus setzen heute auch die großen Fähren nach Rønne, Kopenhagen und ins litauische Klaipeda über. Neben der Bedeutung als **Tor nach Skandinavien** ist die Stadt Sassnitz, der Hauptort der Halbinsel Jasmund, auch ein beliebter Ausgangspunkt für Wanderungen im **Nationalpark Jasmund** (► Stubnitz) entlang des Hochufers zu den berühmten Kreidefelsen der Stubbenkammer.

Der lang gestreckte Ort, begrenzt von der See und den Hängen der Stubnitz, etablierte in den letzten Jahren am Hafen eine einzigartige **Museumsmeile**. Entlang der See- und der Ringstraße zeugen einige Villen im Stil der Bäderarchitektur von der einstigen Kur- und Badestadt Sassnitz.

Geschichte

Die Stadt Sassnitz war ursprünglich ein Doppelort: Im Westen, beim heutigen Fährhafen, lag das Bauerndörfchen **Crampas**, weiter im Osten, bei der Seebrücke, der Fischerort Sassnitz. Beide gehen auf slawische Gründungen im 6. Jahrhundert zurück. In der zweiten Hälfte des 19. Jahrhunderts entwickelte sich Sassnitz rasch zum beliebtesten Ferienort Rügens; durch den damit einhergehenden Bauboom wuchsen die beiden Gemeinden allmählich zusammen. Mit dem Bau der

SASSNITZ ERLEBEN

AUSKUNFT

Tourist-Service
Bahnhofstr. 19a und
Strandpromenade 12
18546 Sassnitz
Tel. 03 83 92 / 64 90, Fax 649 20
www.insassnitz.de

ESSEN

► Erschwinglich

③ ***Gastmahl des Meeres***
Strandpromenade 2
Tel. 03 83 92 / 51 70
www.wild-east.de/firmen/gastmahl-desmeeres
Hier gibt's Fisch in allen nur erdenklichen Variationen: gebraten, gegrillt, gekocht und geräuchert. Während der Saison sollte man möglichst reservieren. Angeschlossen ist ein kleines Hotel mit 12 Zimmern, die alle einen herrlichen Blick aufs Meer bieten.

① ***Kapitänsmesse***
Walterstr. 8
Tel. 03 83 92 / 578 58
www.kapitaensmesse.de
Das Restaurant in der gleichnamigen Pension serviert gute regionale Küche. Von der Terrasse hat man einen schönen Blick auf den Hafen.

④ ***Neptun's Restaurant***
Seestrasse 1
Tel. 03 83 92 /57 867
info@neptuns-restaurant.de
Das Restaurant des »Rügen Hotels« serviert auf seiner Seeterrasse herrragende Fisch- und Fleischgerichte.

② ***Zur Mole***
Strandpromenade 1
Tel. 03 83 92 / 2 27 98
Das direkt am Hafen gelegene rustikale Restaurant bietet regionale Fisch- und Fleischspezialitäten.

ÜBERNACHTEN

► Komfortabel

① ***Kurhotel***
Hauptstr. 1
Tel. 03 83 92 / 530
www.ruegen-hotel.de
83 Z.
Das Hotel liegt oberhalb des Seglerhafens unmittelbar an der Steilküste und bietet Restaurant, Bierkeller, Sauna und Schwimmhalle.

Restaurant-Zeile am Hafen von Sassnitz

② ***Parkhotel***
Hauptstr. 36
Tel. 03 83 92 / 69 50
www.parkhotel-sassnitz.m-vp.de
20 Z., 1 Suite
Das in einem Patrizierhaus untergebrachte Hotel hat modern eingerichtete Zimmer mit Kabel-TV und exklusivem Mobiliar.

③ ***Villa Aegir***
Mittelstr. 5
Tel. 03 83 92 / 30 20
www.hotel-villa-aegir.de
36 Z.
Zentral gelegenes Hotel hoch über dem Sassnitzer Hafen mit schönem Blick auf die Ostsee.

Die Bädervillen der Stadt erinnern an Sassnitz' Zeit als beliebtester Ferienort der Insel.

Hafenanlage im Jahr 1889 erwarb sich Sassnitz auch den Ruf des wichtigsten Fischereihafens der Insel, 1909 verkehrten nach dem Anschluss an das Eisenbahnnetz die ersten Fähren von Sassnitz nach Schweden.

Mitte der 1920er-Jahre hatte Sassnitz seinen Zenit als Badeort überschritten, man reiste nun in die attraktiveren Bäder Binz, Göhren oder Sellin. Im Zweiten Weltkrieg fiel Sassnitz als einziger Ort auf Rügen einem Bombenangriff zum Opfer, bei dem viele Hundert Menschen umkamen.

Nach 1945 entstand bei Sassnitz ein modernes Kreidewerk und der größte Fischverarbeitungsbetrieb der DDR. Vor allem mit dem neuen **Fährhafen** bei ► Neu Mukran ist Sassnitz heute eines der wichtigsten Industrie- und Dienstleistungszentren der Insel.

Sehenswertes in Sassnitz

Hauptstraße

Nachdem man von Westen auf der Stralsunder Straße in den Ort gelangt ist, passiert man das »Rügenhotel«, dessen Gäste vom Frühstücksraum im neunten Stock einen herrlichen Blick über den Hafen hinweg auf die See genießen.

Rügen-Galerie ►

An der Straßenkreuzung in Richtung Bahnhof beginnt die Rügen-Galerie, eine **Fußgänger- und Ladenpassage** mit Geschäften, Praxen, Büros, Cafés und Bistros.

Biegt man vorher nach rechts in die Bahnhofstraße ein, gelangt man an einen Aussichtspunkt mit Blick über den Fährhafen bis zum Mönchgut.

Die Hafenstraße führt direkt hinunter zum **Hafen** und der langen **Ostmole**. Hier liegen neben Fischkuttern und Privatyachten auch die **Ausflugsboote** für Inselrundfahrten, zu den Kreidefelsen, nach Usedom und zu den Seebädern. Auf der fast eineinhalb Kilometer langen Ostmole kann man sich über die Ausflugsangebote und Abfahrtszeiten informieren und gleichzeitig den Fischern bei ihrer Arbeit zuschauen.

! Baedeker TIPP

Die Farbe Blau ...

... herrscht – nomen est omen – in der Blauen Stube vor, an der man in Sachen Souvenirs und Mitbringsel nicht vorbeikommt. In ungezwungener Atmosphäre geht man auf Entdeckungsreise nach praktischen oder auch einfach »nur« schönen Dingen wie Keramik, Glaswaren, Möbel oder Schmuck (Hauptstraße 10, Tel. 03 83 91 / 226 50).

Im Stadthafen beschäftigt sich das **Fischerei- und Hafenmuseum** mit der Sassnitzer Fischereigeschichte der letzten 150 Jahre. Fotos, Dokumente und zahlreiche Exponate präsentieren in acht Abteilungen einen großen Ausschnitt lokaler Kultur- und Wirtschaftsgeschichte. Zum Abschluss des Museumsbesuchs geht's auf den 26 m langen Fischkutter »Havel«, der seit 1990 direkt gegenüber dem Museumseingang an der Hafenmauer ankert. Hier kann man sich ein authentisches Bild davon machen, wie die Fischer noch vor wenigen Jahren an Bord gelebt und gearbeitet haben (Öffnungszeiten: 1. April bis 31. Okt. tgl. 10.00 – 17.00, 1. Nov. bis 31. März Di. – So. 10.00 bis 17.00 Uhr).

◄ Museumskutter »Havel«

✶ **Museum für Unterwasserarchäologie**

Etwa 300 m weiter hat das noch junge Museum für Unterwasserarchäologie seine Tore geöffnet. In dem einer Fähre ähnelnden Gebäude werden u. a. ein nachgestalteter Wrackfundplatz und bis zu 6000 Jahre alte Originalfunde aus der Ostsee sowie aus Flüssen und Binnenseen Mecklenburg-Vorpommerns gezeigt. Auch informiert das Museum über die Arbeitsweise der Unterwasserarchäologen. An Großfunden sind z. B. Teile des 1000 Jahre alten **Slawenbootes von Ralswiek** zu sehen (Öffnungszeiten: 1. April – 31. Okt. tgl. 10.00 bis 18.00, 1. Nov. – 31. März tgl. 10.00 – 17.00 Uhr).

In der Kommandozentrale der »Otus«

Jüngstes museales Highlight im Sassnitzer Hafen ist das im Jahr 2002 eröffnete **U-Boot-Museum**.

Im Stadthafen starten auch die zu Ausflugsschiffen umgewandelten Fischkutter zu Kreidefelsen-Touren und Inselrundfahrten.

Das 1963 gebaute, 90 m lange britische U-Boot **»H.M.S. OTUS«** – bis 1991 u.a. vor den Falkland-Inseln und im Persischen Golf im Einsatz – lässt sich heute, fest vertäut beim Alten Fähranleger, in friedlicher Mission erkunden (Öffnungszeiten: April – Okt. 10.00 – 19.00, Nov. bis März – 16.00 Uhr).

Strandpromenade und Seebrücke

Vom Hafen führt die Strandpromenade in östlicher Richtung an der 1993 errichteten Seebrücke (► Baedeker Special S. 170) vorbei zum ehemaligen Ortskern. Nahe der Seebrücke liegt der **»Fürstenhof«** – das ehemals mondäne Hotel »Ostseeterrassen«, das einst sogar einen eigenen Landungssteg besaß – direkt am Strand; heute sind dort Ferienwohnungen und Appartements untergebracht. Dahinter führt eine kleine Gasse in den alten Teil von Sassnitz. Folgt man der Promenade, erreicht man den **Kurplatz** mit der Konzertmuschel.

Alter Stadtkern

Der alte Ortskern von Sassnitz mit seinen kleinen, verwinkelten Gassen zeigt sich heute nach Jahren der Vernachlässigung wieder in altem Glanz. In der Mitte des kleinen Gassengewirrs liegt der Markt mit dem großen ehemaligen Hotel **»Hohenzollern«**, in dem nach dessen Schließung zunächst ein Tabakgeschäft, dann eine HO-Gaststätte und schließlich ein Jugendferienheim untergebracht waren. Alles in allem strahlt dieses kleine Viertel mit seinen kopfsteingepflasterten Gassen und dem ein oder anderen wilden Garten einen ganz besonderen Charme aus.

Entlang der Ringstraße hat man nochmals Gelegenheit, an zahlreichen Villen und Pensionshäusern den Formenreichtum der Bäderarchitektur zu studieren.
Durch die Krusestraße hindurch erreicht man das Rathaus an der Bergstraße. Das Jugendstilgebäude aus rotem Klinker entstand 1910 nach der Zusammenlegung der Orte Crampas und Sassnitz zu einem großen Ort Sassnitz.
Am Hang gegenüber leuchtet durch das Grün der Bäume die rote neugotische Johanniskirche, die 1880 bis 1883 erbaut wurde. Links der Kirche führt die Stubbenkammerstraße zu den Kreideklippen im Nationalpark Jasmund (►Stubnitz).

Bummel durch Sassnitz' Altstadtgassen

Rechts der Kirche verläuft der Steinbachweg, der zum **Heimattiergarten** von Sassnitz führt. Auf ca. 2,5 ha sind etwa 50 verschiedene, vornehmlich heimische Tierarten versammelt, aber auch Affen, Steppenadler, Wildkatzen, Nasen- und Waschbären fühlen sich dort recht wohl (Öffnungszeiten: tgl. 10.00 – 18.00 Uhr).

Schmetterlingspark

Heimische und exotische Schmetterlinge, über 150 Arten, flattern und schweben in schillernder Farbenpracht über einen Teich mit einem kleinen Wasserfall inmitten einer großen **Freiflughalle** (Straße der Jugend 6, Öffnungszeiten: April – Okt. tgl. 9.30 – 17.30 Uhr).

Umgebung von Sassnitz

Königsstuhl

Der vielleicht schönste Wanderweg auf Rügen, mit Sicherheit aber der am häufigsten erwanderte Pfad der Insel führt rund 10 km weit durch den **Nationalpark Jasmund** (►Stubnitz) von Sassnitz zur Stubbenkammer: Über die Berg- und die Weddingstraße erreicht man den **Hochuferweg**. Dieser führt am Rest der Wissower Klinkenvorbei – über die **Ernst-Moritz-Arndt-** und die **Victoria-Sicht** – über vier tief in den Fels eingeschnittene Bachläufe bis zum Königsstuhl.

Crampasser Berge

Auch zu den Crampasser Bergen, den **Kreidebrüchen** oberhalb der Stadt, führt ein Wanderweg. Am Ziel angelangt hat man einen herrlichen Blick über Sassnitz bis nach Binz und Göhren: Man folgt der Stubbenkammerstraße an der Johanniskirche vorbei bis zur zweiten Kurve, hier führt ein Pfad nach links durch den Wald zu den weißen Felsen. Oberhalb liegt ein steinzeitliches Hünengrab.

Schaprode

B/C 2

Höhe: 0 – 10 m ü. d. M. **Einwohnerzahl:** 600

Schaprodes Hafen existierte schon, als die Dänen im 12. Jahrhundert hier zur Eroberung Rügens landeten. Heute steuern die meisten Urlauber das kleine Dorf im Nordwesten Rügens nur deshalb an, weil man von hier aus mit der Fähre auf dem kürzesten Weg zur Insel Hiddensee übersetzen kann.

Hafendorf Doch bevor die Fähre nach Hiddensee ablegt, bleibt vielleicht noch Zeit für einen Spaziergang durch das »Hafendörfchen«. Die Dorfstraße schlängelt sich zwischen ziegelsteinroten, rohrgedeckten Häusern und Scheunen hindurch bis zum Hafen. In dessen Nähe erhebt sich mit Schaprodes Backsteinbasilika die **drittälteste Kirche Rügens**. Und falls der Hafenparkplatz überfüllt sein sollte: Ganz in der Nähe der Kirche bieten einige Privatleute ihre Grundstücke als Pkw-Stellfläche an.

Die ältesten Teile der **romanischen Dorfkirche**, Chor und Apsis, stammen aus dem beginnenden 13. Jahrhundert. Das Langhaus mit der trutzigen, im Giebelbereich durch Staffelblenden gegliederten Westfassade erhielt erst im 15. Jahrhundert seine endgültige Form. Im 16. Jahrhundert wurde die Sakristei an den Backsteinbau angefügt, ein Jahrhundert später entstand der hölzerne Dachturm über dem Westgiebel.
Die große, um 1500 geschaffene Triumphkreuzgruppe wurde im 18. Jahrhundert farblich verändert, um sie der übrigen Barockausstattung anzupassen.

SCHAPRODE

ESSEN

► **Preiswert**

Gasthaus Keil
Hafenweg 45
18569 Schaprode
Tel. 03 83 09 / 12 16
An den Wänden von »Keils Gaststube« haben sich Stars vergangener Zeiten mit Fotos und Autogrammen verewigt.

Landgasthof Schafshorn
Streuer Weg 65 A
18569 Schaprode
Tel. 03 83 09 / 13 13
www.schafshorn.de
Im Restaurant des gleichnamigen, idyllisch gelegenen Hotels (19 Z.) kocht der Chef noch persönlich.

Umgebung von Schaprode

Insel Öhe Schaprode vorgelagert ist das kleine – nicht zugängliche – Inselchen Öhe, das sich in Privatbesitz befindet. Durch seine Nähe zum Schaproder Hafen müssen sich die einlaufenden Fähren mit einer vergleichsweise schmalen Fahrrinne begnügen.

Knappe vier Kilometer sind es von Schaprode bis zur äußersten Spitze der nördlich gelegenen kleinen Halbinsel, wo die wenigen Häuser Seehofs liegen. Zunächst wandert man durch Felder und Wiesen zum Dörfchen **Poggenhof**. Dort zweigt ein Weg zum Bodden ab, dem man bis in den nordwestlichsten Zipfel der Halbinsel nach Seehof folgt. Hier hat man einen guten Blick auf die Hiddensee vorgelagerte Fährinsel.

Seehof

Immer auf Schaprodes Sonnenseite ...

Auf halbem Weg zwischen ► Trent und Schaprode liegt das Schloss Granskevitz innerhalb eines baumbestandenen, rechteckigen Walls mit Graben und zwei Brücken. Keller und Fundamente des leuchtend weiß verputzten Backsteingebäudes entstanden schon vor 1500; einer der Kellerräume blieb bis heute zugemauert, da er 1507 als Begräbnisstätte für Pestleichen benutzt wurde. Das zweigeschossige Herrenhauses mit seinen Risaliten und dem runden Turm stammt aus dem 17. / 18. Jahrhundert.

★ Sellin

F 3

Höhe: 0 – 18 m ü. d. M. **Einwohnerzahl:** 3000

Auf halber Strecke zwischen den Badeorten Binz und Göhren liegt das dritte der großen, viel besuchten Ostseebäder Rügens: das Seebad Sellin im Biosphärenreservat Südost-Rügen, oft auch als das »Tor zur Halbinsel Mönchgut« bezeichnet.

Badeort am Rande der Granitz

Der windgeschützten Lage am Rand der Granitzwaldungen, hinter einem bis zu 40 m steil aufragenden Hochufer, verdankt der Ort sein gesundes Reizklima. Unterhalb der Steilküste erstrecken sich die breiten, feinsandigen und für ihre gute Wasserqualität mit der Blauen Europaflagge ausgezeichneten Strände über 2 km weit nach Süden.

Von Baabe herkommend, präsentiert sich am Ortseingang der **Seepark Seelin**, ein kleines Neubauviertel im Stil der Bäderarchitektur mit Ferienwohnungen, Kinderspielplatz, Läden und Geschäften. Gleich nebenan liegt das 5000 m² umfassende Erlebnisbad **»Inselparadies«** mit Außenbecken, Liegewiesen, Saunalandschaft und Restaurants sowie einer 102 m langen Wasserrutsche.

◄ Nordstrand

Den »Hauptstrand« Sellins, dem Nordstrand, erreicht man am schnellsten vom Seebrückenvorplatz am Ende der Wilhelmstraße aus

Sellin Orientierung

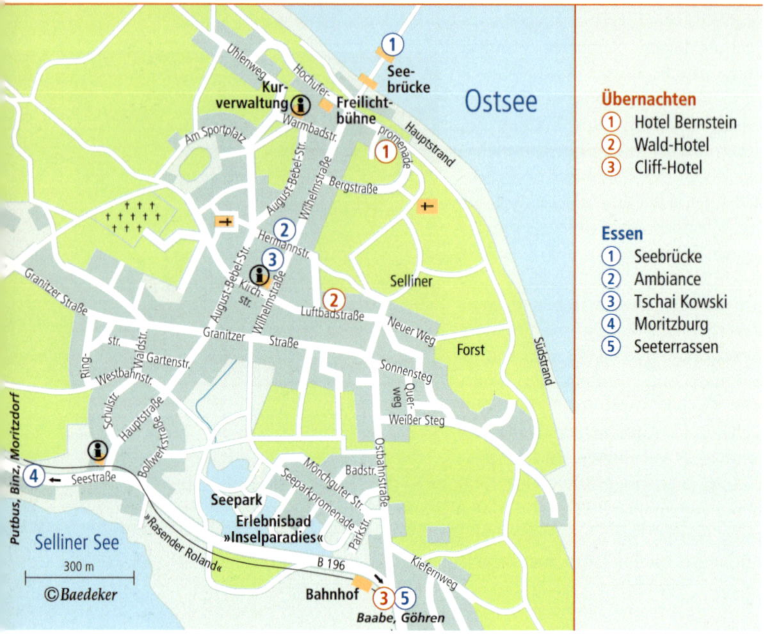

über eine **»Himmelsleiter«** genannte breite Holztreppe oder über gepflasterte Schrägabgänge. Wer weniger gut zu Fuß ist, benutzt den Aufzug gleich bei der Treppe.

Südstrand ► Der kürzeste Zugang zum Südstrand, dem ehemaligen Fischerstrand, erfolgt von der Ostbahnstraße über den **»Weißen Steg«**, an dessen Einmündung in den Strandbereich sich ein Strandkorbverleih befindet. Die 127 m lange Wasserrutsche reizt vor allem Kinder, hierher an den Südstrand zu kommen.

Geschichte Der ehemalige Fischerort wurde 1295 als **»Zelinesche«** erstmals urkundlich erwähnt. Der Name stammt aus dem Slawischen und bedeutet so viel wie **»grünes Land«**, was auf seine Lage inmitten eines Waldgebietes verweist.

Ähnlich wie Göhren und Baabe wurde auch Sellin v.a. durch den Bau der Schmalspurbahn »Rasender Roland« für den Badetourismus erschlossen, die seit 1895 hier Station macht. 1896 ließ der Fürst zu Putbus die **Wilhelmstraße** anlegen, an der innerhalb weniger Jahre zahlreiche Hotels und Pensionen im Stil der Bäderarchitektur entstanden. Mit dem Bau der **Seebrücke** 1906 stand Sellin den anderen Badeorten in nichts mehr nach. Nach ihrer zweimaligen Zerstörung durch Naturkatastrophen bereichert sie seit ihrem Wiederaufbau in den 1990er-Jahren als Wahrzeichen Sellins das Ortsbild.

SELLIN ERLEBEN

AUSKUNFT

Tourist-Information
August-Bebel-Str. 5
18586 Ostseebad Sellin
Tel. 03 83 03 / 870 06

Kurverwaltung
Warmbadstr. 4
18586 Ostseebad Sellin
Tel. 03 83 03 / 16 16
www.sellin.de

ESSEN

▸ Fein & teuer

② ***Ambiance***
Wilhelmstr. 34
Tel. 03 83 03 / 12 20
www.hotel-ambiance.de
Auf der Speisekarte des Hotel-Restaurants stehen regionale Gerichte aus vorwiegend Rügener Produkten.

▸ Erschwinglich

① ***Seebrücke***
Wilhelmstraße
Tel. 03 83 03 / 82 90
und 84 80
Im Gebäude auf der Seebrücke sind die Restaurants »Palmengarten« im mediterranen Stil und »Kaiserpavillon« im Flair der Goldenen Zwanzigerjahre empfehlenswert. Gute Küche mit vielen Fischspezialitäten.

⑤ ***Seeterrassen***
Siedlung am Wald
Tel. 03 83 03 / 82 14
Das Restaurant im Cliff-Hotel Rügen verwöhnt seine Gäste mit einer kreativen Cuisine oder mit herzhafter Regionalkost. Die Weinauswahl ist recht umfangreich und der Service sehr freundlich.

Sehenswertes in Sellin

Wilhelmstraße

Das Leben in Sellin spielt sich hauptsächlich in der denkmalgeschützten Wilhelmstraße ab, einer breiten Lindenallee mit Promenadenwegen. Neben den zahlreichen Restaurants und den kleinen Läden entlang der Straße sind es vor allem die Villen im Stil der **Bäderarchitektur** mit ihren ornamentreichen Holzfassaden und grazilen Erkern, die jedes Jahr Tausende von Besuchern begeistern.

Kunstgalerie, Bernstein-Museum

In der Schulstraße zeigt die Galerie Hartwich vor allem Werke junger Künstler aus dem Ostseeraum. Wissenswertes über Bernstein erfährt man einige Schritte weiter im gleichnamigen Museum, das sich an der Ecke Wilhelm- / Granitzer Straße befindet (Öffnungszeiten: Mo. bis Fr. 10.00 – 12.00 und 14.00 – 17.00, Sa. 10.00 – 12.00 Uhr).

Kirchen

Parallel zur Wilhelmstraße verläuft die August-Bebel-Straße, an der sich, versteckt hinter Bäumen, die **evangelische Kirche** befindet. Der achteckige neobarocke Bau wurde 1913 geweiht. Während der Sommermonate stellen hier von Zeit zu Zeit Künstler ihre Werke aus.
Die **katholische Kapelle** erreicht man von der Wilhelmstraße aus über die Bergstraße. Von dort sind es nur wenige Meter bis zur Kliffkante am Quitzlaser Ort.

Der Fährmann von Moritzburg rudert müde Radwanderer übern Selliner See.

Selliner Kleinbahnhof

Der Kleinbahnhof der historischen Dampfeisenbahn **»Rasender Roland«** (► S. 112), die mehrmals täglich zwischen Lauterbach und Göhren verkehrt, liegt im Südosten von Sellin an der Seestraße. Der Bahnhof ist der einzige, der noch im Originalzustand aus der Zeit um die Wende vom 19. zum 20. Jahrhundert erhalten ist. In der mit viel Liebe zum Detail renovierten Bahnhofsgaststätte wird ausgezeichnete regionale Küche serviert.

Umgebung von Sellin

Selliner See

Im Südwesten berührt der Badeort den Selliner See, an dem die hübschen Ortsteile Altensien und Moritzdorf liegen. Der reizvolle, von Schilf umgebene See ist ein beliebtes und ergiebiges Angelrevier. Wer Lust auf eine kleine Bootspartie hat, kann sich ein Ruderboot ausleihen; für diejenigen, die ihre Kräfte lieber sparen wollen, hält der Bootsverleiher sogar einige 4-PS-Außenborder bereit.

> ! *Baedeker* TIPP
>
> **Übern See ...**
>
> Der einfachste und bequemste Weg zurück nach Sellin führt direkt über den kleinen Selliner See. In Moritzdorf wartet der Fährmann auf Passagiere, um sie mit seinem kleinen Boot über den See zu rudern.

Eine etwa 6 km weite Wanderung führt entlang des Selliner Sees zu dem kleinen **Moritzdorf**, einem hübschen denkmalgeschützten Zeilendorf am Fuß eines Steilufers: Von Sellin aus geht's zunächst auf der Westbahnstraße in Richtung Binz. Bei der ersten Möglichkeit biegt man nach links ab, überquert die Seestraße (B 196) und folgt der Ausschilderung nach **Altensien**. Von dort gelangt man auf einem Feldweg entlang des Sees nach Moritzdorf. Kurz vor dem Ort führt eine Abzweigung rechts hinauf zu einer Gaststätte mit einer Aussichtsterrasse. Von dem 37 m hohen Hügel eröffnet sich ein herrlich weiter Blick über den Selliner See und das Mönchgut.

★★ Stralsund

B 4

Landkreis:: Kreisfreie Stadt
Einwohnerzahl: 59 100
Höhe: 9 m ü. d. M.

Als ehemalige Hansestadt blickt Stralsund auf eine glanzvolle Vergangenheit zurück, die sich heute noch an ihrem historischen Stadtbild ablesen lässt. Das »Venedig des Nordens«, wie sie gerne apostrophiert wird, gehört zu den beeindruckendsten Reisezielen an der deutschen Ostseeküste.

»Venedig des Nordens«

Die größte Stadt Vorpommerns liegt an der Strelasund genannten Meerenge, die die Insel Rügen vom Festland trennt. Neben Rostock ist sie die bedeutendste **Wirtschafts- und Kulturmetropole** im nördlichen Mecklenburg-Vorpommern. Schiffbau und Hafenwirtschaft haben Stralsund zu einem wichtigen Wirtschaftsstandort an der deutschen Ostseeküste gemacht. Der auf die Küstenschifffahrt ausgerichtete Hafen ist der drittgrößte in Mecklenburg-Vorpommern.
Zu DDR-Zeiten entwickelte sich in Stralsund, ähnlich wie in anderen Städten an der Ostsee, die Werftindustrie zum wirtschaftlichen Rückgrat der Region. Nach der Wende geriet diese Industriebranche in eine tief greifende Krise, die Stadt verlor allein durch die Neustrukturierung der Volkswerft Stralsund 5000 Arbeitsplätze. Wirtschaftlichen Aufschwung erhofft man sich heute v. a. vom Tourismus.

Highlights Stralsund

Historische Altstadt
Einzigartiges Ensemble mittelalterlicher Gebäude seit der Zeit der Hanse.
▸ Seite 262

Rathaus
Ein Juwel der norddeutschen Backsteingotik mit prächtiger Schaufassade.
▸ Seite 264

Deutsches Meeresmuseum
Zu Besuch bei Haien, Kraken und Meeresschildkröten.
▸ Seite 269

Kulturhistorisches Museum
Das größte »Ausstellungsstück« ist sogar begehbar.
▸ Seite 269

Blick auf das Häusermeer der Stralsunder Altstadt

Geschichte

1234	Stralsund erhält das Stadtrecht
1293	Beitritt zur Hanse
ab 1325	Herrschaft der Pommernherzöge
1648-1815	Schwedenzeit, 1720 Sitz von Schwedisch-Vorpommern
1944	Schwere Kriegsschäden
2002	Die historische Altstadt wird zum UNESCO-Weltkulturerbe erklärt

Kokurrent Lübeck

Neben dem slawischen Fähr- und Fischerdorf **Stralow** entstand im 13. Jh. eine deutsche Kaufmannssiedlung, deren Kern sich um den Alten Markt und die Nikolaikirche befand. Südlich davon lag um den Neuen Markt mit der Marienkirche die Neustadt. Nach dem Überfall des mächtigen Konkurrenten Lübeck im Jahr 1249 begannen die Stralsunder, eine Stadtbefestigung mit elf Toren zu errichten, die auch die Neustadt mit einschloss.

Hansezeit

1293 trat die Stadt der Hanse bei, handelte insbesondere mit **Skandinavien**, dem **Baltikum** und **Russland** und gehörte schon bald zu den einflussreichsten Hansestädten an der Ostseeküste. Mit der Hanse trat es im Jahr 1361 in den Krieg gegen Dänemark um die Vorherrschaft im Ostseeraum. Der 1370 in Stralsund geschlossene Frieden sicherte schließlich für lange Zeit die politische und wirtschaftliche Vormachtstellung der Hanse. Mit ihrer abnehmenden Bedeutung Ende des 15. Jahrhunderts war auch Stralsunds Blütezeit überschritten.

Schweden und Preußen

Der Belagerung durch die Truppen **Wallensteins** während des Dreißigjährigen Krieges im Jahr 1628 hielt die Stadt stand; nach Ende des Krieges 1648 fiel Stralsund zusammen mit Vorpommern an Schweden. Die Stadt litt unter den Plünderungen während des »Großen Nordischen Krieges« Anfang des 18. Jahrhunderts und erstarkte erst wieder, als Schweden 1720 den **Regierungssitz von Schwedisch-Pommern** hierher verlegte. Nach dem Wiener Kongress (1815) gehörte Stralsund wie Rügen und Vorpommern zu Preußen.

Stralsund Orientierung

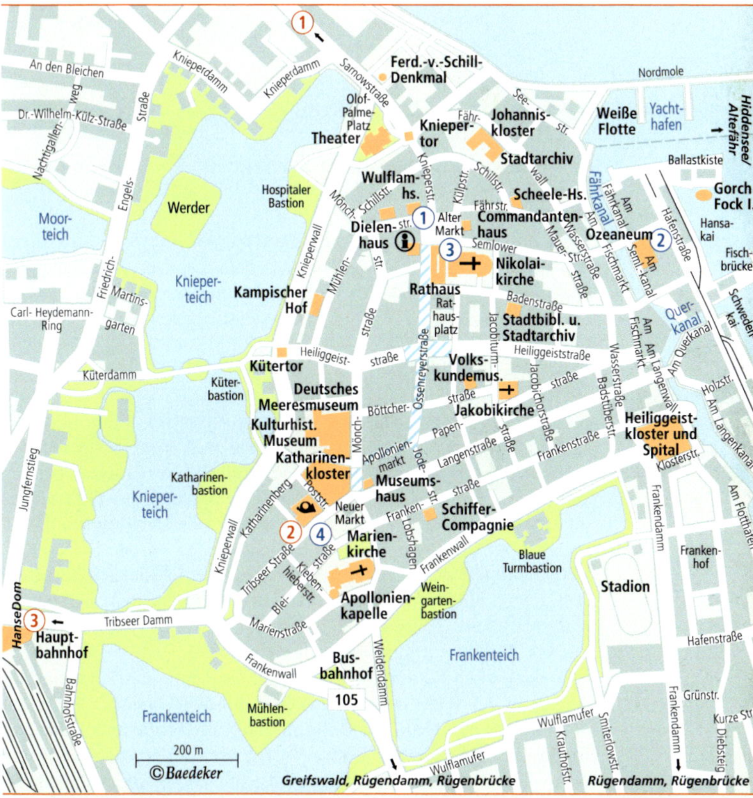

Übernachten
① Schlossparkhotel Hohendorf
② Zur Post
③ Unter den Linden

Essen
① Wulflamstuben
② Kuddeldaddeldu
③ Nikolaicafé
④ Brasserie Grand Café

Stralsunds »Machtzentrum« – das gotische Rathaus am Alten Markt

20. Jahrhundert

Die Rolle Stralsunds als **Tor zur Insel Rügen** verstärkte sich durch den Bau des Rügendamms 1936. Nach dem Zweiten Weltkrieg entwickelte sich Stralsund rasch zu einer bedeutenden Industrie-, Hafen- und Handelsstadt.

Sehenswertes in Stralsund

★★ Historisches Stadtbild

Die fast rundum **von Wasser umgebene Altstadt** von Stralsund besitzt mit ihren drei mächtigen Backsteinkirchen, dem stolzen Rathaus, den Klöstern und unzähligen Wohn- und Geschäftshäusern vom Mittelalter bis zum Klassizismus eine unglaubliche Fülle an historischer Bausubstanz. Obgleich dieses einmalige Kulturgut im Laufe seiner Geschichte schwere Schäden hinnehmen musste, ist ein Spaziergang durch die Altstadt von Stralsund ein Erlebnis. Schöne, alte Häuser aus unterschiedlichsten Bauepochen findet man darüber hinaus vor allem in der Franken-, Mönch-, Mühlen-, Ravensberger-, Baden-, Böttcher- und in der Semlowerstraße.

Giebelhäuser ▶

Charakteristisch für die mittelalterliche Bebauung der Stadt sind die hohen, in der Regel etwa 9 m breiten **Giebelhäuser aus Backstein**, die seit dem ausgehenden 13. Jahrhundert die Holzbauten ersetzten. Im Innern der Gebäude befanden sich im Erdgeschoss die Wohn- und Geschäftsräume und darüber die Speichergeschosse. Blendbögen, pfeilerartige Vorlagen und Fialtürmchen bilden den Schmuck der Giebelfassaden.

STRALSUND ERLEBEN

AUSKUNFT

Stralsund-Information
Alter Markt 9
18439 Stralsund
038 31 / 246 90
www.stralsund.de

SHOPPING

Die Haupteinkaufsmeilen von Stralsund sind die Ossenreyer- und die Mönchstraße. So manche Entdeckung kann man aber auch in einigen anderen Altstadtgassen machen oder am und um den Neuen Markt.

STADTFÜHRUNGEN

Die von der Stralsund-Information angebotenen Stadtführungen beleuchten die Stadtgeschichte aus einem bestimmten Blickwinkel: So bringt z. B. ein Torwächter den Zuhörern das mittelalterliche Leben in der Stadt nahe, und ein alter Seebär erzählt bei einem Gang durch den Hafen Seemannsgeschichten.
Mai – Okt. tgl. 11.00 und 14.00, Do. auch um 19.00 Uhr
Treffpunkt: Stralsund-Information

ESSEN

► Erschwinglich

① *Wulflamstuben*
Alter Markt 5
Tel. 038 31 / 29 15 33
Das Restaurant in einem mittelalterlichen Giebelhaus serviert deftige Speisen nach Rezepten aus alten Kochbüchern.

② *Kuddeldaddeldu*
Neue Badenstraße
Tel. 038 31 / 29 95 26
Sehr gemütliches Restaurant in einem renovierten Gebäude auf der Hafeninsel. Internationale Küche und Fischgerichte.

► Preiswert

③ *Nikolaicafé*
Alter Markt 12
Tel. 038 31 / 29 07 65
Winziges Bistro-Café direkt neben der Nikolaikirche am Alten Markt.

④ *Brasserie*
Neuer Markt 2
Tel. 038 31 / 70 35 14
Das Restaurant mit Biergarten lockt mit leckeren Kleinigkeiten.

ÜBERNACHTEN

► Luxus

① *Schlossparkhotel Hohendorf*
18445 Hohendorf
Tel. 03 83 23 / 25 00
www.schlosshotel-mv.de
42 Z.
Romantisches Schlosshotel, nur etwa 10 km von Stralsund entfernt und doch in ländlicher Abgeschiedenheit. Ab 10 Personen kann man im Kellergewölbe ein Festmahl im Stil des 15./16. Jh.s genießen.

► Komfortabel

② *Hotel Zur Post*
Am Neuen Markt
038 31 / 20 05 00
108 Z.
www.hotel-zur-post-stralsund.de
Die Studios im Ateliergeschoss des im Herzen der Altstadt gelegenen Hotels ist ideal für längere Stralsund-Aufenthalte.

③ *Unter den Linden*
Lindenallee 41
Tel. 038 31 / 44 20
38 Z.
Ruhige Lage, behaglich eingerichtete Zimmer, zwei hoteleigene Restaurants. Wer mit dem Zug anreist, wird vom Bahnhof abgeholt.

Alter Markt und nordöstliche Altstadt

★★ Rathaus

Ein Juwel der **norddeutschen Backsteingotik** ist das Rathaus, das mit der nördlichen Schmalseite an den Alten Markt stößt. Seine prächtige Fassade, die sich mit den Türmen der Nikolaikirche zu einem eindrucksvollen Ensemble gotischer Baukunst verbindet, entstand nach dem Vorbild des Rathauses in Lübeck, der großen Konkurrentin der einstigen Hansestadt.

Hinter den Arkaden im Erdgeschoss liegt eine zweischiffige Laubenhalle, die ehemalige **Gerichtslaube**, und darüber, im Obergeschoss, der sog. **Löwensche Saal**. Durch die Laubenhalle gelangt man in den Innenhof des Gebäudes, der durch ein Glasdach zur Passage umgewandelt wurde. Als älteste Teile waren vermutlich in der zweiten Hälfte des 13. Jh.s die Längsflügel entstanden – ursprünglich zwei schmale Giebelhäuser mit kreuzgewölbten, zum Innenhof offenen Verkaufsräumen im Erdgeschoss. Sie wurden durch einen südlichen, später auch durch einen nördlichen Querbau verbunden. An dessen Stelle trat um 1400 der Neubau mit der marktseitigen Schaufront. Erst um 1680 erhielt der Innenhof die hölzerne Galerie. Im 18. Jh. wurde die der Ossenreyerstraße zugewandte Westseite barock umgestaltet. Aus dieser Zeit stammt das Portal mit dem Stadtwappen.

? WUSSTEN SIE SCHON ...?

- ... dass der Entdecker des Sauerstoffs in Stralsund geboren wurde? Heute ziert das Geburtshaus (Nr. 23) des bedeutenden Chemikers Carl Wilhelm Scheele (1742 – 1786) die Fährstraße mit seiner schöner Spätrenaissancefassade aus dem Jahr 1660.

★ Wulflamhaus

An der Nordwestseite des Alten Marktes steht das Wulflamhaus, eines der schönsten und am besten erhaltenen mittelalterlichen Bürgerhäuser, vermutlich um 1380 für den Bürgermeister **Bertram Wulflam** errichtet. Charakteristisch ist der durch Pfeilervorlagen gegliederte Staffelgiebel mit reicher Blendarkatur.

Commandantenhus

Das dreigeschossige **Traufenhaus** aus dem Jahr 1746 an der Ostseite des Platzes (Alter Markt 14) war einst Sitz der schwedischen Kommandantur.

Kniepertor

Vom Alten Markt führt die schmale Knieperstraße hinab zu dem gleichnamigen Torturm aus der ersten Hälfte des 15. Jh.s, einst Teil der mittelalterlichen Stadtbefestigung. Außerhalb der Altstadt, vor dem Kniepertor, wurde 1913/1914 das Stadttheater errichtet.

Johanniskloster

Östlich vom Kniepertor, an der alten Stadtmauer – heute zwischen Schillstraße und Fährwall –, errichteten ab 1254 Franziskanermönche ein Kloster. Im Zuge der Reformation gelangte es in den Besitz

Shopping-Bummel in der Ossenreyerstraße, Stralsunds Einkaufsmeile →

Peek&Cloppenburg
P&C
Tchibo
SKANDINAVIEN
46
Zorn

St. Nikolai – die älteste Pfarrkirche der Hansestadt, im 13. und 14. Jahrhundert errichtet, ist dem Schutzpatron der Seeleute geweiht.

der Stadt, die es zum Armenhaus umbaute. Vom Chor der Klosterkirche, der nach einem Brand 1624 wieder aufgebaut wurde, stehen seit dem Zweiten Weltkrieg nur noch die Außenmauern. Als Mahnmal für die Gefallenen des Ersten Weltkriegs wurde hier 1988 eine Nachbildung der **»Pietà«** von **Ernst Barlach** aufgestellt. Die Klausurgebäude nehmen heute das Stadtarchiv und Räume für wechselnde Ausstellungen auf (Öffnungszeiten Stadtarchiv: Mo. – Do. 9.00 bis 17.00 Uhr, Kloster: Mai – Okt.).

Fährstraße Vor dem Haus Fährstraße 21 markiert eine Gedenkplatte die Stelle, an der am 31. Mai 1809 der preußische Offizier **Ferdinand von Schill** bei der Verteidigung Stralsunds gegen napoleonische Truppen den Tod fand.

Stadthafen Etwas weiter östlich liegt der Hafen von Stralsund, wo die Schiffe der Weißen Flotte zu Hafenrundfahrten sowie nach Rügen und Hiddensee ablegen. Dort hat auch 2003 der berühmte Windjammer **»Gorch Fock I«** einen neuen Heimathafen gefunden (Besichtigungszeiten: April – Sept. tgl. 10.00 – 18.00, Okt. – März tgl. 11.00 – 16.00 Uhr).

★ **Ozeaneum** Am Hafen eröffnete im Jahr 2008 der Erweiterungsbau des Deutschen Meeresmuseums (► S. 269). In insgesamt vier Ausstellungsbereichen mit rund 40 z. T. riesigen Aquarien zeigt das Ozeaneum die Unterwasserwelt von Ost- und Nordsee, von Nordatlantik und Polarmeer. Zu sehen sind u. a. auch die »Riesen der Meere« – Nachbildungen von Meeresgiganten in Originalgröße, darunter ein 27 m langer Blauwal (Öffnungszeiten s. Meeresmuseum).

Nikolaikirche Orientierung

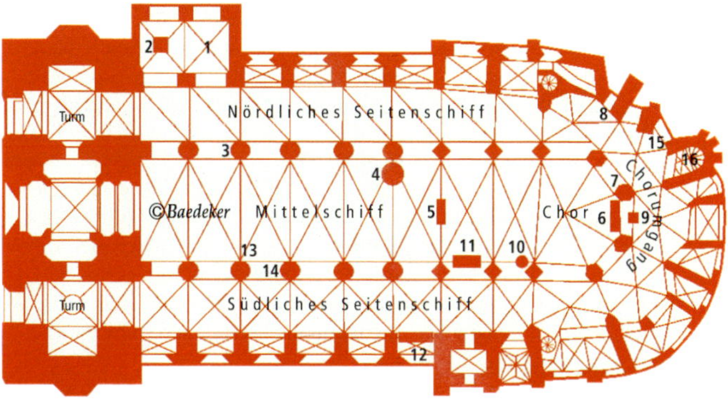

1 Bürgermeisteraltar, um 1500 - 1516
2 Taufgehäuse, 1714
3 Christus mit Kreuz, um 1400
4 Kanzel, 1611
5 Hauptaltar, 1708
6 Hochaltar, um 1480
7 Altar der Schneider, 15 Jh.
8 Altar der Familie Junge, um 1430
9 Astronomische Uhr, 1394
10 Taufbecken
11 Nowgorodfahrer-Gestühl, um 1420
12 Ratsgestühl, 1652
13 Kramergestühl, 1574
14 Bergenfahreraltar
15 Anna Selbdritt, vor 1280
16 Chorkapelle mit Sterngewölbe

★★ Nikolaikirche

Älteste Pfarrkirche der Stadt

Hinter dem Rathaus erhebt sich St. Nikolai, Stralsunds älteste, dem Schutzpatron der Seeleute geweihte Pfarrkirche. Auftraggeber des 1270 begonnenen und um 1360 vollendeten Gotteshauses waren die Patrizier und Ratsherren der Stadt.

Die dreischiffige, querschifflose Basilika mit Umgangschor, Kapellen an Chor und Langhaus sowie offenem Strebewerk greift das Grund- und Aufrissschema der **nordfranzösischen Kathedralgotik** auf, das bereits bei der Lübecker Marienkirche, dem Vorbild von St. Nikolai, zur Anwendung kam. Die beiden mächtigen, durch Blendfensterreihen schmuckvoll gestalteten Westtürme wurden in der zweiten Hälfte des 14. Jhs. hinzugefügt.

Nach einem Brand 1662 setzte man dem Südturm 1667 eine barocke Haube auf, der Nordturm ist bis heute nur mit einem flachen Zeltdach gedeckt (Öffnungszeiten: April – Sept. Mo. – Fr. 10.00 – 17.00, Sa. 10.00 – 16.00, So. 10.00 – 12.00, 14.00 – 16.00; Okt. – März tgl. 10.00 – 12.00, 14.00 – 16.00 Uhr).

Ausstattung

Hochgotische Architektur und eine überreiche Ausstattung aus der Zeit der **Gotik** bis zum **Barock** verbinden sich zu einem herrlichen Gesamteindruck. Die wirkungsvolle Ausmalung aus dem 14./15 Jh. wurde in ihrer ursprünglichen Farbigkeit wieder hergestellt. Besondere Beachtung verdienen die szenischen Darstellungen an den Wän-

den der Seitenschiffkapellen. Eines der ältesten Ausstattungsstücke ist die vor 1280 entstandene Figurengruppe der Anna Selbdritt, ein bedeutendes Werk der Plastik im Ostseeraum um 1300. Das gotische Kruzifix über dem Hochaltar wurde um 1360 als Triumphbogenkreuz angefertigt. Die astronomische Uhr mit ihrem bemalten Zifferblatt vollendete laut Inschrift **Nikolaus Lilienfeld** am Nikolaustag des Jahres 1394. Aus dem beginnenden 15. Jh. stammen die Holzpaneele des sog. **Nowgorodfahrer-Gestühls**. Die vier Reliefdarstellungen auf den Gestühlswangen zeigen Jagdszenen in Russland sowie einen Pelztierverkauf an einen hanseatischen Kaufmann. Bedeutsam sind auch verschiedene Einbauten aus gotischer Zeit, so die Chorschranken mit reichem Schnitzwerk, die Empore im Chorscheitel mit gemalten Heiligen zwischen geschnitztem Maßwerk (um 1500) sowie die auf gleicher Höhe, oberhalb der Arkadenreihe, verlaufende Holzbrüstung mit gemalten Wappen.
Von den spätmittelalterlichen Wandelaltären sollte man sich vor allem den Hochaltar (wohl Ende 15. Jh.) anschauen, der im Schrein eine figurenreiche Kreuzigungsdarstellung zeigt, sowie den **Bergenfahrer-Altar** (um 1500) mit einer schön geschnitzten Kreuzigung im Schrein und vier gemalten Passionsszenen auf den Flügeln.
Beinahe unüberschaubar ist die Zahl der mittelalterlichen und frühneuzeitlichen Grabsteine und Epitaphe. Zu den herausragenden Ausstattungsstücken aus nachmittelalterlicher Zeit gehört die 1611 geschaffene Sandstein-Kanzel mit Alabasterreliefs. Für den barocken Hochaltar (1708) mit den seitlichen, lettnerartigen Schranken lieferte der Berliner Bildhauer **Andreas Schlüter** die Entwürfe. Ebenfalls einen architektonischen Aufbau zeigt das barocke, 1710 bis 1714 von **Elias Keßler** gefertigte Taufgehäuse.

Vom Alten Markt zum Neuen Markt

Mühlenstraße

An der Westseite des Alten Marktes beginnt die Mühlenstraße mit einigen sehenswerten alten Gebäuden. Sehr schön renoviert wurde das Giebelhaus Nr. 1. Es stammt noch aus der Zeit um 1400 und gehört zu den ältesten Backsteinhäusern Stralsunds. Das gotische Kaufmannshaus (Nr. 3) zwei Häuser weiter wurde zwischen 1975 und 1979 von polnischen Restauratoren als gotisches Dielenhaus wiederhergestellt.

Kampischer Hof

Die Gebäudegruppe Mühlenstraße Nr. 23 gehörte dem Zisterzienserkloster Neuenkamp (heute Franzburg). Der **Dreiflügelbau** aus dem 15. Jh. besteht aus Speicher und Wohnhaus und einem späteren Verbindungsflügel. Das Wohnhaus (rechts) mit dem typischen Blendenschmuck erhielt im 18. Jh. seinen geschweiften Giebel.

Küter- und Kniepertor

Die mittelalterliche Stadtbefestigung mit den charakteristischen **Wiekhäuschen** wurde im nördlichen und nordwestlichen Abschnitt zwischen Johanniskloster und Kütertor restauriert. Von den einstigen

Tortürmen steht noch das Kniepertor aus dem 15. Jh. und im Westen das 1446 errichtete Kütertor.

Im **ehemaligen Dominikanerkloster** St. Katharinen in der Mönchstraße sind die beiden großen Museen der Stadt untergebracht: das Deutsche Meeresmuseum und das Kulturhistorische Museum.

Dieses »Seeungeheuer« schreckt niemanden mehr.

Das **Deutsche Meeresmuseum**, das größte Naturkundemuseum in Norddeutschland, gehört zu den Publikumsrennern unter den Museen in Mecklenburg-Vorpommern – nicht zuletzt, weil Thema und Präsentation für Erwachsene wie für Kinder und Jugendliche gleichermaßen interessant sind: In über 40, z. T. kolossalen Aquarien beobachtet man u. a. pfeilschnelle Haie und clevere Kraken. Eine außergewöhnliche Attraktion des Museums ist ein – toter – sechs Meter langer **Tiefsee-Riesenkalmar**. Nur etwa 20 Museen weltweit können einen dieser sagenumwobenen Riesenkraken zeigen!
Ständig was los ist auch im 350 000 Liter fassenden **Meeresschildkröten-Becken**, deren älteste Bewohnerin über 100 kg wiegt und 1965 geboren wurde. Im Erdgeschoss werden u. a. ein Meeresbodenrelief und der Aufbau eines Korallenriffs gezeigt sowie Flora und Fauna des Meeres erklärt. Effektvoll im ehemaligen Chor der Kirche platziert ist das riesige Skelett eines Finnwals, der im Jahr 1825 an der Küste von Rügen strandete. Das erste Obergeschoss ist der Küsten- und Hochseefischerei gewidmet. Spannender wird es nochmals im Kellergeschoss, wo sich unter anderem das erst 1999 wieder eröffnete **Nordsee-Aquarium** befindet (Öffnungszeiten: Juni – Sept. tgl. 10.00 bis 18.00, Okt – Mai tgl. 10.00 – 17.00 Uhr).

Kultur-historisches Museum

Nicht weniger interessant sind die Sammlungen des Kulturhistorischen Museumsin den herrlichen historischen Räumlichkeiten des Klausurkomplexes, die an sich schon eine Besichtigung wert sind. Insbesondere im Erdgeschoss mit den zwei Kreuzgängen und dem schönen Remter bilden Architektur und Exponate ein sehenswertes Ensemble.

◄ Hiddenseer Goldschmuck

Zu den bedeutendsten Funden aus der Frühgeschichte zählt der prächtige, vermutlich für den Wikingerkönig Harald Blauzahn angefertigte Hiddenseer Goldschmuck aus dem 10. Jahrhundert, der 1872 nach einer Sturmflut an der Küste der Insel ► Hiddensee gefunden

wurde (►Abb. S. 181). Der Goldschatz besteht aus 16 Teilen: einem geflochtenen Halsreif, vier kleinen und vier großen Kreuzen, Zwischengliedern und einer Fibel.
Die Epoche des Mittelalters ist vor allem durch Altäre, Plastiken oder Kruzifixe aus den Kirchen Stralsunds vertreten. Aus dem 16. bis 18. Jahrhundert besitzt das Museum einige kostbare Truhen und Schränke (Öffnungszeiten: Di. – So. 10.00 – 17.00 Uhr).

✶ **Museumshaus**

Das größte Exponat des Kulturhistorischen Museums ist das 1999 eröffnete Museumshaus in der Mönchstraße 38. Hinter der unscheinbaren Fassade des **Giebelhauses** – um 1320 erbaut und damit eines der ältesten Gebäude der Stadt – verbirgt sich ein Museum, das mit einem ungewöhnlichen Konzept und vielen spannenden Einblicken aufwartet. Anstatt das Gebäude in den vermeintlichen Originalzustand zurückzuversetzen, haben sich die Restauratoren dafür entschieden, die jahrhundertelange Geschichte seiner Nutzung, die zahllosen großen und kleinen Veränderungen, Um- und Einbauten, ja sogar Abnutzung und Vernachlässigung zum Ausstellungsthema zu machen (Öffnungszeiten siehe Kulturhistorisches Museum).

Neuer Markt und Marienkirche

Neuer Markt

Durch die Mönchstraße, im letzten Abschnitt eine Fußgängerzone mit vielen Geschäften, kommt man auf den zweiten großen Stadtplatz, den Neuen Markt, den **Mittelpunkt der südlichen Altstadt**. Er wird von der dritten und größten Stadtkirche, St. Marien, überragt.

✶✶ **Marienkirche**

Der mächtige Backsteinbau wurde als **dreischiffige Basilika** mit Querhaus und kapellenbesetztem Umgangschor angelegt und im Lauf des 15. Jh.s weit gehend fertig gestellt. Wie ein Bollwerk wirkt der trutzige Westbau mit seinen drei monumentalen Fenstern. Über dem quadratischen, von zierlichen Ecktürmchen begleiteten Unterbau steigt der 104 m hohe, achteckige Turm auf, der von einer barocken Haube bekrönt wird. Will man das gewaltige Gotteshaus mit etwas Abstand betrachten, dann empfiehlt sich ein Spaziergang über den Weidendamm ans Wulflamufer. Von hier aus zeigt sich die Marienkirche von ihrer schönsten Seite.
Die schlichte Monumentalität des Außenbaus setzt sich auch im Inneren der Kirche fort. Vor allem die Architektur selbst, ihre enormen Ausmaße – das Mittelschiff ist 96 m lang und 32 m hoch –, verlangen dem Betrachter Bewunde-

! *Baedeker* TIPP

Ungewöhnliche Ansichten

… vermittelt eine Führung, bei der man über die Gewölbe der Marienkirche spaziert und die Dachkonstruktion des gewaltigen Baus aus der Nähe inspizieren kann. Zum Abschluss geht es hinauf auf den Westdom: »schlappe« 345 Stufen, doch dafür wird man mit einem herrlichen Ausblick über die Dächer der Stadt belohnt (Anmeldung beim Küster unter Tel. 0172 / 312 54 91).

Marienkirche Orientierung

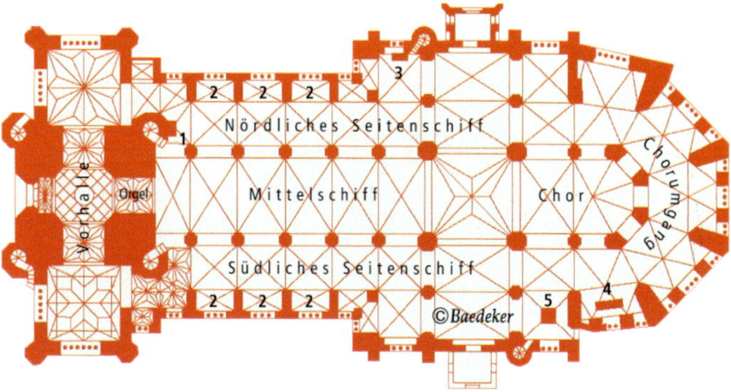

1 Kruzifix (15. Jh.)
2 Grabkapelle
3 Schnitzfiguren (15. Jh.)
4 Grabmal des Johannes von Lilljenstedt (1732)
5 Taufgehäuse (um 1740)

rung ab. Den fulminanten Auftakt bildet das Westwerk (Eingang), dessen drei quadratische Hallen in Schwindel erregender Höhe von herrlichen **Netz- bzw. Sterngewölben** überspannt werden. Das Langhaus ist in Mittel- und Seitenschiffen kreuzrippengewölbt, die Vierung besitzt ein Stern- und die Chorkapellen ein sechsteiliges Gewölbe. Die Langhauswände sind nahezu ohne Bauschmuck. Sie leiten den Blick weiter in die Raumtiefe, wo die achteckigen Vierungspfeiler und der polygonale, fein gegliederte Binnenchor optisch zu einer Einheit verschmelzen. An den Arkadenbögen des nördlichen und im Gewölbe des südlichen Seitenschiffs finden sich noch **gotische Malereien** aus dem 15. Jahrhundert.

Ausstattung

Von der reichen mittelalterlichen Ausstattung – die Kirche besaß u. a. 44 große, von den städtischen Zünften gestiftete Altäre – blieb fast nichts erhalten. Was nicht schon durch Bilderstürmer oder durch Kriegsplünderungen abhanden gekommen war, wurde während der Restaurierung 1842 bis 1847 entfernt.
Die ältesten erhaltenen Ausstattungsstücke sind die drei Schnitzfiguren neben dem nördlichen Querhausportal (Maria mit Kind, Petrus und Paulus; 1. Hälfte 15. Jh.) und ein Kruzifix an der Westturmwand (um 1480).
Die 1659 fertig gestellte Barock-Orgel war das letzte Werk von **Friedrich Stellwagen** aus Lübeck. Aus dem 18. Jh. stammen die Begräbniskapelle der Grafen Küssow im nördlichen Chorumgang und das Grabmal des schwedischen Grafen Johannes von Lilljenstedt im südlichen Chorumgang. Der schwarze Marmorsarkophag mit der liegenden Figur des Verstorbenen ist ein Werk des Antwerpener Bildhauers **Johann Baptist Xavery** von 1732.

Wie eine Festung erhebt sich die Marienkirche über dem Wulflamufer.

Südöstliche Altstadt

★ **Museumsspeicher**

Durch Mönchstraße, Apollonienmarkt und Ossenreyerstraße erreicht man die Böttcherstraße. In dem hohen Speichergebäude (Nr. 23) ist die **volkskundliche Abteilung** des Kulturhistorischen Museums untergebracht. Die Ausstellung informiert über Brauchtum und traditionelle Lebensweise der Bevölkerung auf dem Darß und auf Rügen. Und von der **Spielzeugausstellung** mit alten Puppenstuben, Blechspielzeug und Plüschtieren sind nicht nur die kleinen Besucher begeistert (Öffnungszeiten: Di. – So. 10.00 – 17.00 Uhr).

Jakobikirche

Auf der ehemaligen Grenze zwischen Alt- und Neustadt steht die gegen Ende des 13. Jh.s gegründete Jakobikirche. Zunächst als Halle angelegt, wurde die chorlose Kirche im beginnenden 15. Jh. zur **Basilika** umgebaut und der 68 m hohe Westturm mit seinen maßwerkdurchbrochenen Blendfenstern angefügt. Die bei einem Luftangriff 1944 schwer beschädigte Kirche wird seit Jahren renoviert.

Heilgeist-Spital

Um 1325 hatte sich das 1256 gegründete und zunächst zwischen der Langen- und Heilgeiststraße gelegene Heilgeist-Spital an der südlichen Stadtmauer niedergelassen. Erhalten blieben von den Räumlichkeiten dieser Einrichtung, in der Alte und Kranke gepflegt wurden, die dreischiffige Backsteinhalle aus dem frühen 15. Jh., das östlich an die Kirche angrenzende Spitalgebäude und das sog. **Elendenhaus** von 1641, ein eingeschossiger Bau mit Schweifgiebel an den Stirnseiten (Öffnungszeiten: Juli / Aug. Mo. – Sa. 10.00 – 12.00 und 15.00 – 17.00 Uhr).

Außerhalb der Altstadt

Vergnügen rund ums Wasser bei gutem und bei schlechtem Wetter verspricht der **Freizeit- und Erholungspark** HanseDom, eine der jüngsten Attraktionen von Stralsund nahe des Tierparks und Stadtwaldes. Vom palmengesäumten Wellenbecken mit Strömungskanal, Wasserfall und Wildwasserbach über nachgebaute Tempelruinen und James-Bond-Felsen bis zur Wellness-Abteilung mit zehn verschiedenen Badehäusern ist alles geboten, was Spaß und Entspannung verspricht. Sportliche können sich im Fitness-Club, auf den Tennis-, Badminton- oder Squashplätzen oder in luftiger Höhe an der Kletterwand verausgaben (Grünhufer Bogen 18 – 20; Öffnungszeiten: tgl. 8.00 – 24.00 Uhr).

HanseDom

★★ Stubnitz · Nationalpark Jasmund

E/F 2

Höhe: 66 – 161 m ü. d. M.

Mehrere Hunderttausend Besucher reisen pro Jahr in die Stubnitz auf die Halbinsel Jasmund im Nordosten Rügens, um einen Blick auf die leuchtend weißen Kreidefelsen zu werfen. 1990 wurde die Stubnitz zum Nationalpark Jasmund erklärt. Mit einer Fläche von knapp 3000 ha ist es das größte Naturschutzgebiet Rügens und umfasst Wälder, Kreidebrüche, Wiesen und Moore.

★★ Kreidefelsen

Faszinierende Kreideformationen prägen das Landschaftsbild der Stubnitz entlang der Küste, zu der das Steilufer oft senkrecht abfällt. Strahlend weiße Kreidefelsen wechseln mit dichtem Buschwerk und Bäumen, die sich mit ihren Wurzeln an den Hängen festhalten. Vielerorts sieht man auch halb entwurzelte Bäume schräg über den Abgrund ragen – heftige Stürme, Regenfälle, Wind, Frost und Brandung verursachen die Bodenerosion und die Abbrüche, die die Vegetation mit in die Tiefe reißen. Ausgedehnte Buchenwälder überziehen das Gebiet des Nationalparks, besonders Rotbuchen gedeihen bei der hohen Luftfeuchtigkeit hier gut. Anzutreffen sind aber auch Esche, Ahorn, Ulme und Eibe. Bemerkenswert ist, dass hier auch häufig **seltene Pflanzen** vorkom-

> **! *Baedeker* TIPP**
>
> **Morgenstund'...**
>
> Wählt man für einen Besuch der berühmten Kreidefelsen die frühen Morgenstunden, so zeigen sich die Felsen von ihrer schönsten Seite – sie erstrahlen dann im wechselnden Licht der Sonne in leuchtendem Rot, Gold und Weiß. Außerdem herrscht zu dieser Zeit kein Gedränge auf den Aussichtsplattformen und man kann das Naturschauspiel in aller Ruhe genießen.

STUBNITZ ERLEBEN

NATIONALPARK-ZENTRUM KÖNIGSSTUHL

Stubbenkammer 2
18546 Sassnitz
Service-Hotline:
Tel. 03 83 92 / 66 17 66
www.koenigsstuhl.com
Öffnungszeiten:
Ostern – Okt. tgl. 9.00 – 19.00,
Nov. – Ostern 10.00 – 17.00 Uhr

Das im Jahr 2004 eröffnete Nationalpark-Zentrum wurde in der Nähe des berühmten Kreidefelsens »Königsstuhl« eingerichtet.
Neben geführten Wanderungen durch den Nationalpark und Führungen durch die »Naturerlebnis-Ausstellung«, die über die Geologie und über die verschiedenen Lebensräume von Fauna und Flora im Nationalpark Jasmund informiert, bietet das Besucherzentrum auch eine 15-minütige Multivisions-Schau über den Nationalpark und einen Naturspielplatz mit Abenteuer-Parcours, auf den sich durchaus auch Erwachsene wagen dürfen. Hungrige Wanderer und Ausstellungsbesucher genießen im Restaurant »Caspar's« frisch zubereitete regionale Gerichte. Und der Nationalpark-Shop versorgt die Besucher u. a. mit Souvenirs, Kreidekosmetik und Sanddorn-Spezialitäten.

men, darunter mehr als ein Dutzend Orchideenarten. Ausgeschilderte Pfade erschließen das naturgeschützte Gebiet auf der Anhöhe für Wanderer; unten an der Küste hingegen muss man sich selbst einen Weg über das Geröll und an abgestorbenen Baumresten vorbei bahnen. Mehrere Bäche durchziehen die Stubnitz, in deren Gestein das Wasser zum Teil tiefe Schluchten gegraben hat. Die höchste Erhebung ist mit 161 m der **Piekberg** im Westen des Nationalparks.

Geschichte Von der Besiedlung der Stubnitz während der **Stein- und Bronzezeit** zeugen mehrere Dutzend Hünen- und Hügelgräber. Auch in der Folgezeit war die Halbinsel bewohnt, wie Funde von den **Slawen** belegen. Seit dem 14. Jh. war die waldreiche Stubnitz im Besitz der Pommernfürsten, die sich das Gebiet bis ins 19. Jh. als Jagdrevier vorbehielten. Diesem Umstand verdankt die 1990 zum **Nationalpark Jasmund** erklärte Stubnitz ihren seit Jahrhunderten weit gehend unveränderten Naturzustand – eine »Holzordnung« von 1546 verbot den Rügenbewohnern sogar das Betreten des Waldes zu bestimmten Zeiten und abseits der angelegten Wege.

Stubnitz Orientierung

Sehenswertes in der Stubnitz

★★ Stubbenkammer

Die Große und die Kleine Stubbenkammer liegen im Norden des Nationalparks. Die Kreidefelsen, die man vom Ufer und von den Aussichtspunkten der bis zu 118 m hohen Steilküste aus betrachten kann, sind für viele die Hauptattraktion der Ostseeinsel.

★★ Königsstuhl

Das meistfotografierte Motiv auf Rügen ist der Königsstuhl, ein 118 m aufragender Kreidefelsen, auf dem schon vor mehr als 300 Jahren eine **Aussichtsplattform** angelegt wurde. Der Zutritt (inkl. Eintrittsgebühr für das Nationalpark-Zentrum) kostet aber ein paar Euro.
Um die Namensherkunft des Königsstuhls ranken sich diverse Geschichten: So soll der schwedische König **Carl XIII.** 1715 auf dem Fels seinen Stuhl postiert haben, um von hier aus die Seeschlacht zwischen seiner und der dänischen Flotte beobachten zu können. Eine andere Erklärung geht in eine Zeit, als hier die Tradition geherrscht haben soll, einen Wettkampf um den Königsthron zu veranstalten, bei dem derjenige die Krone erhielt, der am schnellsten den steilen Kreidefelsen hinaufklettern konnte. Eine schmale Holztreppe führt vom Königsstuhl hinunter zum recht steinigen Strand.

★★ Victoria-Sicht

Eindrucksvoller als vom Königsstuhl ist die Aussicht von der Victoria-Sicht, die sich knapp einen Kilometer weiter südlich befindet. Seinen Namen erhielt dieser Aussichtspunkt im Jahr 1865 von König **Wilhelm I.** Hier drängeln sich allerdings die Besucher vor dem klitzekleinen Balkon, auf dem maximal drei Personen Platz haben. Allerdings gibt es zwischen Königsstuhl und Victoria-Sicht noch drei weitere Aussichtsplateaus.

Die Ähnlichkeit beziehungsweise Übereinstimmung mit dem berühmten Gemälde **»Kreidefelsen auf Rügen«** von Caspar David Friedrich (►Abb. S. 46) ist noch heute recht deutlich. Die Felsen, die der Maler Anfang des 19. Jahrhunderts auf die Leinwand bannte, sind jene Kreideklippen der Kleinen Stubbenkammer, die sich unmittelbar südlich der Victoria-Sicht befinden.

! *Baedeker* TIPP

Staufrei zum »Königsstuhl«

Wer die Stubbenkammer mit dem Königsstuhl nicht von Sassnitz, Nipmerow oder Lohme aus erwandern will, muss sein Auto auf dem gebührenpflichtigen Parkplatz kurz vor Hagen abstellen; von dort fährt ein Bus zum Nationalpark-Zentrum. Während der Hochsaison sollte man möglichst nicht über das Nadelöhr Sassnitz nach Hagen fahren, sondern den Weg über Sagard und Ruschvitz nach Nipmerow wählen. Die einst berühmten Wissower Klinken erreicht man am schnellsten auf dem aussichtsreichen Hochuferwanderweg von Sassnitz aus.

An die germanische **Göttin Hertha**, die Erdmutter, erinnern in der Stubnitz ein nach ihr benannter See, eine Burg und bis vor nicht allzu langer Zeit auch eine alte Buche, aus deren Rauschen einstmals die Priester die Prophezeiungen der Göttin herausgehört haben sollen. Der **Herthasee** liegt einen Kilometer westlich des Königsstuhls in 114 m Höhe. Mit einer Tiefe von 11 m, die dem dunklen See bis zum Anfang unseres Jahrhunderts den Namen **»Schwarzer See«** eingebracht hatte, ist er der tiefste See Rügens. In ihm soll die den Menschen eigentlich wohl gesonnene Göttin Hertha – sie sorgte für eine reiche Ernte – ihre Dienerinnen ertränkt haben, nachdem diese ihr bei den kultischen Fruchtbarkeitszeremonien geholfen hatten, von denen kein Sterblicher Zeugnis ablegen durfte. Die bedauernswerten Jungfrauen spuken nun des Nachts um den See herum.

◄ Herthaburg

Von der Herthaburg, einer slawischen Fluchtburg, an der Ostseite des Herthasees ist nichts als ein **Burgwall** übrig geblieben, der die Festung einst umgab. Mit einer Höhe von 10 m fällt der Hügel dennoch ins Auge.

Ernst-Moritz-Arndt-Sicht

Derjenige, der vom Königsstuhl über den Hochuferweg nach Sassnitz wandert, wird mit mehreren phantastischen Aussichtspunkten für seine Mühe belohnt. Nach dem Königsstuhl, der Victoria-Sicht und einigen weiteren Aussichtspunkten auf Felsvorsprüngen trifft man

← *Vielleicht entdeckt man auf dem steinigen Strand unterhalb des legendären »Königsstuhls« einen Bernstein oder einen »Hühnergott«.*

Phantastischer Blick von der Victoria-Sicht – fast wie zu Zeiten Caspar David Friedrichs

auf den **Tipper Ort** mit der Ernst-Moritz-Arndt-Sicht, von der aus der Blick über die rechts und links steil abfallenden Kreidefelsen schweift.

Wissower Klinken

Unweit der Ernst-Moritz-Arndt-Sicht waren die Wissower Klinken eines der gefragtesten Fotomotive auf Rügen – bis sie im Februar 2005, angenagt von Wasser, Wind und Wetter, mit großem Getöse in die Tiefe stürzten. Übrig blieb ein wenig spektakulärer Rest des neben dem »Königsstuhl« einst berühmtesten Kreidefelsens der Insel.

Piratenschlucht

Am südlichen Ende des Nationalparks Jasmund kreuzt man kurz vor Sassnitz die Piratenschlucht, in der der gefürchtete Pirat **Klaus Störtebeker** (► Berühmte Persönlichkeiten) einen Teil seiner Schätze versteckt haben soll. Auf der »Hengst« genannten Anhöhe kündet eine germanische **Burgwallanlage** von vergangenen Zeiten.

★★ Hochuferweg

Die eindrucksvollsten Aussichten auf die Kreideküste eröffnet der etwa 10 km weite Wanderweg über das Hochufer von ► Sassnitz bis zum Königsstuhl.

In Sassnitz folgt man der Strandpromenade bis zur **Piratenschlucht**, durch die man hinauf auf die Steilküste gelangt. Nachdem man die Schlucht des Wissower Bachs überquert hat, trifft man auf die Reste der Wissower Klinken. Über die Aussichtspunkte am Tipper Ort, am Kieler und am Kolliker Ufer, über den Wasserfall des Kieler Bachs geht es immer an der Abbruchkante entlang zu dem Felsvorsprung am Äser Ort, bis man mit der Victoria-Sicht die Stubbenkammer und den Königsstuhl erreicht hat.

Über die »Kreide-Insel Rügen« und ihr »weißes Gold« informiert umfassend das **Kreide-Freilichtmuseum** im ehemaligen Kreidebruch Gummanz am Rand des Nationalparks Jasmund. Unmittelbar bei der Hotelanlage »Steigenberger Resort« in **Neddesitz** beginnt der frei zugängliche, etwa 1,5 km lange Kreide- und Naturlehrpfad, auf dem der Besucher anhand von historischen Arbeitsgeräten sowie Bild- und Texttafeln erfährt, wie in früheren Zeiten die Kreide abgebaut und weiterverarbeitet wurde und welche Vielfalt an Pflanzen und Tieren heute in diesem Gebiet herrscht.

✶ **Kreidelehrpfad Gummanz**

Im Jahr 2005 wurde in dem ausgedienten Heizhaus des Kreidebruchs Gummanz ein Kreidemuseum eingerichtet. Neben einer großen Fossilienausstellung sind es vor allem die Exponate zur Geologie der Kreide und zur Technologie des Kreideabbaus, die das Interesse der Besucher auf sich lenken. (Parkplatz bei der »Jasmundtherme«; Tel. 03 83 02 / 562 29; www.kreidemuseum.de; Öffnungszeiten: Ostern bis Ende Okt. Di. – So. 10.00 – 17.00 Uhr).

◂ Kreidemuseum

Trent

C 2

Höhe: 10 m ü. d. M. **Einwohnerzahl:** 1000

Trent liegt im Nordwesten von Zentralrügen an der alten Handelsstraße von Stralsund zur Halbinsel Wittow, rund sieben Kilometer nördlich von Gingst; vier Kilometer weiter nördlich erreicht man die Wittower Fähre.

Dorfkirche

In dem unscheinbaren Dörfchen, 1311 erstmals erwähnt, lohnt ein Besuch der mittelalterlichen Dorfkirche. Die ältesten Gebäudeteile des zu Beginn des 15. Jahrhunderts erbauten Gotteshauses sind der kreuzrippengewölbte Chor und die Nordwand. Schon für das Jahr 1311 ist hier eine Kirche bezeugt, die jedoch keine sichtbaren Spuren hinterlassen hat. Mitte des 17. Jh.s setzte man dem wuchtigen dreistöckigen Westturm die barocke Haube auf. Der Granittaufstein vom Anfang des 14. Jh.s ist das älteste Ausstattungsstück der dreischiffigen Kirche. Die **bemalte Renaissancekanzel** wurde Anfang des 17. Jh.s geschaffen. Der üppig verzierte, hölzerne Altaraufsatz mit vielen plastischen Figuren und der Beichtstuhl sind barock.

▶ TRENT

ESSEN

▸ Erschwinglich

Cokij
Vaschvitz 17
18569 Trent
Tel. 03 83 09 / 220
Eines von mehreren Restaurants im »Radisson SAS Resort Trent«. Das mit einem Wintergarten ausgestattete Lokal serviert regionale und internationale Küche. Superbe Weinkarte.

Vilm

E 4

Höhe: 0–37 m ü. d. M.

Die kleine, etwa 1 km² große Insel im Rügischen Bodden südwestlich von Putbus ist ein streng geschütztes Vogelparadies und darf deshalb nur im Rahmen einer Führung betreten werden.

Geschichte

Vilm entstand vor mehr als 2000 Jahren durch eine Sturmflut, die die Insel von Rügen abtrennte. Der Name Vilm geht auf den slawischen Begriff »ilium« für **»Ulme«** zurück.

Doch schon Jahrtausende früher, in der mittleren Steinzeit, war das Gebiet bewohnt. Im 14. Jahrhundert lebten drei Einsiedler auf der Insel, 1336 wurde dort eine **Kapelle** errichtet. Im 18. Jh. ist ein **Gehöft** bezeugt, auf dem fünf Menschen lebten. 1886 entstand ein **Logierhaus**, da der Badetourismus von Putbus-Lauterbach auch einige Besucher auf die Insel Vilm brachte.

1936 wurde die Insel als **Naturschutzgebiet** ausgewiesen, 1959 wurde die bis dahin überaus beliebte Insel für die Öffentlichkeit gesperrt und von der Parteiprominenz der DDR – für die eine Ferienhaussiedlung gebaut wurde – als exklusives Sommerrefugium und Jagdrevier in Beschlag genommen; auch Erich Honecker hatte hier sein eigenes Häuschen.

Seit 1990 hat die **Europäische Naturschutzakademie** auf der Insel ihren Sitz, die nun wieder – in beschränktem Maße – für die Öffentlichkeit zugänglich ist.

VILM

VILM-EXKURSIONEN

Fahrgastreederei Lenz
Am Hafen
18581 Putbus
Tel. 03 83 01 / 6 18 96
Die Reederei bietet von Putbus-Lauterbach aus mehrmals täglich eine ca. eineinhalbstündige Ausflugsfahrt rund um die naturgeschützte Insel Vilm an. Nach telefonischer Voranmeldung ist es auch möglich, zu einer etwa zwei- bis dreistündigen Führung auf die Insel Vilm zu fahren. Man sollte sich aber rechtzeitig anmelden, da täglich nur 30 Personen auf die Insel dürfen.

Landschaftlich reizvolles Eiland

Das Inselchen zeichnet sich durch seine landschaftliche Vielfalt aus: Es gibt Sandstrände, Steilküste, Haken- und Sandriffe, ein dichtes Waldgebiet mit schönen Lichtungen, Salzwiesen, Sumpf und eine überaus **artenreiche Vegetation** mit mehr als dreihundert Farn- und Blütenpflanzen.

Fauna ►

Brandgänse, Uferschwalben, Gänsesäger und Waldkauze brüten auf der Insel, Kormorane und Graureiher fischen im Bodden, Rehe, Füchse und Marder durchstreifen den seit Jahrhunderten naturbelassenen Wald.

Seit Jahrhunderten unberührter »Urwald« auf Vilm

★ Waase

C 3

Höhe: 5 m ü. d. M. **Einwohnerzahl:** 200

Direkt an der Brücke, die seit 1901 die Insel Rügen mit der westlich vorgelagerten Insel Ummanz verbindet, liegt das idyllische Fischerdorf Waase mit seinen alten rohrgedeckten Fachwerkhäusern.

Dorfkirche

Sehenswert in dem Dörfchen Waase ist seine mittelalterliche Kirche mit dem berühmten Antwerpener Schnitzaltar, die sich linker Hand hinter dem Ortseingang erhebt. Das älteste Bauteil der **gotischen Backsteinkirche** ist der kreuzrippengewölbte Chor aus der Mitte des 15. Jh.s. Im 17. Jh. wurde die einschiffige Kirche in eine Basilika umgebaut, im 18. Jh. fügte man den Choranbau an und errichtete den freistehenden Glockenstuhl; die Glocke wurde 1605 in Stralsund gegossen. Die letzte umfassende Restaurierung der Kirche fand 1989 bis 1992 statt.

★ Antwerpener Schnitzaltar

Im breit und gedrungen wirkenden Innenraum fällt als Erstes der kostbare Altaraufsatz mit einem reich geschnitzten Mittelteil und sechs bemalten, aufklappbaren Flügeln auf, der um 1520 in Antwerpen entstand. Er befand sich bis 1708 in verschiedenen Stralsunder Kirchen, zuletzt in der Heiliggeistkirche.

In geöffnetem Zustand zeigt der figurenreich geschnitzte Mittelteil des Altars in den oberen drei Feldern die Passion Christi, darunter

WAASE ERLEBEN

AUSKUNFT

Ummanz-Information
Neue Str. 63 a
18569 Waase
Tel. 03 83 05 / 534 81
Fax 534 83
www.ummanz.de

Den herrlichen Bodden-Blick genießt man beim Essen gratis.

ESSEN

► Erschwinglich

Fischrestaurant Holzerland
Am Focker Strom 17
Tel. 03 83 05 / 81 59
Direkt an der Brücke, die über den Focker Strom auf die Insel Ummanz führt, lädt das urige, rustikale Fischrestaurant zum Schlemmen ein. Angeboten wird u. a. auch Fisch aus der eigenen Räucherei. Von der Terrasse hat man einen wunderbaren Blick über den Bodden.

Zur Pfarrscheune
Am Focker Strom 1
Tel. 03 83 05 / 553 60
In einer über 300 Jahre alten, liebevoll restaurierten Scheune kommt leckere regionale Kost auf den Tisch.

Szenen aus dem Leben des **hl. Thomas Becket von Canterbury**. Durch die Staffelung der Figuren wird eine außerordentliche Tiefenwirkung erzeugt.

Mittelteil des Altars ►

Das hochformatige mittlere Gehäuse ist der **Darstellung der Kreuzigung** vorbehalten, unterhalb des Gekreuzigten gruppieren sich Trauernde um Maria, hinter dem Kreuz schlagen sich zwei Henker um die letzte Habe Jesu. Links dieses Feldes ist die Kreuztragung dargestellt, rechts die Beweinung Christi.

Die drei unteren Gehäuse zeigen, von links nach rechts, die Einsetzung Thomas Beckets als Erzbischof von Canterbury, seine Ermordung – Becket hatte vehement die Rechte der Kirche gegenüber denen des Königs verteidigt – und im dritten Feld ist möglicherweise der Schwur **Heinrichs II.**, am Tode Beckets unschuldig zu sein, zu sehen. Allerdings nicht eindeutige Interpretation der Szene. Die teils voll-, teils halbplastischen Figuren sind fast vollständig mit Blattgold überzogen.

Die sechs beidseitig bemalten Flügel thematisieren auf den Innenseiten das **Abendmahl** – im Vordergrund umklammert Judas einen Geldbeutel –, die Gefangennahme Christi, seine Auferstehung und die Ausgießung des Heiligen Geistes. Oben links ist die Erscheinung des Auferstandenen vor Maria dargestellt, rechts oben die Begegnung Christi mit zweien seiner Jünger.

Auch der übrigen Ausstattung der Kirche sollte man Beachtung schenken: 1934 wurden die **mittelalterlichen Fresken** im Innenraum freigelegt; die ornamentalen und figürlichen Wandmalereien am Chorbogen entstanden schon 1470. Aus dieser Zeit hat sich auch der gemauerte Sakramentsschrein vor der Ostwand erhalten. Die geschnitzte, bemalte und mit Intarsien verzierte Renaissancekanzel von 1572 stammt wie das Altarretabel aus einer anderen Kirche. Die Kronleuchter wurden im 16. und 17. Jh. gefertigt. Mitte des 17. Jh.s wurde die Westempore, die sich über die gesamte Breite des Mittelschiffs erstreckt, mit den zehn Bildtafeln geschaffen.

◄ Weitere Ausstattung

Mittelalterliche Kostbarkeit in der Kirche von Waase – der Antwerpener Schnitzaltar

Die **Ausstellung »Westrügen«**, die in der Alten Küsterei eingerichtet wurde, zeigt mit Bildern und Exponaten die Geschichte, Entwicklung und Natur vornehmlich dieses Teils der Insel (Öffnungszeiten: Mai – Aug. tgl. 10.00 – 17.00, Sept. / Okt. tgl. bis 16.00 Uhr).

Wiek

C 2

Höhe: 0 – 5 m ü. d. M. **Einwohnerzahl:** 1300

Das hübsche Haufendorf Wiek mit seinen rohrgedeckten Häusern liegt am Wieker Bodden auf der Halbinsel Wittow. Am Hafen des zweitgrößten Ortes der Halbinsel legen Fähren nach Hiddensee ab, Ausflugsboote bieten Rundfahrten an. Die hässliche Kreideverladebrücke, die nach dem Ersten Weltkrieg gebaut, aber nie benutzt wurde, sollte zum Abtransport der Kreidevorkommen am Kap Arkona dienen.

Geschichte

In slawischer Zeit, als hier eine Burg stand, hieß das Dorf noch »Medow« (= Honig), was auf eine Bienenzucht in dieser Gegend hindeutet. Seit dem 13. Jh. nannten die aus Niedersachsen zugezogenen neuen Bewohner das Dorf »Wiek«, was **Handels- bzw. Marktplatz** bedeutet. Ein solcher konnte sich hier aufgrund der geschützten Lage des Wieker Hafens schnell entwickeln und spielte bis ins 20. Jahrhundert eine wichtige Rolle für den Handelsverkehr.

WIEK

AUSKUNFT

Tourist-Information
Markt 5
18556 Wiek
Tel. 03 83 91 / 768 70
www.wiek-ruegen.de

ESSEN

► **Fein & teuer**

Landhotel Herrenhaus Bohlendorf
Bohlendorf
Tel. 03 83 91 / 770
www.bohlendorf.de
Das von einem großen Park umgebene Herrenhaus, im Ortsteil Bohlendorf gelegen, bietet 22 Zimmer. Im gediegenen Hotelrestaurant werden gehobene internationale Küche serviert und Weine aus zehn Ländern angeboten.

Sehenswert ist neben den rohrgedeckten Häusern Wieks die **spätgotische Backsteinkirche** aus dem 15. Jh. mit dem reich verzierten gotischen Westgiebel und dem frei stehenden Glockenturm, der um 1600 errichtet wurde.
Von der reichen Ausstattung der **Hallenkirche** sind der spätromanische, um 1250 gearbeitete Taufstein, die gotische Triumphkreuzgruppe sowie ein barocker Altaraufsatz von 1747 / 1748 und ein Beichtstuhl aus derselben Zeit besonders erwähnenswert. In der Sakristei befindet sich eine wertvolle Holzplastik aus dem 15. Jh., die den hl. Georg hoch zu Ross zeigt. Die **Wand- und Deckenfresken** werden seit einigen Jahren freigelegt.
Rechts neben dem Hauptportal führt eine Tür zu einer Wendeltreppe, die man erklimmen darf. Oben angelangt, kann man das Kreuzgratgewölbe des Langhauses betrachten – ein ungewöhnlicher und interessanter Blickwinkel!

Kinderkurheim Nach Plänen des Architekten **Waldo Wenzel** entstand 1920 auf dem Gelände eines ehemaligen Fliegerhorstes das lange, weiß gestrichene Holzgebäude des Kinderkurheims, das größte dieser Art in den neuen Bundesländern. Seit 1990 wird die »weiße Kinderstadt am Bodden«, die an der Straße Richtung Wittower Fähre liegt, von der AOK Sachsen betrieben.

★ Wittow

C/D 1/2

Höhe: 0 – 46 m ü. d. M.

Wittow, die nördlichste Halbinsel Rügens, war noch vor 150 Jahren eine eigenständige Insel. Seit Mitte des 19. Jh.s ist sie durch die Schaabe, eine Nehrung, an deren Ostküste sich ein kilometerlanger Sandstrand erstreckt, mit der Halbinsel Jasmund verbunden; eine Landverbindung nach Zentralrügen existiert nicht, jedoch setzt eine Fähre im Süden Wittows Personen und Pkws über.

»Windland Wittow«

Durch die exponierte Lage Wittows ist die Halbinsel den oft rauen Westwinden schutzlos ausgeliefert, weshalb sich der Name »Windland Wittow« eingebürgert hat. Hier wird hauptsächlich Landwirtschaft betrieben, auf dem fruchtbaren Boden gedeihen Weizen, Roggen, Raps und Kohl. Waldgebiete gibt es nur südlich von ►Dranske auf dem **Bug** und um den **Bakenberg** an der Nordwestküste.

Sehenswertes auf Wittow

Den Hauptsehenswürdigkeiten der Halbinsel sind eigene Stichworte gewidmet: dem ►Kap Arkona, der nördlichsten Spitze Rügens, dem Doppelort ►Breege und Juliusruh an der Tromper Wiek bzw. dem Breeger Bodden sowie den Ortschaften ►Wiek an der Westküste, ►Altenkirchen mit der zweitältesten Kirche Rügens und ►Dranske mit dem Nationalpark Bug im äußersten Westen.

* Badeparadies Schaabe

Wittow ist auf dem Landweg nur von Jasmund aus über die Schaabe zu erreichen. Die Schaabe ist ein schmaler Sandstreifen von elf Kilometern Länge, der an der Ostküste Wittows bei **Juliusruh** ansetzt und nach **Glowe** auf die Halbinsel Jasmund führt. Die Landzunge ist verhältnismäßig noch jungen Datums, sie existiert erst seit dem

An der elf Kilometer langen Schaabe findet jeder Strandkorb ein freies Plätzchen.

19. Jahrhundert, nachdem so viel Sand und anderes Material angeschwemmt worden war, dass die Ostsee schließlich vom Großen Jasmunder Bodden abgetrennt wurde. In den Jahren 1860 und 1890 pflanzte man auf der neu entstandenen Schaabe Kiefern, Fichten und Birken an, um die Dünenwanderung zu verhindern.

Heute gilt die Schaabe als **Badeparadies**, da sich von Juliusruh bis Glowe ein feiner weißer Sandstrand entlang der Ostküste der Nehrung hinzieht. An mehreren Stellen gibt es Parkplätze, kleine Pfade führen von der Straße durch einen schmalen Streifen Kiefernwald zum Strand.

Biegt man von der Straße von Altenkirchen in Richtung Putgarten nach etwa 2,5 Kilometern nach **Nobbin** ab, ist es nicht mehr weit bis zu einem der bedeutendsten Großsteingräber der Insel, dem so genannten **Riesenberg**. Wenn man von Nobbin aus den Wanderweg entlang der Küste Richtung Norden einschlägt, sieht man ihn nach etwa 300 m zur Linken. Das rund 5000 Jahre alte Hünengrab wurde in Form eines Schiffsrumpfes angelegt. Es wird von zwei Steinreihen und von zwei großen Wächtersteinen begrenzt.

WITTOW

AUSKUNFT

Tourismus-Service Wittow
Ringstr. 2
18556 Juliusruh
Tel. 03 83 91 / 130 50
www.ruegen-tsw.de

WITTOWER FÄHRE

Sommer:
tgl. 5.50 – 21.00,
Frühjahr und Herbst:
tgl. bis 20.00,
Winter:
tgl. bis 19.00 Uhr
Info-Tel. 01 72 / 752 68 38

Nordküste Zwischen dem ►Kap Arkona im Nordosten und ►Dranske im Westen der Halbinsel verläuft ein **Hochuferweg** entlang der Steilküste.

Bakenberg ► Der feine, ca. 30 m breite Sandstrand beim Bakenberg eignet sich gut zum Baden. Hier führen zwei Treppen vom Hochufer hinab zur See. Vom 28 m hohen Hügel des Bakenbergs hat man einen schönen Blick über die See bis zur dänischen Insel Møn.

Wittower Fähre Eine Fährverbindung an der schmalsten Stelle (350 m) zwischen Zentralrügen und Wittow, etwa 8 km südlich von Wiek, gab es schon vor fast 500 Jahren.

Heute setzt man mit der Wittower Autofähre in wenigen Minuten von der südlichen Spitze der Halbinsel zur Mutterinsel über. Allerdings braucht man für diese günstige Verbindung zu den Hauptverkehrszeiten und während der Hochsaison im Sommer erheblich mehr Zeit, wenn sich nämlich lange Autoschlangen vor dem kleinen Hafen bilden. Die Fähre wurde früher mit Dampf betrieben und steht heute unter Denkmalschutz.

✶ Zirkow

E 3

Höhe: 15 m ü. d. M. **Einwohnerzahl:** 700

Im Mittelpunkt des Dreiecks Bergen–Binz–Putbus liegt das Bauerndorf Zirkow. Erste schriftliche Belege für die Existenz eines Ortes in dieser Gegend, die schon in der Steinzeit besiedelt war, finden sich 1313. Erhalten haben sich einige Fachwerk-Traufenhäuser mit rohrgedeckten Dächern.

An der Dorfstraße fällt die rote **Backsteinkirche** auf, die im 15. Jh. an Stelle eines Vorgängerbaus errichtet wurde. 1948 wurde eine **spätgotische Gewölbebemalung** freigelegt: Blattfriese zieren die Rippen und Schildbogen, um ein Entlüftungsloch und in einem weiteren Gewölbezwickel sieht man groteske Masken. Der Altar, einer der wenigen Kanzelaltäre auf Rügen, der schwebende Taufengel und die beiden Beichtstühle entstanden Anfang des 18. Jh.s, die beiden Altarleuchter und der Kronleuchter um 1650. Von dem hochgotischen Orgelprospekt vom Anfang des 18. Jh.s sind nur noch zwei Schutzflügel erhalten, auf deren Innenseiten kniende Könige abgebildet sind, möglicherweise Salomo (links) und David (rechts).

ZIRKOW

ÜBERNACHTEN

► **Günstig**

Pension Alte Schule
Putbuser Str. 15a
18528 Zirkow
Tel. 03 83 93 / 324 70
http://alte-schule-zirkow.de
Die ehemalige Dorfschule bietet vier gemütliche Ferienwohnungen für zwei bis fünf Personen.

Nahe der Kirche führt ein schmaler Weg zum Museumshof. Das Gehöft aus der Zeit um 1720 umfasst drei Gebäude, in denen Geräte aus Landwirtschaft und Haushalt das Leben und Wirtschaften der Bauern von der Zeit der Leibeigenschaft (► Baedeker Special S. 38) bis zu den LPGs der DDR dokumentieren.

Das große **Hallenhaus** mit dem tief herabgezogenen Rohrdach diente im 18./19. Jh. als Wohn- und Arbeitsstätte sowie als Viehstall. 1978 bis 1980 wurde es unter denkmal-

Der Museumshof erinnert an das bäuerliche Insel-Leben vergangener Zeiten.

pflegerischen Aspekten renoviert und als Museum eingerichtet. Eine Fülle von Haushaltsgeräten, z. B. eine alte Wäschemangel, Werkzeuge und landwirtschaftliche Arbeitsgeräte wie eine große handbetriebene Putzmühle für Getreide und eine Fruchtpresse, außerdem altes Mobiliar und mehrere anschauliche Bild- und Texttafeln lassen den bäuerlichen Alltag der Vergangenheit lebendig werden.
Einen Eindruck von der Entwicklung der Technik während der letzten Jahrzehnte und Jahrhunderte vermitteln die Exponate in den zwei Scheunen des Museumshofs. Hier finden sich z. B. eine Getreidemähmaschine aus den 1930er-Jahren, alte Elektromotoren und ein altertümlicher Mähbinder mit Pferdezug (1920 / 1930).
Die zweite, etwas weiter zurückversetzte Scheune birgt u. a. eine alte Jauchepumpe, eine Drillmaschine mit Pferdezug, eine riesige Strohpresse und verschiedene Pflüge und Dreschkästen vom Anfang bis zur Mitte des 20. Jahrhunderts (Öffnungszeiten: Di. – Fr. 9.00 bis 17.00, Sa. u. So. 10.00 – 17.00 Uhr).

Zudar

C/D 4

Höhe: 0 – 25 m ü. d. M.

Seit der Eröffnung der Fährverbindung 1994 von Stahlbrode nach Glewitz rauscht während der Saison vergleichsweise viel Verkehr über die sonst sehr stille, etwa vier Kilometer südlich von Garz gelegene Halbinsel.

Vogelparadies Den südlichsten Zipfel von Rügen bildet die flache, schwach besiedelte, knapp 22 km² große Halbinsel Zudar, die als Vogelparadies bekannt ist. Die wenigen Bewohner von Zudar leben fast ausschließlich von der Landwirtschaft – der Boden hier gilt als der beste Rügens für den Weizenanbau. Bei Glewitz und Grabow an der Südküste sowie bei Poppelvitz finden sich jungsteinzeitliche Hünengräber.

Sehenswertes auf Zudar

Schoritzer Wiek Die fischreiche Schoritzer Wiek, das Gewässer zwischen Rügen und Zudar südlich von Groß Schoritz, wo sich das Geburtshaus von Ernst Moritz Arndt (►Garz) befindet, zieht nicht nur viele Angler an, sondern auch seltene Vogelarten, die hier auf Nahrungssuche eine Rast einlegen und zum Teil auch hier brüten, darunter die großen schwarzen Kormorane, die in großen Kolonien leben. Seit 1984 ist die Schoritzer Wiek deshalb naturgeschützt.

Zudar Der nördlichste und größte Ort auf der Halbinsel ist das Dorf Zudar. Hier steht eine schöne **Backsteinkirche** aus dem 13. / 14. Jh.; der Westturm entstand im 17. Jahrhundert. In der um 1400 eingewölb-

Über der Halbinsel Zudar leuchtet ein herrlicher Abendhimmel.

ten Kirche fallen Altar und Kanzel ins Auge: Der reich verzierte Altaraufsatz von 1707 rahmt fünf Gemälde ein; die Kanzel wurde 1765 gefertigt. Ein angeblich wundertätiges Heiligenbild machte die Kirche früher zu einer Wallfahrtsstätte.
Von Zudar führt eine schöne, dicht bestandene **Lindenallee** ins südwestlich gelegene Dörfchen Losentitz.

Losentitz

In dem kleinen Ort Losentitz im Westen der Halbinsel ließ **Moritz von Dyke** um 1800 ein **Arboretum** mit mehr als 130 zum Teil exotischen Gehölzen wie Sumpfzypressen und Ginkgos anpflanzen. Seit einiger Zeit ist der in den letzten Jahrzehnten stark verwilderte Park wieder zugänglich.

Maltzien, Poppelvitz, Zicker

Südlich des Dorfes Zudar zweigt eine Straße zu den Orten im Ostteil der Halbinsel ab. Nachdem man Maltzien durchquert hat, gelangt man durch Poppelvitz und Zicker zur Schoritzer Wiek. Es lohnt sich, die Strecke ab Poppelvitz zu Fuß zurückzulegen, um mit etwas Glück einige Watvögel beobachten zu können. Eine schöne Wanderung führt entlang der Ostküste auf dem Uferweg, der allmählich in einen Steiluferweg übergeht. Auf dem Hochuferweg hat man eine gute Sicht bis zum Mönchgut. Beide Wege führen nach **Grabow** und zum **Palmer Ort** im äußersten Süden Zudars, wo sich eine schöne, einsame Badestelle befindet.
Alternativ biegt man nach Maltzien gleich rechts Richtung Grabow ab. Von diesem Dorf ist es nur noch einen Katzensprung über einen gepflasterten Feldweg zum Badestrand und zum Palmer Ort.

REGISTER

a

b

c

d

e

f

g

h

VERZEICHNIS DER KARTEN & GRAFISCHEN DARSTELLUNGEN

BILDNACHWEIS

AKG S. 41, 65, 74
akg-images S. 36, 46, 55
Amberg S. 3 (oben), 12, 15, 127 (rechts), 131 (oben), 173, 203
Arndt S. 13 (unten), 29, 47, 124, 128, 169, 192
Baedeker-Archiv S. 194
Balzarek S. 8 (oben)
Branscheid S. 1, 34, 35, 52, 75, 125 (rechts), 133 (rechts), 149 (rechts), 153, 155, 159, 172, 177, 178, 184, 191, 202, 206, 209, 227 (oben, unten links und unten rechts), 235, 272, 285, 289
Dieterich S. 7, 105, 117, 127 (links)
HB Verlag/Jung S. 59
HB Verlag/Kirchner S. 3 (unten), 4 (links), 5 (links und rechts), 9 (unten), 22, 24, 25, 26, 28, 49, 56, 57, 67, 73, 78, 80, 81, 83 (rechts), 91, 94, 98, 100, 102, 108, 109, 112 (links), 115, 120/121, 123 (links und rechts), 125 (links), 133 (links), 137, 140, 145, 151, 158, 160, 165, 171, 183, 185, 186, 189, 193, 196, 198 (unten), 207, 208, 213 (oben), 214, 215, 217, 220, 233 (oben), 236, 237, 251, 253, 257, 258, 260, 262, 265, 269, 276, 278, 280, 281, 283, 287, 291, vordere Umschlaginnenseite, hintere Umschlagklappe
Hotel Vier Jahreszeiten (Binz) S. 149 (links)
Ihlow S. 19, 243
Interfoto S. 44
Jägerhof (Lancken-Granitz) S. 210
Jörss-Munzinger S. 20, 232
Kertscher S. 53
Kirchner/laif S. 8 (unten), 14 (oben und Mitte), 16, 21, 82 (links), 89, 101 (rechts), 107, 118, 163, 197, 241
Krüger S. 13 (oben), 62, 110, 121, 204, 248
Kulturhistorisches Museum der Hansestadt Stralsund S. 39, 181
Lade S. 130 (oben rechts), 138, 144, 179, 188, 250
Nationalparkamt Rügen S. 4 (rechts), 200
picture alliance/akg-images S. 42, 58, 60 (oben und unten), 72, 170, 227 (Klappe)
picture alliance/dpa S. 32, 40, 61, 63, 82 (rechts), 130 (links unten), 134/135, 222, 240,
picture alliance/ZB S. 6 (oben und unten), 9, 10/11, 11, 30, 51, 64/65, 69, 70, 71, 77, 83 (links), 85, 86, 93, 95, 96, 97, 101 (links), 103, 104, 112 (rechts), 113, 114, 116, 122, 131 (unten), 132, 135, 150, 156, 164, 166, 180, 182, 198 (oben), 211, 224, 225, 226, 228, 249, 266, 274, 284
Schinner S. 14 (unten), 87, 247
Schlosshotel Spyker S. 130 (oben links), 194
Schmidt S. 154
Schwarz S. 213 (unten)
Sklorz S. 233 (unten)
Strandhotel Baabe S. 139
Wohner/Look S. 234
Zielske/laif S. 13 (Mitte), 239

Titelbild (Seebrücke Sellin): **laif/Zielske**

IMPRESSUM

Ausstattung:
239 Abbildungen, 26 Karten und grafische Darstellungen, eine große Reisekarte
Text:
Barbara Branscheid, Achim Bourmer, Helmut Linde, Dieter Luippold, Claudia Smettan, Andrea Wurth
Bearbeitung:
Baedeker Redaktion (Dieter Luippold und Vivian Schulz)
Kartografie:
Christoph Gallus, Hohberg;
Falk Verlag, Ostfildern (Inselkarte)
3D-Illustrationen:
jangled nerves, Stuttgart
Gestalterisches Konzept:
independent Medien-Design, München (Kathrin Schemel)

Chefredaktion:
Rainer Eisenschmid,
Baedeker Ostfildern

7. Auflage 2008

Urheberschaft:
Karl Baedeker Verlag, Ostfildern

Nutzungsrecht:
MAIRDUMONT GmbH & Co KG; Ostfildern

Printed in China
ISBN 3-8297-1066-6
Gedruckt auf 100% chlorfrei gebleichtem Papier

BAEDEKER VERLAGSPROGRAMM

- Ägypten
- Algarve
- Allgäu
- Amsterdam
- Andalusien
- Athen
- Australien
- Australien • Osten
- Bali
- Baltikum
- Barcelona
- Belgien
- Berlin • Potsdam
- Bodensee
- Brasilien
- Bretagne
- Brüssel
- Budapest
- Bulgarien
- Burgund
- Chicago • Große Seen
- China
- Costa Blanca
- Costa Brava
- Dänemark
- Deutsche Nordseeküste
- Deutschland
- Deutschland • Osten
- Djerba • Südtunesien
- Dominikanische Republik
- Dresden
- Dubai • Vereinigte Arabische Emirate
- Elba
- Elsass • Vogesen
- Finnland
- Florenz
- Florida
- Franken
- Frankfurt am Main
- Frankreich
- Fuerteventura
- Gardasee
- Golf von Neapel
- Gomera
- Gran Canaria
- Griechenland
- Griechische Inseln
- Großbritannien
- Hamburg
- Harz
- Hongkong • Macau
- Indien
- Irland
- Island
- Israel
- Istanbul
- Istrien • Kvarner Bucht
- Italien
- Italien • Norden
- Italien • Süden
- Italienische Adria
- Italienische Riviera
- Japan
- Jordanien
- Kalifornien
- Kanada • Osten
- Kanada • Westen
- Kanalinseln
- Kenia
- Köln
- Kopenhagen
- Korfu • Ionische Inseln
- Korsika
- Kos
- Kreta
- Kroatische Adriaküste • Dalmatien
- Kuba
- La Palma
- Lanzarote
- Lissabon
- Loire
- London

- Madeira
- Madrid
- Malediven
- Mallorca
- Malta • Gozo • Comino
- Marokko
- Mecklenburg-Vorpommern
- Menorca
- Mexiko
- Moskau
- München
- Namibia
- Neuseeland
- New York
- Niederlande
- Norwegen
- Oberbayern
- Oberitalienische Seen • Lombardei • Mailand
- Österreich
- Paris
- Peking
- Piemont
- Polen
- Polnische Ostseeküste • Danzig • Masuren
- Portugal
- Prag
- Provence • Côte d'Azur
- Rhodos
- Rom
- Rügen • Hiddensee
- Sachsen
- Salzburger Land
- St. Petersburg
- Sardinien
- Schottland
- Schwäbische Alb
- Schwarzwald
- Schweden
- Schweiz
- Sizilien
- Skandinavien
- Slowenien
- Spanien
- Spanien • Norden • Jakobsweg
- Sri Lanka
- Stuttgart
- Südafrika
- Südengland
- Südtirol
- Sylt
- Teneriffa
- Tessin
- Thailand
- Toskana
- Tschechien
- Tunesien
- Türkei
- Türkische Mittelmeerküste
- Umbrien
- Ungarn
- USA
- USA • Nordosten
- USA • Südwesten
- Usedom
- Venedig
- Vietnam
- Weimar
- Wien
- Zypern

LIEBE LESERINNEN, LIEBE LESER,

ein herzliches Dankeschön, dass Sie sich für einen Baedeker Allianz Reiseführer entschieden haben. Er wird Sie zuverlässig auf Ihrer Reise begleiten und Sie nicht im Stich lassen.
Natürlich beschreibt er die wichtigen Sehenswürdigkeiten, aber er empfiehlt auch die schönsten Badestrände, dazu Hotels für den großen und kleinen Geldbeutel, gibt Tipps für Restaurants, Shopping und für vieles mehr, was eine Reise zum Erlebnis macht. Dafür haben die Autoren und die Redaktion Sorge getragen. Sie sind für Sie regelmäßig nach Rügen und Hiddensee gereist und haben all ihre Erfahrungen und Kenntnisse in diesen Reiseführer gepackt.

Trotzdem: Die Erfahrung zeigt, dass Fehler und Änderungen nach Drucklegung, für die der Verlag keine Haftung übernehmen kann, nicht ausgeschlossen werden können. Für Kritik, Berichtigungen und Verbesserungsvorschläge sind wir Ihnen außerordentlich dankbar. Schreiben Sie uns, mailen Sie uns oder rufen Sie an:

▶ **Verlag Karl Baedeker GmbH**
Redaktion
Postfach 3162
D-73751 Ostfildern
Tel. (0711) 4502-262, Fax -343
E-Mail: info@baedeker.com

Besuchen Sie uns auch im Internet unter www. baedeker.com. Hier finden Sie jeden Monat den aktuellen Reisetipp der Redaktion und das gesamte Verlagsprogramm. Hier können Sie auch lesen, wer Karl Baedeker war und wie er seinen ersten Reiseführer geschrieben hat. Mit seinen über 180 Jahren ist der Karl Baedeker Verlag der älteste Reiseführer-Verlag der Welt.

www.baedeker.com

ZU GEWINNEN: STADTREISE NACH LONDON

Unter allen Einsendungen verlost der Verlag am Jahresende – unter Ausschluss des Rechtswegs – eine Städtekurzreise für zwei Personen nach London.
Freuen Sie sich auf ein spannendes Wochenende in London. Natürlich ist ein Baedeker Allianz Reiseführer London auch dabei!